Erfolgreich führen im Ehrenamt

Britta Redmann

Erfolgreich führen im Ehrenamt

Ein Praxisleitfaden für freiwillig engagierte Menschen

2., aktualisierte und erweiterte Auflage

Springer Gabler

Britta Redmann
Köln, Deutschland

ISBN 978-3-8349-4678-2 ISBN 978-3-8349-4679-9 (eBook)
DOI 10.1007/978-3-8349-4679-9

Die Deutsche Nationalbibliothek verzeichnet diese Publikation in der Deutschen Nationalbibliografie; detaillierte bibliografische Daten sind im Internet über http://dnb.d-nb.de abrufbar.

Gabler Verlag

Lektorat: Ulrike M. Vetter

Gedruckt auf säurefreiem und chlorfrei gebleichtem Papier.

Springer Gabler ist eine Marke von Springer DE. Springer DE ist Teil der Fachverlagsgruppe Springer Science+Business Media
www.springer-gabler.de

Geleitwort zur 2. Auflage

Obwohl ich schon mehr als 40 Jahre ehrenamtlich im Fußball tätig bin, werde ich hin und wieder gefragt: „Warum machst du das, was hast du davon?“ Zunächst war da die persönliche Betroffenheit: Ich wollte Anfang der 1970er-Jahre Fußball spielen, aber einen organisierten Spielbetrieb für Frauen gab es noch nicht. Also schloss ich mich mit ein paar zukünftigen Fußballspielerinnen und begeisterten Männern zusammen, um die Voraussetzungen für einen Spielbetrieb zu schaffen.

Es machte so viel Spaß, dass wir bald auch Spielmöglichkeiten für Mädchen entwickelten.

Im Verein und im Fußball-Verband zeigte sich schnell, dass wir mit unserer Begeisterung viele Frauen und Mädchen, aber auch Männer für die Weiterentwicklung des Frauen- und Mädchenfußballs gewinnen konnten. Es war zwar nicht immer einfach, weil es hin und wieder scheinbar unüberwindliche Hürden durch Vorurteile gegen Fußball spielende Frauen gab, aber wir machten einfach weiter.

In der konkreten Arbeit mit Fußballmannschaften wurde mir schnell bewusst, dass hier soziale Arbeit geleistet werden konnte. Kinder, die in anderen Gruppen Schwierigkeiten hatten, konnten integriert werden, weil sie mit den anderen Kindern das gleiche Ziel hatten nämlich Fußball spielen. Dazu wurden Regeln vereinbart, die für alle eine Hilfe zur Orientierung waren.

In der Führung von Mannschaften oder Gremien besteht die Chance, meist ohne äußeren Druck Ideen zu entwickeln, Ziele festzulegen, Pläne umzusetzen und am Feedback zu erkennen, was gut und was nicht so gut gelaufen ist.

Das Tolle an der ehrenamtlichen Tätigkeit ist ja, dass man, anders als vielleicht im Berufsleben, Einfluss nehmen kann, mitbestimmen und entwickeln kann und an der Umsetzung von Zielen direkt beteiligt ist. Das gemeinsame Wirken mit Gleichgesinnten bedeutet nicht nur Arbeit, sondern auch eine erfüllende Freizeitgestaltung. Wenn es dann noch gelingt, weitere Menschen für die ehrenamtliche Tätigkeit zu gewinnen, ist es eine Bereicherung für die bestehenden Gremien und viele Menschen.

In dem Buch „Erfolgreich führen im Ehrenamt“ von Britta Redmann sind viele Informationen für die Praxis zu finden, die für die eigene Tätigkeit beflügeln.

Es muss ja nicht Fußball sein, es gibt genügend Betätigungsfelder.

Hannelore Ratzeburg
Deutscher Fußball-Bund
Vizepräsidentin für Frauen- und Mädchenfußball

Geleitwort zur 1. Auflage

Haben Sie, liebe Mitbürgerinnen und Mitbürger, auch den Eindruck, dass die Nachrichten in den Zeitungen, im Radio und im Fernsehen immer frustrierender werden? Die Europäische Union keucht unter der Last der Finanzkrisen, die Politiker kuschen vor den Finanzmärkten, bei uns wächst der Schuldenberg ins Gigantische, die Zukunft der nächsten Generationen sieht düster aus.

Der Staat wirkt angesichts dieser enormen Herausforderungen überfordert, aber er wird nicht im Stich gelassen. Mehr als 25 Millionen Bürgerinnen und Bürger stehen ihm in unserer vereinten Republik aktiv zur Seite. Sie üben unentgeltlich Ehrenämter mannigfaltigster Art aus, die der gesamten Gesellschaft zugutekommen. Ohne dieses Engagement wären wir wirklich arm dran. Unser Staatswesen würde aus den Fugen geraten; nicht nur finanziell, sondern in seiner inneren Stabilität.

Hier und da werden Schuldenuhren aufgestellt. Die rasenden Zahlen sollen uns vor Augen halten, wie prekär unsere Gegenwart ist und wie bedrohlich unsere Zukunft, vor allem die unserer Nachfahren aussieht. Psychologische Dr.-Eisenbart-Methoden dieser Art wirken eher niederdrückend als aufbauend. Dagegen sollte angegangen werden. Um Mut zu machen, sollten Mess-Stände aufgestellt werden, die die Dynamik des bürgerschaftlichen Engagements in unserem Land anzeigen. Da kämen geldwerte Leistungen von über 100 Milliarden Euro zusammen, für ehrenamtliche Tätigkeiten und auch an Spenden für gemeinnützige Zwecke.

Über diese Solidarität wird viel zu wenig gesprochen. Deshalb finde ich es verdienstvoll, dass sich Britta Redmann mit dieser Thematik auseinandersetzt. Ihr geht es dabei vor allem um „Führung im Ehrenamt". Ein ganz wichtiger Aspekt! Denn bei ehrenamtlichen Tätigkeiten handelt es sich nicht um Hilfsarbeiten, sondern meist um verantwortungsvolle Aufgaben, die effizientes Management und gekonnte Führung erfordern. Wie bei bezahlter Arbeit muss sorgfältig und kompetent gehandelt werden, sonst verpuffen nicht nur wertvolle Energien, es können auch beträchtliche materielle und ideelle Schäden entstehen.

Was Britta Redmann untersucht, wird meist unterschätzt, spielt aber in unserem Gemeinwesen eine zentrale Rolle. Ich wünsche den Leserinnen und Lesern viel Vergnügen und viele neue Erkenntnisse.

Fritz Pleitgen
Ehrenamtlicher Präsident der Deutschen Krebshilfe

Vorwort zur 2. Auflage

Als die erste Auflage von „Erfolgreich führen im Ehrenamt" erschienen ist, begegnete ich anfänglich einigem Erstaunen: Was hat den „Führung" im Ehrenamt zu suchen? Und wie kann man darüber ein ganzes Buch schreiben?

Dieses Erstaunen hat sich schnell gelegt und ich habe festgestellt, dass der Bedarf an Führungsthemen insbesondere im Ehrenamt als auch die Nachfrage an vor allem praktischen, lebensnahen Führungstipps merklich gestiegen ist. Das freut mich und bestätigt mich. Denn nach meiner Erfahrung und meiner tiefsten Überzeugung wird es nicht möglich sein, unser ehrenamtliches Engagement in Deutschland im bisherigen Maße aufrechtzuerhalten geschweige denn es ausdehnen zu können, ohne dass wir uns hierbei mit der Führung und dabei mit dem „Miteinander" auseinandersetzen. Und das „Miteinander" ist das Herzstück von ehrenamtlicher Führung und der Schlüssel zum Erfolg.

Bei meinen Vorträgen und Workshops sehe ich, dass sich aktuell vor allem in den Organisationen die Frage nach der Demografie-Festigkeit stellt. Es gibt viele Herausforderungen, denen sich ehrenamtliche Organisationen und Projekte in der Zukunft gegenüber gestellt sehen: Wie gewinnen wir jungen und passenden Nachwuchs? Wie sichern wir in unserer Organisation Kontinuität, obwohl die beruflichen Anforderungen an Mobilität und Flexibilität für Ehrenamtliche zunehmen? Wie gelingt es, ehrenamtliches Engagement mit den Lebensphasen der unterschiedlichen Generationen attraktiv zu gestalten und in das familiäre Leben zu integrieren?

Um das Ehrenamt zukunftsfähig zu erhalten, müssen sich Vereine und ehrenamtliche Organisationen mit diesen Fragen und damit zentral mit dem Thema Führung beschäftigen. Hierzu möchte ich mit diesem Praxisbuch beitragen.

Danken möchte ich an dieser Stelle all jenen, die mich bisher durch ihren Austausch, ihre Auseinandersetzung und ihre Erfahrungen bereichert haben. Und natürlich möchte ich auch dazu ermutigen, das Thema „Ehrenamt" und „Erfolgreich führen im Ehrenamt" in die Welt zu tragen, damit diese mindestens so bleibt, wie sie ist, und vielleicht sogar ein bisschen besser wird.

Köln, Juli 2014 Britta Redmann

Vorwort zur 1. Auflage

Ehrenamtliches Engagement stellt nicht nur eine wichtige Stütze unserer Gesellschaft dar, sondern wird von Menschen mit viel Leidenschaft und Liebe betrieben. Bei meinen Recherchen und Interviews habe ich so viel wunderbare Begeisterung erlebt, wenn mir Menschen von ihren freiwilligen Tätigkeiten erzählt haben – egal ob es sich hier um eine karitative, soziale oder sportliche Aufgabe gehandelt hat. So viel positives Empfinden ist heute selten.

Ich glaube, viele Menschen sehnen sich nach einer „sinnvollen" Tätigkeit, wissen aber manchmal gar nicht, wie und wo sie gebraucht werden. Mit diesem Buch möchte ich freiwilliges Engagement unterstützen und dafür die Begeisterung wecken, die ich erlebt habe. Das Thema „Führung" nimmt dabei für mich eine zentrale Schlüsselrolle ein. Aus meiner Sicht ist der Umgang mit Menschen, die sich freiwillig engagieren, das „Herz" des Engagements, die treibende Kraft und der Motor.

Im Rahmen meiner Tätigkeit bei einer Nonprofit-Organisation habe ich intensiven Kontakt zu ehrenamtlich geführten Bereichen erhalten. Nicht zuletzt auch durch mein eigenes freiwilliges Engagement im Rahmen von sozialen Projekten sehe ich eine Notwendigkeit, sich besonders im Ehrenamt mit dem Thema Führung bewusst auseinanderzusetzen: Um Mitarbeiter nachhaltig zu motivieren, in ihrem Engagement zu binden, eine kontinuierliche Nachfolge zu sichern, und auch, um mit dem Engagement Erfolg zu haben, nimmt die Führung von Menschen eine zentrale Rolle ein. Dabei sind die Ansprüche an Führungskräfte sehr hoch und unterscheiden sich teilweise vom Berufsleben, in dem viele Dinge arbeitsvertraglich geregelt sind. Vertragliche Bindungen, finanzielle Anreize oder Sanktionen gibt es im Ehrenamt nicht. Genauso wenig gibt es eine „Ausbildung" für ehrenamtliche Mitarbeiterführung.

Dieses Praxishandbuch soll dazu beitragen, ehrenamtliche Führung erfolgreich zu gestalten. Engagierte Menschen sollen bestmöglich in der Freude an ihrem Tun unterstützt werden, so dass es erfolgreich ist und sich davon möglichst viele andere Menschen anstecken und begeistern lassen. Hierbei sollen Themenstellungen, Erfahrungsberichte und Anleitungen helfen, einen Bedarf zu decken.

Danke!

Bedanken möchte ich mich bei allen, die mich bei der Verfassung dieses Buches unterstützt haben. An erster Stelle sind das alle meine Interviewpartner, die mir ihr Vertrauen geschenkt haben und deren Freude und Engagement bei ihrer Tätigkeit mich immer wieder aufs Neue motiviert hat.

Meinem Mann danke ich für seinen Zuspruch und seine konstruktive Kritik. Stephan Gingter hat mich auf die Idee zu diesem Buch gebracht und Barbara Dauner-Lieb hat mich darin bestärkt. Danke sage ich besonders Martin Heinzel für das wertvolle Probelesen und Regine Viebahn-Meier für den kreativen grafischen Beistand. Vielen lieben Dank an Kirsten Babiak, die immer für mich da war und mir Mut gemacht hat, wenn es erforderlich war. Gerd Schwamborn danke ich für seine Unterstützung in dieser Zeit, sodass ich mich mit ganzer Kreativität dem Schreiben widmen konnte. Dem Gabler Verlag, insbesondere Frau Maria Akhavan, danke ich für die wertschätzende Zusammenarbeit.

Britta Redmann

Inhaltsverzeichnis

1 **Freiwilliges Engagement – Eine tragende Säule unserer Gesellschaft** 1
1.1 Struktur der Engagierten 5
1.2 Einflussfaktoren 9
1.3 Engagement als Leistungsfaktor 12

2 **Warum engagieren sich Menschen freiwillig? – Porträts** 17
2.1 Soziale Projektinitiative 17
2.2 Schützenverein 20
2.3 Berufsverband 22
2.4 Internationaler Frauenverband 25
2.5 Kulturförderkreis 28
2.6 Gesellschaftliche Initiative 31
2.7 Landeselternvertretung 34
2.8 Sportverein 38
2.9 Jugendorganisation 42

3 **Motivation für ehrenamtliches Engagement** 45
3.1 Anreize und Belohnung 45
3.2 Anerkennung 48
3.3 Persönliche Beziehungen 50
3.4 Soziale Gerechtigkeit 51
3.5 Organisieren 53
3.6 Sich kümmern 55
3.7 Ansehen 57
3.8 Einflussnahme 59
3.9 Wissenserweiterung 61
3.10 Wettkampf 63

4 **Führung als Erfolgsfaktor** 67
4.1 Was ist Führung? 67
4.2 Führungsverständnis im Arbeitsverhältnis 68

4.3 Führungsverständnis im Ehrenamt . . . 70
4.4 Notwendigkeit von Führung . . . 74
4.5 Bewusstsein von Führungsqualität . . . 76
4.6 Praxisbericht einer Führungskraft . . . 79

5 Führungskraft als Erfolgsfigur . . . 83
5.1 Glaubwürdigkeit . . . 83
5.2 Konsequenz . . . 85
5.3 Authentizität . . . 86
5.4 Vorbildfunktion . . . 88
5.5 Charisma . . . 89
5.6 Alter und Lebenserfahrung . . . 91
5.7 Kompetenz . . . 93
5.8 Persönliche Selbstreflexion . . . 95

6 Kernaufgaben von Führungskräften im Ehrenamt . . . 99
6.1 Funktionierende Organisationsformen schaffen und zukunftsfähig steuern 100
6.2 Freiwillige gewinnen . . . 105
6.3 Freiwillige motivieren und begeistern . . . 110
6.4 Nachfolge sichern . . . 117
6.5 Erfolg gemeinsam erreichen . . . 121

7 Kernkompetenzen . . . 125
7.1 Begeisterungsfähigkeit . . . 126
7.2 Strategisches Denken . . . 128
7.3 Zielorientierung . . . 130
7.4 Organisationsfähigkeit . . . 133
7.5 Kontaktfähigkeit . . . 136
7.6 Kommunikationsfähigkeit . . . 138

8 Herausforderungen und Grenzen ehrenamtlicher Führung . . . 141
8.1 Hohe Werteorientierung . . . 142
8.2 Persönliche Beziehung . . . 146
8.3 Heterogene Gruppen . . . 154
8.4 Zeitliche Ressourcen . . . 161
8.5 Führungskräftequalifizierung . . . 164

9 Förderung ehrenamtlichen Engagements durch Unternehmen . . . 169
9.1 Generali Deutschland Holding AG . . . 175
9.2 Die Ford-Werke GmbH . . . 180
9.3 media machine GmbH . . . 184

10 Unterstützung für die Praxis 187
10.1 Checkliste Führungsaufgaben, Kompetenzen, Führungsanforderungen und Kriterien 188
10.2 Muster Führungsprofil 189
10.3 Leitfaden strategischer Planungsprozess zur Personalsuche 191
10.4 Musterbeispiel zeitlicher Maßnahmenplan 192
10.5 Muster Tätigkeitsprofil 193
10.6 Musterbeispiel einer Verbindlichkeitserklärung im Rahmen von Familienbetreuung 194
10.7 Leitfaden eines strukturierten Interviews/Auswahlgesprächs 195
10.8 Checkliste zur Erstellung eines Leitbilds 198
10.9 Musterablauf eines Strategieprozesses 199
10.10Tipps zum Herausfinden von Motiven 201
10.11Regeln für aktives Zuhören 207
10.12Regeln für gleichberechtigte Kommunikation 208
10.13Leitfaden für Feedback 209
10.14Muster Nachfolgeplanung 210
10.15Checkliste Amtsübergabe 215
10.16Beispiele für Dank und Anerkennung 216
10.17Instrumente der Veränderungsarbeit 217
10.18Umgang mit Emotionen in Veränderungsprozessen 218
10.19Gesprächsleitfaden bei Konfliktklärung 221

Literaturverzeichnis 225

Sachverzeichnis 227

1 Freiwilliges Engagement – Eine tragende Säule unserer Gesellschaft

In vielen Bereichen unterstützen freiwillig Engagierte unsere Gesellschaft in wesentlichen Funktionen des sozialen Lebens, des Sports, der Kultur, der Gesundheit und der Politik, um nur einige zu nennen. Dabei handelt es sich um notwendige Verrichtungen in der Pflege und der sozialen Betreuung, um gesellschaftlich prägende Aktivitäten, wie in der Bildung und im beruflichen Kontext, und auch um Tätigkeiten, die sich allein auf den Freizeitbereich erstrecken und für eine Erhöhung der Lebensqualität sorgen, wie Sport und Kultur.

Ohne diese engagierten Helfer[1] wäre ein breites Angebot an Diensten und Leistungen gar nicht realisierbar. Freiwilliges, ehrenamtliches Engagement stellt eine tragende Säule für die Versorgung, Lebensqualität und Bildung in unserer Gesellschaft dar. In dieser zentralen Funktion sorgt freiwilliges Engagement für Nachhaltigkeit.

In den nächsten Jahren wird Deutschland durch den demografischen Wandel vor einige große gesellschaftliche Herausforderungen gestellt. Die Bevölkerungszahl in Deutschland wird von gegenwärtig ca. 82 Millionen Menschen bis zum Jahr 2030 auf ca. 77 Millionen Menschen sinken.

Innerhalb der Bevölkerung wird dabei die Anzahl der Über-65-Jährigen zunehmen und die Anzahl der Unter-25-Jährigen wird abnehmen. Die Lebenserwartung wird weiter ansteigen, da wir durch das Fortschreiten der Medizintechnik und besserer Gesundheit länger in einer aktiven Lebensphase bleiben. Der Altersdurchschnitt der Bevölkerung steigt.

Die Statistiker gehen davon aus, dass in den neuen Bundesländern mit einem Bevölkerungsverlust von bis zu 21 % zu rechnen ist. Der Schrumpfungs- und Alterungsprozess unserer Gesellschaft wird sich auf alle Lebensbereiche auswirken. Bis 2030 werden ca. 17 % weniger Kinder und Jugendliche, aber 33 % mehr 65-Jährige und ältere Menschen

[1] Aus Gründen der einfacheren Lesbarkeit wird auf die geschlechtsspezifische Differenzierung, z. B. Helfer/Helferinnen, verzichtet. Entsprechende Begrifflichkeiten gelten im Sinne der Gleichbehandlung grundsätzlich für beide Geschlechter.

B. Redmann, *Erfolgreich führen im Ehrenamt*, DOI 10.1007/978-3-8349-4679-9_1

in Deutschland leben. Die über 50-Jährigen werden dann 50 % unserer Gesamtbevölkerung ausmachen (siehe Abb. 1.1 und 1.2).

Es steht fest, dass die bisherigen Sozialversicherungssysteme und staatlichen Mittel nicht ausreichen werden, um die sich ändernden gesellschaftlichen Rahmenbedingungen finanziell aufzufangen. Innovative Lösungskonzepte sind nicht in Sicht. Angesichts dieser Ausgangslage besteht für uns als Bürger, in der Politik und auch in der Wirtschaft durchgängig Handlungsbedarf. Selbstverantwortliches Handeln wird daher konsequenterweise in der Zukunft zunehmen müssen. Vor diesem Hintergrund ist bürgerschaftliches Engagement nicht nur als eine „schöne Nebensache", sondern vor allem als zukunftssichernd zu sehen.

Der demografische Wandel wird einen erhöhten Bedarf in Bereichen wie Soziales, Pflege, Gesundheit, Politik, Katastrophenschutz, Freizeit und Kultur mit sich bringen. Die Nachfrage an bürgerschaftlichem Engagement wird in den nächsten Jahren kontinuierlich steigen. Hier muss vorgesorgt werden, damit dieser Bedarf überhaupt gedeckt werden kann.

Wenn wir unserer Gesellschaft die tragende Säule des freiwilligen Engagements erhalten wollen und wenn wir einen Beitrag zu einer gesellschaftlich sicheren Zukunft leisten wollen, dann sollten wir das Ehrenamt unterstützen und dafür sorgen, dass es erfolgreich ausgeführt und weiter ausgebaut wird.

Dabei ist zu berücksichtigen, dass die Problematik des demografischen Wandels sich genauso konkret auf ehrenamtliches Engagement auswirken wird. Proportional werden bei unverändertem Wachstum die Engagierten weniger und gleichzeitig älter werden.

Demografischer Wandel

Insbesondere vor dem Hintergrund des demografischen Wandels bedeutet dies, bereits aktive Menschen in ihrem Engagement zu bestärken und sie langfristig zu binden. Genauso wichtig ist es, neue Zielgruppen zu erschließen und mögliche Interessierte für freiwillige Aktivitäten zu gewinnen.

Das gelingt nur, wenn wir uns mit all den engagierten, freiwilligen Helfern und Mitwirkern intensiv beschäftigen, denn sie sind das Herzstück ehrenamtlichen Engagements.

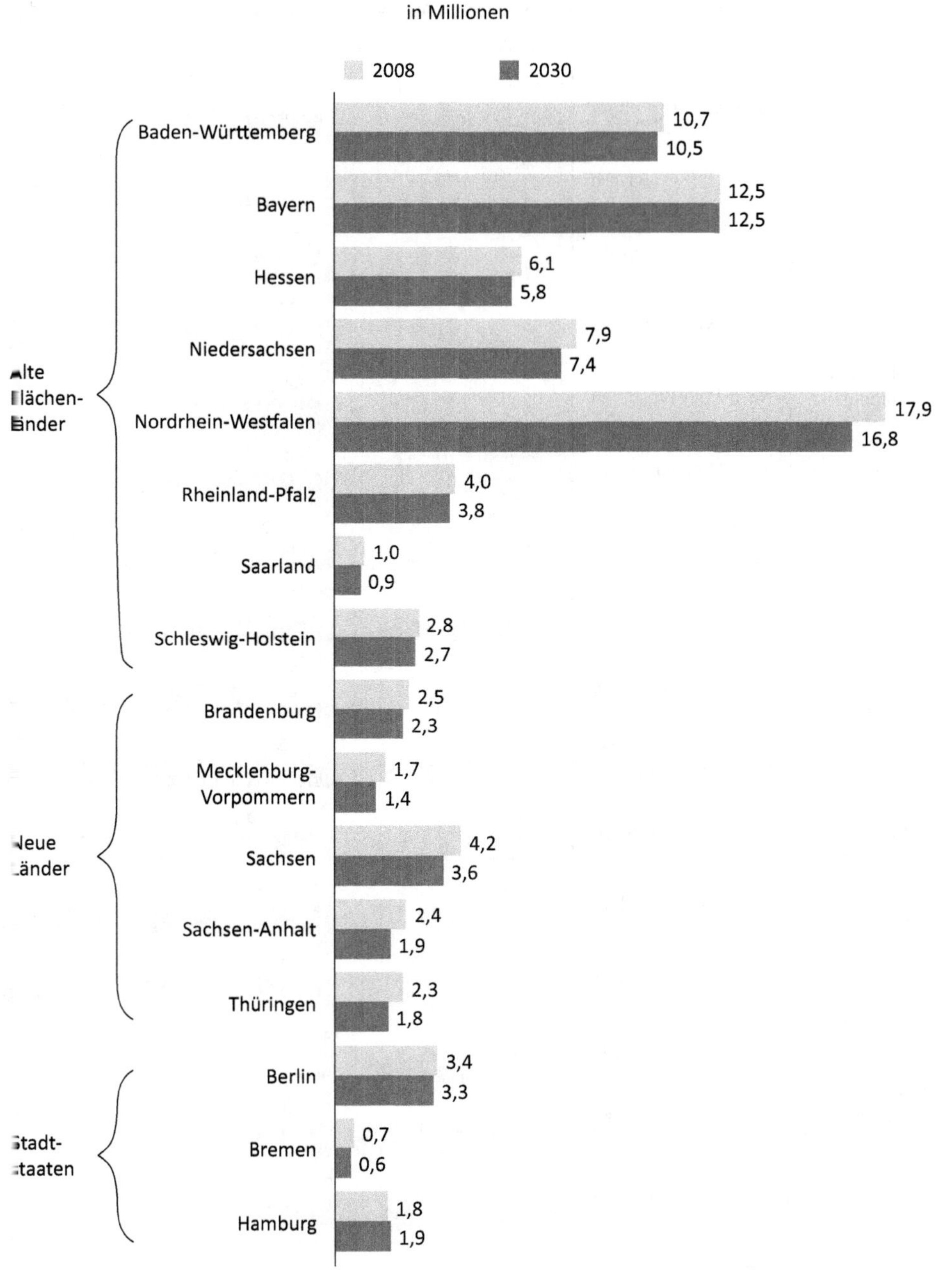

1 2030: Ergebnisse der 12. koordinierten Bevölkerungsberechnung (Variante Untergrenze der „mittleren" Bevölkerung).

Abb. 1.1 Bevölkerungsentwicklung 1 (Quelle: Statistische Ämter des Bundes und der Länder, Demografischer Wandel in Deutschland, Heft 1, 2011)

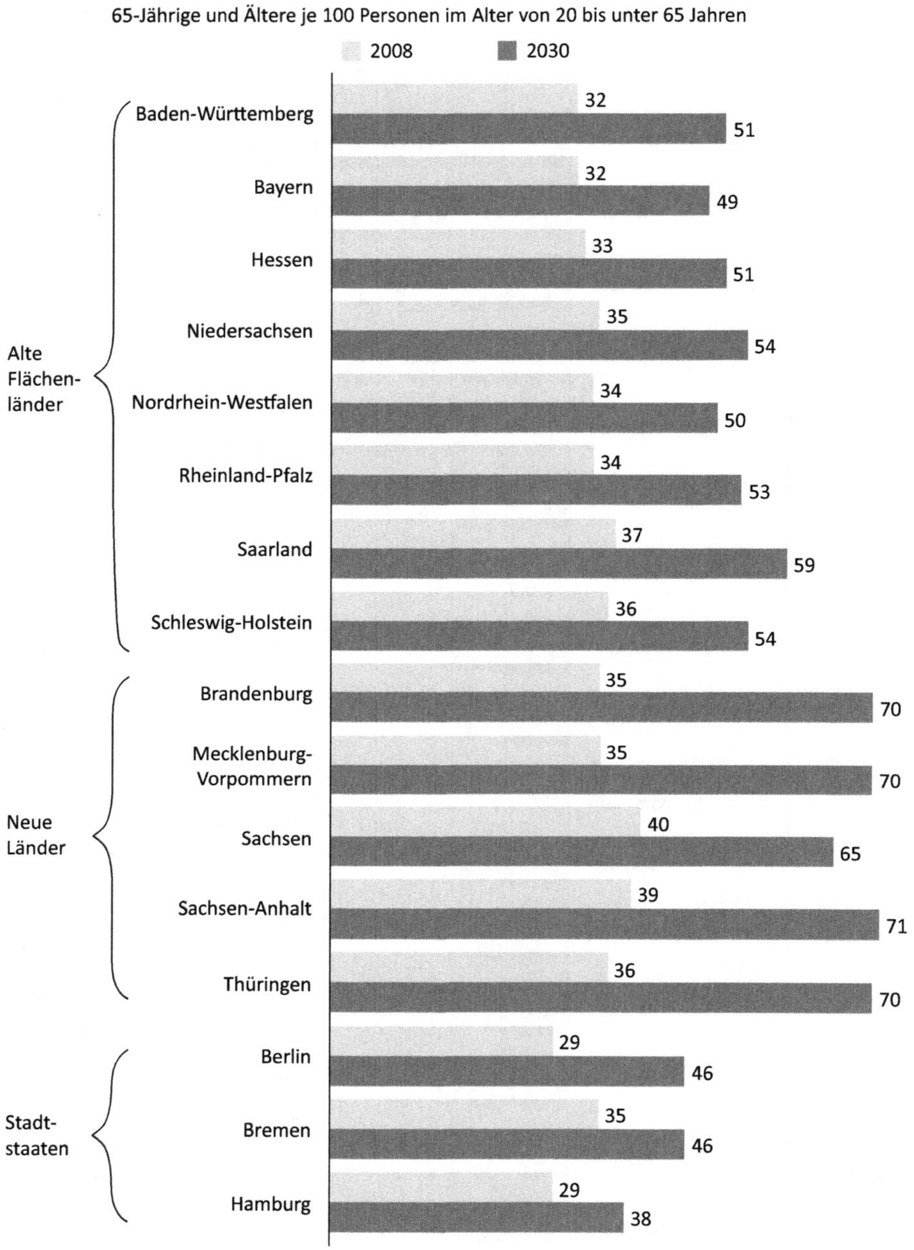

1 2030: Ergebnisse der 12. koordinierten Bevölkerungsberechnung (Variante Untergrenze der „mittleren" Bevölkerung).

Abb. 1.2 Bevölkerungsentwicklung 2 (Quelle: Statistische Ämter des Bundes und der Länder, Demografischer Wandel in Deutschland, Heft 1, 2011)

1.1 Struktur der Engagierten

Nach den Ergebnissen der Umfragen zu ehrenamtlichem Engagement (Freiwilligensurvey[2] 2009 und Engagementatlas 09[3]) engagiert sich ein Drittel der Deutschen freiwillig für die Gesellschaft. Damit ist das Engagement im Vergleich zu den Befragungen aus den Jahren 1999 und 2004 weitgehend auf gleichem Niveau geblieben.

Bevölkerungsgruppen
Laut Erhebung des Freiwilligensurveys engagieren sich insgesamt 40 % der Männer und 32 % der Frauen freiwillig.

Auszug Freiwilligensurvey 2009
„Dominierende Bereiche, wie etwa der Sport, überhaupt das gesamte vereins- und verbandsbasierte Wesen, mehr noch das politische und berufsbezogene Engagement sowie die freiwillige Feuerwehr und die Rettungsdienste, sind stark von Männern geprägt. Hingegen ist das Engagement von Frauen in Kindergarten und Schule zwar umfangreich, aber oft zeitlich begrenzt. Bei den Kirchen spielen sie eine wichtige Rolle, allerdings nicht selten ohne ausreichende Mitbestimmung. Auffällig ist das gegenüber Männern starke Zurückbleiben des Engagements von Frauen im Alter zwischen 20 und 34 Jahren.

Für Frauen in diesem Alter konkurriert oft der Wunsch nach guter beruflicher Qualifikation und beruflichem Erfolg mit dem Bedürfnis, die Familiengründung nicht zu weit hinauszuschieben. Sind die Kinder außer Haus, wird die oft einseitig auf die Familie bezogene Seite des weiblichen Engagements deutlich, und eine neue Orientierung des Engagements fällt nicht leicht.“[4]

Damit überwiegt zwar der Anteil der Männer um acht Prozent, insgesamt halten sich die Unterschiede zwischen den Geschlechtern jedoch in Grenzen.

Dies sieht anders aus, sobald die Altersgruppen miteinander verglichen werden. Besonders aktiv scheinen Menschen mittleren Alters zwischen Anfang 30 und Anfang 50 Jahren zu sein. Junge Menschen im Alter zwischen 14 und 24 Jahren sind eine sehr aktive Gruppe. Ihre besonderen Schwerpunkte sind der Sport, die Jugendarbeit und die Rettungsdienste. Allerdings ist ihre Engagementquote in den letzten zehn Jahren langsam, aber kontinuierlich auf nur noch einen durchschnittlichen Wert gesunken (1999: 37 %, 2009: 35 %) (siehe Abb. 1.3).

Es scheint jedoch einen Zusammenhang zwischen Engagement und Alter zu geben, der sich wahrscheinlich mit der beruflichen und familiären Lebenssituation erklären lässt. So

[2] Freiwilligensurvey sind die in einem Bericht erfassten Ergebnisse der repräsentativen Trenderhebung zu Ehrenamt, Freiwilligenarbeit und bürgerschaftlichem Engagement. Die Studie wird regelmäßig im Auftrag des Bundesministeriums für Familie, Senioren, Frauen und Jugend durchgeführt und ist zuletzt Ende 2010 erschienen. Der nächste Survey ist für Ende 2015 geplant.

[3] Engagementatlas 09, eine von der Generali Deutschland Holding AG beauftragte Studie über bürgerschaftliches Engagement. In dieser Studie wurden im Sommer 2008 bundesweit 44.000 Personen ab 16 Jahren telefonisch befragt. Bei dieser Befragung wurde eine regionale „Quotierung“ vorgenommen, so dass sichergestellt war, dass in bevölkerungsreichen Kreisen proportional mehr Interviews geführt wurden als in bevölkerungsärmeren Regionen.

[4] Freiwilligensurvey 2009 (2010, S. 18).

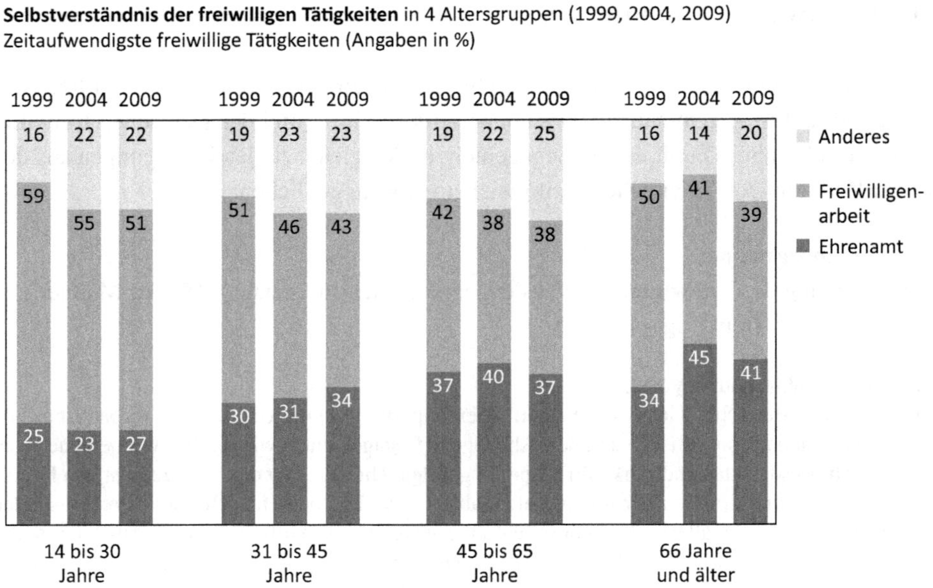

Abb. 1.3 Engagement nach Altersgruppen (Quelle: Freiwilligensurveys)

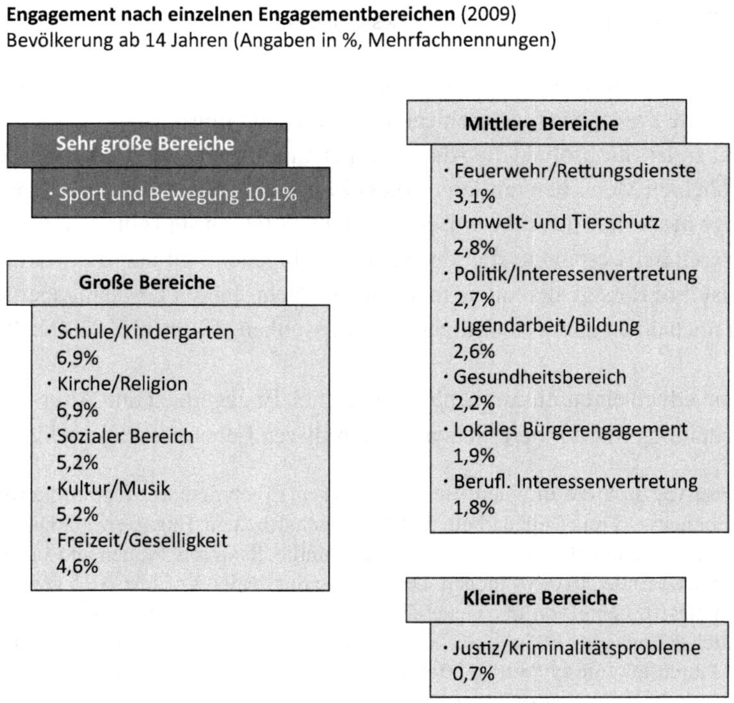

Abb. 1.4 Tätigkeitsbereiche von Engagierten (Quelle: Freiwilligensurveys)

ist die Gruppe der Mittzwanziger meist eingespannt durch Studium, Berufseinstieg und Familiengründung.

Tätigkeitsfelder

Die Bereiche, in denen sich engagiert wird, sind sehr verschieden. Sämtliche gesellschaftlichen Zweige finden sich hier wieder: Beispielhaft genannt seien der Breiten- und Leistungssport, soziale Einrichtungen, Kirche, Kultur, Musik, Kindertagesstätten und Schulen, der Gesundheitsbereich (insbesondere in Krankenhäusern und in der Betreuung von Kranken oder Hilfsbedürftigen), im Rettungsdienst[5] und auch innerhalb von Berufsverbänden.

Die meisten der engagierten Bürger üben ihr Engagement im Bereich Sport aus. Mit einigem Abstand folgen die Bereiche Schule und Kindergärten, Religion, Soziales, Kultur und Freizeit. Weniger Engagement findet sich in den Bereichen Katastrophenschutz, Umwelt und Politik, Gesundheit sowie berufliche Interessenvertretung (siehe Abb. 1.4).

Innerhalb der einzelnen Bereiche gibt es wiederum vielfältige Möglichkeiten, sich zu betätigen (siehe Abb. 1.5).

Organisationsformen

Engagement findet sich am häufigsten in organisierter Form wieder. Die meisten Engagierten organisieren sich im Verein.

In den Erhebungen des Freiwilligensurvey 2009 heißt es hierzu:

> „Der Verein ist weiterhin die ungleich wichtigste Organisationsform des freiwilligen Engagements. Mit 47 Prozent war 2009 fast die Hälfte der freiwilligen Tätigkeiten in Vereinen angesiedelt. Das war etwas weniger als 2004 und 1999 und betraf ganz besonders den Sport, aber auch die Bereiche Freizeit und Geselligkeit sowie Kultur und Musik."[6]

Der Vorteil von Vereinen liegt zum einen darin, dass man sich sowohl auf lokale wie auch auf überregionale Bindung fokussieren kann. Die Vereinsstruktur ist unabhängig von einem „Einzugsgebiet". Zum anderen eignet sich der Verein für die unterschiedlichsten Mitgliedergrößen: Es spielt keine Rolle, ob ein Verein viele oder wenige Mitglieder hat. Und letztendlich kann ein Verein zu jedem Zweck gegründet werden, so dass er für viele Interessenlagen als Organisationsform zweckmäßig ist.

[5] Freiwilligensurvey 2009 (2010, S. 10).
[6] Freiwilligensurvey 2009 (2010, S. 27).

Sport: Fußball, Volleyball, Hockey, Tischtennis, Leichtathletik, Turnen, Ringen, Yoga, Handball, Wandern ...

Kirche und Religion: Katholische/Evangelische Kirche, Caritas, Diakonie, Jakobusgesellschaft (Pilgerreisen), Buddhistische Zentren, Katholische/Evangelische Erwachsenenbildung, Jugendarbeit, Gemeindearbeit...

Kindergärten und Schule: Kindertagesstätten, Hausaufgabenhilfe, Schülercafé, Elternbeirat, Fördervereine ...

Soziales Engagement: Besuchsdienst, Hospizarbeit, die Tafeln, Drogenhilfe, Frauenhäuser, Tierheime, Pfadfinder, Entwicklungshilfe, Erwachsenenbildung, Familienunterstützung, Betreuung von Langzeitarbeitslosen, Betreuung von Obdachlosen, Telefonseelsorge, Opferbetreuung, Rotarier, Lions Club, Landfrauen...

Gesundheitsbereich: „Grüne Damen", Krankenhausclowns, Ärzte, die Menschen ohne Aufenthaltsgenehmigung umsonst behandeln, Pflegeheime, Verein für Angehörige psychisch Kranker...

Politik: Gewerkschaften, Parteien, Berufsverbände, Wahlkampfhelfer, Amnesty International, Arbeitgeberverbände, Unternehmerverbände, Transperancy International, Bürgerinitiativen (z.B. „Stuttgart 21") ...

Ökologie: Umweltschutzverein, Greenpeace, NABU, BUND ...

Musik: Chöre, Gesangsverein, Musikverein, Orchester...

Kultur: Stiftungen, Theater, Universität, Bibliotheken, Museen, Dombauverein ...

Freizeit: Kleingartenverein, Schützenverein, Karnevalsvereine, Kegelclub, Dorfvereine...

Bevölkerungsschutz: Rettungsdienst, Freiwillige Feuerwehr, THW, Deutsche Lebensrettung, Wasserrettung ...

Abb. 1.5 Möglichkeiten, sich in bestimmten Bereichen zu engagieren

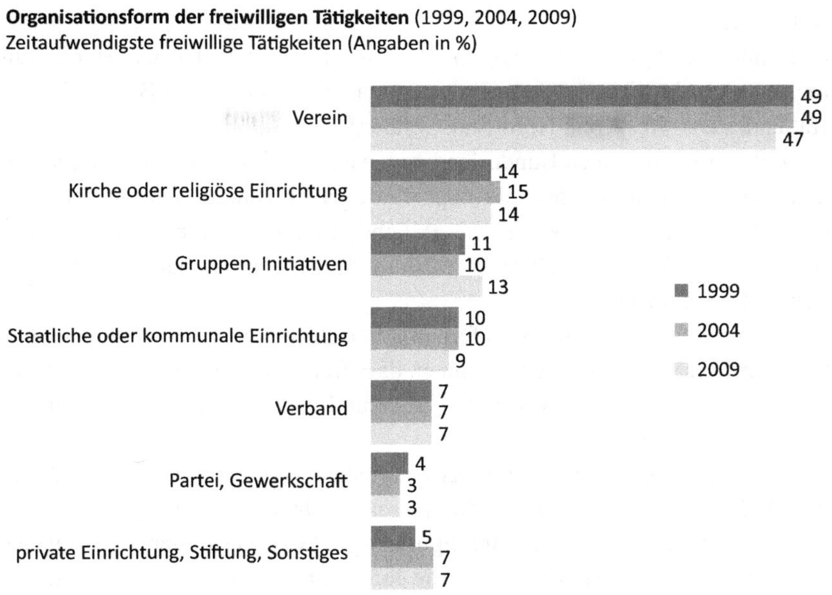

Abb. 1.6 Organisationsformen von freiwilligem Engagement (Quelle: Freiwilligensurveys)

Neben dem Verein[7] gibt es viele weitere Alternativformen, sich zu betätigen. Diese finden sich im Rahmen von kirchlichen Organisationen, Religionsgemeinschaften, Bürgerinitiativen oder Selbsthilfegruppen. Allerdings sticht hier keine formelle Struktur besonders hervor[8] (siehe Abb. 1.6).

1.2 Einflussfaktoren

Bürgerschaftliches Engagement ist in Deutschland unterschiedlich stark ausgeprägt. Gründe hierfür wurden bisher nur teilweise und in geringem Umfang ermittelt. Im Folgenden werden einige wesentliche Einflussfaktoren, die insbesondere bei den zukünftigen Herausforderungen von freiwilligem Engagement eine Rolle spielen können, dargestellt.

[7] Verbände, Gewerkschaften und Parteien zählen typischerweise als „Verein".

[8] Freiwilligensurvey 2009 (2010, S. 174): „Mit großem Abstand nach den Vereinen und seit 1999 in etwa unverändertem Umfang waren die zeitaufwendigsten Tätigkeiten unter dem Dach der Kirchen und religiösen Gemeinschaften angesiedelt (2009: 14 %). Etwas mehr Tätigkeiten vollzogen sich in Gruppen oder Initiativen (2009: 13 %), gefolgt von 10 % der Tätigkeiten in einem Verband, einer Partei oder Gewerkschaft. Fast jeder zehnte Freiwillige engagierte sich 2009 in staatlichen oder kommunalen Einrichtungen. Eine (leicht) steigende Anzahl von Engagierten ordnete ihre Tätigkeiten (nicht näher spezifizierten) ‚sonstigen' Organisationsformen zu."

Regionale Unterschiede

Trotz konstanter Betätigungsquote von ca. 36 % in der deutschen Gesamtbevölkerung gibt es regional starke Abweichungen des Engagements in den einzelnen Bundesländern bzw. ein auffallendes Ost-West- und Nord-Süd-Gefälle.[9]

Insgesamt weisen die neuen Bundesländer eine eher geringe Engagementquote auf, die unter dem bundesweiten Durchschnitt liegt. In den alten Bundesländern gibt es ein auffälliges Nord-Süd-Gefälle. So weisen die südlichen Bundesländer eine recht starke Quote von über 45 % auf. Grundsätzlich gibt es also im Süden einen höheren Anteil an bürgerschaftlichem Engagement.

Innerhalb der Regionen lassen sich ferner Unterschiede zwischen ländlichen Gebieten und Städten ermitteln. Es lässt sich erkennen, dass freiwilliges Engagement vor allem auf dem Land überdurchschnittlich hoch ist – 50 % und mehr. Kleine Gemeinden erreichen dabei die höchste Quote.[10]

Eine schwierige soziale Lage mit hoher Arbeitslosigkeit, einer hohen Sozialhilfequote oder einer hohen Kriminalitätsrate wirkt sich ebenfalls auf die Engagementbereitschaft aus. So finden sich in sogenannten „Brennpunktlagen" weniger Engagierte. Dagegen sind in wirtschaftlich wohlhabenden Regionen die ehrenamtlichen Aktivitäten weitaus verbreiteter. Eine hohe Kaufkraft scheint sich daher positiv auf das Engagement auszuwirken.[11]

Umfeld

Auch die Haushaltsgröße und das familiäre Umfeld beeinflussen Engagement. So weisen Haushalte mit Kindern unter 18 Jahren eine höhere Beteiligung auf als Haushalte ohne Kinder.[12] In diesem Zusammenhang ist auch zu erwähnen, dass ein geringes Betreuungsangebot für Kinder und Jugendliche sich ebenfalls direkt auf die Engagementquote auszuwirken scheint. Je schlechter hier die Rahmenbedingungen sind, desto stärker die Anstrengungen, die auf freiwilliger Basis unternommen werden müssen, um Abhilfe zu schaffen.

Eine Untersuchung, inwieweit die Kirchenzugehörigkeit sich auf bürgerschaftliches Engagement auswirkt, hat einen direkten Zusammenhang ergeben: Eine ausgeprägte Kirchenbindung und eine hohe Anzahl an Kirchenmitgliedern kann als ein Indikator für größeres Engagement genommen werden. Hier besteht wohl eine höhere Bereitschaft, sich auch in anderen Kategorien zu betätigen, wobei auch kirchliche Aktivitäten allgemeines bürgerschaftliches Engagement darstellen können.[13]

---

[9] Vgl. Engagementatlas 09 (S. 18).
[10] Engagementatlas 09 (S. 21).
[11] Engagementatlas 09 (S. 26).
[12] Freiwilligensurvey (2009, S. 75).
[13] Engagementatlas 09 (S. 25).

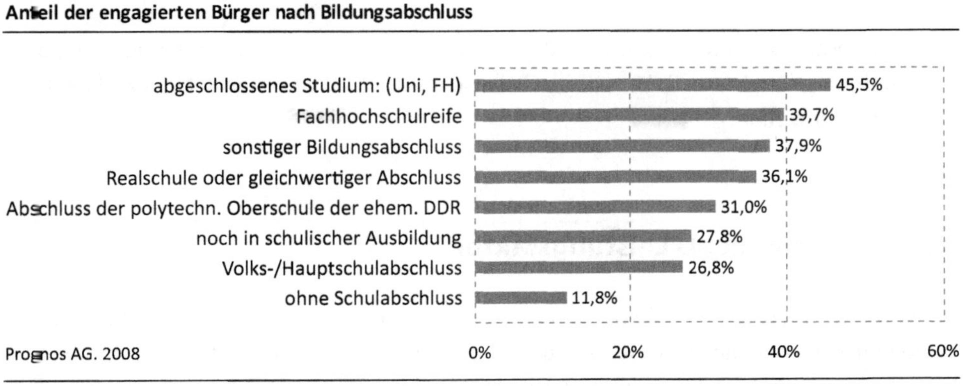

Abb. 1.7 Bildungsabschluss (Quelle: Prognos AG 2008)

Erwerbstätigkeit und Qualifikation

Die meisten Engagierten befinden sich in einem Arbeitsverhältnis, wobei die Engagementquote bei Teilzeitbeschäftigten am höchsten ist. Im Gegenzug zeigt sich, dass bei Arbeitslosen eine besonders geringe Beteiligung vorliegt.[14]

Insgesamt scheint ein höheres Arbeitseinkommen einer ehrenamtlichen Tätigkeit förderlicher zu sein als ein niedrigeres Gehaltsgefüge.

Auszug aus dem Engagementatlas:

> „Mit der Höhe des monatlichen Netto-Einkommens steigt der Anteil der engagierten Personen fast linear: 50 % der Personen mit einem Einkommen von über 4000 € sind engagiert, dagegen nur 24 % der Personen mit einer Einkommenshöhe unter 1000 €."[15]

Die berufliche Qualifikation wirkt sich ebenfalls auf das Engagement aus. So verfügen 46 % der Aktiven über einen Universitäts- oder Fachhochschulabschluss, und nur 11,8 % verfügen über gar keinen Schulabschluss (siehe Abb. 1.7).

Aus den vorhandenen Ergebnissen leiten sich folgende Kernaussagen ab:

- Je südlicher die Region, desto höher das Engagement.
- Auf dem Land ist das Engagement stärker als in der Stadt.
- Je kleiner die Gemeinde, desto größer die Beteiligung.
- Hohe Kaufkraft wirkt verstärkend.
- Familiensituation beeinfusst Engagement.
- Berufstätigkeit und Schulbildung begünstigen Aktivität.

[14] Freiwilligensurvey 2009 (2010, S. 72 ff.).
[15] Engagementatlas 09 (S. 09).

Insgesamt kann festgestellt werden: Je höher in einer Region die ehrenamtliche Beteiligung ist, desto stärker ist die Bereitschaft, sich davon „anstecken“ zu lassen und mitzumachen.

1.3 Engagement als Leistungsfaktor

Freiwilliges Engagement ist in der Regel unentgeltlich. Aus diesem Grund gibt es bislang kaum betriebswirtschaftliche Betrachtungen, da die „normalen“ Berechnungsfaktoren wie Umsatz oder Lohnkosten hier nicht vorliegen. Wenn wir jedoch von einer tragenden gesellschaftlichen Funktion ausgehen, ist es wichtig, diese auch unter dem Blickwinkel der Produktivität zu betrachten.

Produktive Wertschöpfung

In der im Engagementatlas 2009 erhobenen Studie wurde hierzu der gesamtgesellschaftliche Nutzen des bürgerschaftlichen Engagements ermittelt und in Korrelation zur volkswirtschaftlichen Wertschöpfung gesetzt.[16]

Dazu wurde in Interviews unter anderem die durchschnittliche monatliche Stundenzahl ermittelt, die Freiwillige für ihr Engagement aufwenden. Das Ergebnis ist, dass im Bundesdurchschnitt ca. 16,2 Stunden monatlich für freiwillig geleistete Arbeit aufgewandt werden. Hochgerechnet auf den Anteil der sich engagierenden Bevölkerung von ca. einem Drittel ergibt das ein Stundenvolumen von ca. 4,6 Mrd. Stunden pro Jahr in Deutschland. Im Vergleich zu den für die Bundesrepublik Deutschland für das Jahr 2007 errechneten 57 Mrd. Arbeitsstunden[17] ergibt das einen prozentualen Anteil von 7,5 % der gesamten in Deutschland geleisteten Arbeitsstunden. Diese 7,5 % geleisteter Stunden sind dabei unentgeltlich.

Um ferner einen vergleichbaren Wertschöpfungsbeitrag zur ermitteln, ist in einem weiteren Schritt in der Studie für die unentgeltlichen Arbeitsstunden ein fiktiver Arbeitslohn von 7,50 € zugrunde gelegt worden. Nach dieser Bewertung entspräche freiwilliges Engagement einer jährlichen Arbeitsleistung im Wert von ca. 35 Mrd. €. Würden wir hier sogar den geplanten Mindestlohn zugrunde legen, entspräche dies sogar einer jährlichen Arbeitsleistung von ca. 39 Mrd. €. Wiederum gemessen am Volkseinkommen der Bundesrepublik Deutschland für das Jahr 2007 (1827 Mrd. €) betrüge der Anteil des bürgerschaftlichen Engagements dann ca. zwei Prozent. Nach Aussage der Studie „liegt der volkswirtschaftliche Beitrag des Engagements zum Gemeinwesen mit 35 Mrd. € höher als in einem der wichtigsten Wirtschaftszweige, des Gastgewerbes, der bei rund 33 Mrd. € liegt und übersteigt noch den Wert, den Land- und Forstwirtschaft beisteuern:

[16] Engagementatlas 09 (S. 13).

[17] Vgl. Methodenbeschreibung des Arbeitskreises „VGR der Länder“ 2007; http://www.vdgr.de; Engagementatlas 09 (S. 13).

17,5 Mrd. €. Zum Vergleich: Der volkswirtschaftliche bedeutende Maschinenbau trägt 170 Mrd. € bei.“[18]

An diesem prozentualen Verhältnis einer volkswirtschaftlichen Wertschöpfung hat sich auch bei der letzten aktuellen Erhebung des Volkseinkommens 2013 nichts geändert.

Freiwilliges Engagement stellt somit nicht nur eine „tragende“ Säule in unserer Gesellschaft dar, sondern leistet einen erheblichen Anteil an der volkswirtschaftlichen Wertschöpfung.

Leistung statt Arbeit

Wenn wir von Leistung sprechen, gehen wir normalerweise davon aus, dass diese in einem geldwerten Gegenleistungsverhältnis steht. Eine Leistung wird erbracht und „bezahlt“.

So verhält es sich insbesondere bei Arbeitsleistungen, die im Rahmen eines Arbeitsverhältnisses erbracht werden: Wir leisten und bekommen im Gegenzug Gehalt dafür. Diese Form von Leistung und Gegenleistung ist mehr oder weniger detailliert in Arbeitsverträgen oder Tarifverträgen geregelt. Die Rollen sind dabei eindeutig verteilt: Leistender ist stets der Arbeitnehmer, der Bezahlende ist stets der Arbeitgeber. Im Umkehrschluss könnte dies bedeuten, dass in der Regel auch keine Leistung erbracht wird, wenn keine Bezahlung erfolgt. In Arbeitsverhältnissen ist dies mit Sicherheit der Fall. Gerade deswegen wird in vielen Unternehmen versucht, durch besondere Formen von zusätzlicher Entlohnung (durch Anreizsysteme, Zielvereinbarungen, Gratifikationen, Tantiemen, Sonderboni etc.) die Arbeitsleistung der Mitarbeiter zu steigern. Geld und Bezahlung gelten als Garant für die den Unternehmenszielen entsprechende Leistung.

Freiwilliges Engagement: Leistung ohne Lohn

Der Grundsatz „Leistung nur gegen Entgelt“ ist jedoch nicht absolut anwendbar. Sonst ließe sich das hohe ehrenamtliche Engagement – und damit oft einhergehend ein hoher Leistungseinsatz – nicht erklären. Leistung findet hier gerade ohne Geld statt, und das sogar bei jedem Dritten in der der deutschen Bevölkerung.

Der Begriff „Ehrenamt“ ist der traditionsreichste für die Bezeichnung von unentgeltlicher Tätigkeit. Ursprünglich ging es beim „Ehrenamt“ um die Übertragung von bestimmten, in der Regel öffentlichen Ämtern, die nicht auf eine Bezahlung ausgelegt waren. Auch heute gibt es noch diese Art öffentlicher Ämter. Hierzu zählen unter anderem Schöffen, gerichtliche Betreuer und Schiedsleute. Die reine Bewerbung für das Amt reicht nicht aus, sondern es ist eine „Ernennung“ in Form eines öffentlichen Aktes erforderlich. Der Begriff „Ehrenamt“ versteht sich allerdings heutzutage im Allgemeinen in der Abgrenzung zu hauptamtlich Tätigen. Oft wird diese Bezeichnung daher in öffentlichen Institutionen und Großorganisationen wie der Feuerwehr oder den Rettungsdiensten verwendet, wo es

[18] Engagementatlas 09 (S. 14).

neben den Freiwilligen eine teils bedeutende wirtschaftlich organisierte Struktur von bezahlten Beschäftigten gibt.[19]

Außerhalb solcher Organisationsformen werden meistens die Begriffe „Freiwilligenarbeit“ oder „freiwilliges oder bürgerschaftliches Engagement“ verwendet.[20] Die Enquete-Kommission „Zukunft des Bürgerschaftlichen Engagements“ legt dem folgende Definition zugrunde:

„Bürgerschaftliches Engagement ist eine freiwillige, nicht auf das Erzielen eines persönlichen materiellen Gewinns gerichtete, auf das Gemeinwohl hin orientierte, kooperative Tätigkeit. Sie entfaltet sich in der Regel in Organisationen und Institutionen im öffentlichen Raum der Bürgergesellschaft. Selbstorganisation, Selbstermächtigung und Bürgerrechte sind die Fundamente einer Teilhabe und Mitgestaltung der Bürgerinnen und Bürger an Entscheidungsprozessen. Bürgerschaftliches Engagement schafft Sozialkapital, trägt damit zur Verbesserung der gesellschaftlichen Wohlfahrt bei und entwickelt sich, da es von Bürgerinnen und Bürgern ständig aus der Erfahrung ihres Lebensalltags gespeist wird als offener gesellschaftlicher Lernprozess. In dieser Qualität liegt ein Eigensinn, der über den Beitrag zum Zusammenhalt von Gesellschaft und politischem Gemeinwesen hinausgeht.“[21]

Aus allen diesen Bezeichnungen gehen deutlich das Gemeinwohl fördernde Engagement und die Abgrenzung von staatlichem und Verwaltungshandeln hervor. Trotz unterschiedlicher Begrifflichkeiten ist allen gemeinsam: Es geht darum, sich ohne geldliche Gegenleistung etwas oder für jemanden zu engagieren.

Erwartungen an ehrenamtliche Leistung

Dass freiwillige Aktivitäten ohne Bezahlung erfolgen, hat nicht zur Folge, dass Empfänger von ehrenamtlichem Engagement an diese Leistungen keine Erwartungen stellen. Ganz im Gegenteil.

Jeder, der bereits mit einem ehrenamtlichem Engagement in Kontakt gekommen ist – sei es, weil er es selbst ausgeübt hat, oder als Empfänger – wird wissen, dass an die Ausübung von freiwilligen Aktivitäten sehr hohe Ansprüche gestellt werden. In jedem Engagementbereich und unabhängig von der Aufgabe sind die Anforderungen an alle Beteiligten gleich:

- Verbindlichkeit,
- kontinuierliche Mitwirkung,
- erfolgreiche Aufgabenerfüllung,
- ein positives Ergebnis erreichen.

---

[19] Freiwilligensurvey 2009 (2010, S. 111): „Mit dem praktischen Begriff ‚Ehrenamtliche‘ soll offensichtlich vor allem die Unentgeltlichkeit der freiwilligen Arbeit betont werden und damit indirekt auch der besondere moralische Anspruch der Tätigkeit.“

[20] Freiwilligensurvey 2009 (2010, S. 15): „Auch 2009 wählten Engagierte am häufigsten den Begriff ‚Freiwilligenarbeit‘, um ihre Tätigkeit zu charakterisieren.“

[21] Enquete-Kommission „Zukunft des Bürgerschaftlichen Engagements“, (S. 32 ff.).

Egal ob sich jemand als Vorsitzender einer Elterninitiative hat aufstellen lassen, sich für einen Begleit- und Besuchsdienst von älteren Menschen gemeldet hat oder in der freiwilligen Feuerwehr engagiert ist: Für alle gilt, dass sich diejenigen, denen ihr Tun zugutekommt, sich auf sie verlassen können, dass jeder von ihnen seine Aufgabe ernst nimmt und dabei sein Bestes gibt, um eine mindestens gute Leistung zu erreichen. Gerade weil sich Menschen freiwillig zur Übernahme einer Aufgabe bereit erklären, sind die qualitativen Erwartungen an die Erledigung einer solchen Aufgabe oftmals höher als im Berufsleben, in dem unter arbeitsrechtlichen Gesichtspunkten der Maßstab immer eine „durchschnittliche" Leistung eines vergleichbaren Arbeitnehmers ist.

Qualitätsanspruch

Der Qualitätsanspruch an eine ehrenamtliche Leistung ist also mindestens so hoch wie für eine bezahlte Verrichtung.

Umso wichtiger ist es für ein „erfolgreiches" ehrenamtliches Engagement, diesen Erwartungen gerecht zu werden. Dies bedeutet für ein verlässliches Engagement und konstantes Mitwirken der Beteiligten zu sorgen, insbesondere für eine möglichst gelungene Ausführung der von ihnen übernommenen Aufgaben.

Erwartungen und Qualitätsansprüche sind daher im ehrenamtlichen Engagement ernst zu nehmen und deutlich zu machen. Sowohl die Personen, die sich engagieren, als auch diejenigen, die davon profitieren, haben letztendlich ein klares Ziel vor Augen.

Es ist die Aufgabe von Führungskräften im Ehrenamt, im Sinne eines „erfolgreichen Gelingens" alle an der für sie richtigen Stelle abzuholen.

2 Warum engagieren sich Menschen freiwillig? – Porträts

Viel wichtiger als die Erfassung von ehrenamtlichen Strukturen ist es, einen Blick auf die Motive der Engagierten zu werfen. Welche Menschen stehen hinter diesen Leistungen, und was bewegt sie, sich freiwillig und unentgeltlich in ihrer Freizeit zu engagieren?

Bei den folgenden Porträts handelt es sich um eine Auswahl an Interviews mit Engagierten über die unterschiedlichen Facetten ehrenamtlichen Engagements in gesellschaftlich relevanten Bereichen. Dabei sind die Beweggründe genauso vielfältig wie das Engagement.

2.1 Soziale Projektinitiative

Silke S., 46 Jahre, aus Kiel, Organisatorin von Rehabilitationsfreizeiten für krebskranke Kinder

Ich engagiere mich seit 14 Jahren in einer kirchlichen Organisation, die krebskranke Kinder aus der Ukraine nach Deutschland einlädt. Die Kinder dürfen hier in Deutschland für vier Wochen eine Reha machen. Das sind Kinder, die infolge des Reaktorunglücks von Tschernobyl an Krebs erkrankt sind, Gendefekte haben oder sehr stark erkrankt sind, zum Beispiel weil sie noch verstrahlte Nahrung zu sich nehmen. Alle Kinder kommen aus verschiedenen Kliniken und haben eine Chemotherapie hinter sich. In der Ukraine gibt es keine Rehabilitationsprogramme bei schweren Erkrankungen, wie hier in Deutschland. Die Kinder sind sehr geschwächt und müssen wieder auf die Beine kommen, und wir helfen ihnen dabei. Meistens sind es um die 25 Kinder, die zu uns kommen, im Alter zwischen sechs und 15 sind.

Der Auslöser für meine Tätigkeit war, dass sich, als ich Anfang 30 war, und es sich für mich ergeben hat, dass sich mein Kinderwunsch nicht erfüllt. Ich wollte sehr gerne etwas mit Kindern machen, und habe nach Möglichkeiten gesucht. Eines Morgens habe ich dann eine Anzeige über die Organisation in der Zeitung gelesen und habe mir gedacht: „O.K., wenn nicht selbst ein Kind, dann zumindest 25 Kinder für vier Wochen im Jahr."

B. Redmann, *Erfolgreich führen im Ehrenamt*, DOI 10.1007/978-3-8349-4679-9_2

Es tut mir einfach gut, wenn ich etwas für andere tun kann und es ihnen dann besser geht. Mir geht es gut, und ich kann dafür sorgen, dass es anderen Menschen auch so gut wie möglich geht, und dafür setze ich mich gerne ein. Und besonders wichtig sind mir Kinder.

Was mache ich genau?
Meine Aufgabe ist es in den vier Wochen, in denen die Kinder dann bei uns vor Ort sind, zusammen mit einer Kollegin die gesamte Organisation des Projektes zu übernehmen. Das heißt alles, was man braucht, um einen 40-Personen-Haushalt komplett zu managen. Das fängt damit an, dass wir für diese vier Wochen eine Schule komplett umräumen und diese so einrichten, dass wir dort vier Wochen zusammen leben können. Dann gehört auch dazu, das Tagesprogramm für die Kinder zu organisieren, Arztbesuche zu koordinieren, alle Einkäufe zu besorgen bzw. zu delegieren, Wochenpläne zu erstellen, in denen festgelegt ist, wer was macht, die Freizeitaktivitäten zu planen, im Prinzip, sich rund um die Uhr – Tag und Nacht – zu kümmern. Wir brauchen hierfür immer viele Helfer, die zum Beispiel das Freizeitprogramm mit den Kindern gestalten, wie Basteln, Ausflüge machen, oder die einfach in der Küche helfen, mit aufräumen, Leute, die übersetzen ... jede Hand hilft. Und es kommen – da wir mittlerweile auch sehr bekannt sind – über 100 Menschen, die dann entsprechend koordiniert und eingeteilt werden müssen. Das ist eine meiner Hauptaufgaben, alle anstehenden Arbeiten an die Helfer zu verteilen.

Wie viel Zeit investiere ich?
In den vier Wochen, in denen die Kinder hier sind, mache ich das Vollzeit, nehme mir dafür Urlaub und bin dort rund um die Uhr ansprechbar. Ich schlafe zu Hause und bin nur, wenn es erforderlich ist, auch in der Nacht dort vor Ort.

Warum mache ich das?
Mein größter Lohn ist, wenn ich in diesen vier Wochen jedes Mal sehe, wie sich die Kinder positiv entwickeln: wie die Blutwerte besser werden, aber auch, wie sie alle immer lustiger und offener werden in dieser Zeit. Und das Schönste ist für mich, wenn die Kinder dann ankommen und kuscheln und dadurch auf ihre Weise einfach „Danke schön" sagen. Da geht mir das Herz auf, und mehr Lohn brauche ich nicht.

Ich stelle immer wieder fest, dass mir mein Tun dort ganz viel Freude bereitet. In den vier Wochen komme ich immer wieder ganz für mich selbst auf den Boden zurück. In dem Sinne, dass ich ganz anders zu schätzen weiß, was eigentlich alles da ist in meinem Leben, wie zum Beispiel Gesundheit, Liebe, Fürsorge und genug zu essen.

Welche Rolle hat Führung für mich in meinem Engagement?
Das Thema Führung spielt eine große Rolle. Es sind hauptsächlich Frauen, die sich hier in dem Projekt engagieren, und meistens auch Ältere. Nach meiner Erfahrung sind hier unterschiedliche Anforderungen gegeben, wie jeder angesprochen werden will. So habe ich für mich gemerkt, dass gerade Ältere oft klare Anweisungen benötigen, was genau zu

tur ist. Insgesamt ist meine größte Herausforderung, dass ich so kommuniziere und mich so ausdrücke, dass die Menschen genau verstehen, was ich meine. Und hier gibt es auch in der Regel eine direkte Rückmeldung, nämlich dann, wenn nicht getan wird, was ich gesagt habe. Dann weiß ich, ich habe etwas falsch gemacht in meiner Kommunikation. Natürlich gibt es auch verbale Rückmeldung, zum Beispiel über Unmut: „Das kann ich so nicht machen, weil ... " oder „Warum soll ich das jetzt machen?" oder „Das habe ich nicht verstanden, erklär mir das nochmal, warum soll ich das denn so tun und nicht anders?" Hier ist es dann wirklich wichtig, jeden richtig zu erreichen.

Mittlerweile merke ich sehr schnell durch die starken Emotionen bei den Menschen, was ihnen wichtig ist. Ich merke zum Beispiel, ob jemand ein Teamplayer ist oder jemand, der viel Wert auf Struktur legt. Oder ist das jemand, der sich gerne mit anderen auseinandersetzt und auch mal gerne streitet? Das hilft mir dann natürlich, mich auf den anderen einzustellen und ihn besser zu erreichen.

Führung heißt bei uns, dafür zu sorgen, dass alles in den vier Wochen funktioniert. Dass also jeder weiß, was er wann zu tun hat. Und ganz wichtig ist natürlich auch, dass bestimmte Anweisungen und Regeln, wie zum Beispiel die Hygienevorschriften, von allen eingehalten werden. Auch dafür sorgen wir, indem wir diese Regeln klar benennen und immer wieder darauf hinweisen.

Ich komme mir manchmal vor wie ein Jongleur, der ganz viele Bälle in der Luft halten muss. Das ist auch eine große Herausforderung für mich, denn am liebsten hätte ich gerne alles klar strukturiert. Aber es passieren so viele unerwartete Dinge, auf die man sehr schnell reagieren muss. Dann gilt es zu schauen und direkt zu entscheiden, was jetzt die höchste Priorität hat, damit nicht alles ins Stocken kommt.

Natürlich gibt es auch untereinander manchmal Streitigkeiten. Das können ganz alltägliche Dinge sein. Und dann dort zuzuhören, zu schlichten und dafür zu sorgen, dass die Stimmung gut bleibt, das ist auch eine wichtige Aufgabe. Dies machen wir, indem wir viel zuhören, nachfragen, was der Einzelne braucht, wie es ihm geht und natürlich auch indem wir immer wieder daran appellieren, dass wir eine Gemeinschaft sind, die freiwillig zusammengekommen ist.

Wichtig ist mir noch, dass ich nicht über dieses Projekt erzähle, um bewundert zu werden. Ich möchte vielmehr darauf aufmerksam machen, wie viele Menschen es gibt, die so etwas tun, und wie viele daran beteiligt sind. Denn ohne diese vielen Helfer könnte dies alles gar nicht funktionieren.

Was war ein wichtiges Erlebnis für mich?

Ein wichtiges, sehr persönliches Erlebnis für mich war, dass ich selbst ein Patenkind hatte, das erkrankt war und zu unseren Freizeiten gekommen ist. Mein Patenkind war zudem verwaist und lebte in der Ukraine bei seinen Großeltern. Und mein Besuch bei ihm, und seinen Großvater kennenzulernen, das war für mich ein sehr bewegendes Erlebnis.

Ein anderes Erlebnis, das mich nachhaltig bei einem meiner Besuche in der Ukraine sehr berührt hat, war, die Kinder in den Krankenhäusern zu sehen, die Hoffnungslosigkeit zu spüren und die verzweifelten Eltern zu sehen. Viele müssen ihre Kinder im Krankenhaus selbst verpflegen und zum Teil auch die Medikamente aus eigener Tasche bezahlen. Oft führt das zum Bankrott der ganzen Familie.

2.2 Schützenverein

Stephan G., 46 Jahre, aus Neuss (Rheinland), Zweiter Vorsitzender im Schützenverein „Fahnenzug 1920"

Ich bin seit über 21 Jahren in unserem Schützenverein, einem sehr traditionsreichen Verein, der seit 1920 besteht, und die Mitgliedschaft wurde sozusagen an mich „vererbt". Seit 1989 bin ich in dem Verein, und seit 1990 habe ich dort auch ein Amt. Ich war erst lange Zeit Schriftführer und in dieser Funktion Teil des Fünfervorstands und bin jetzt seit zwei Jahren Zweiter Vorsitzender. In meiner Funktion als „Spieß" bin ich quasi Verbindungsmitglied zwischen den Mannschaften bzw. den Mitgliedern und dem Vorstand.

Der Verein hat 25 Mitglieder mit einer sehr breiten Altersschicht: der Jüngste ist 16 und der Älteste ist 83. Und das ist für uns fast die größte Herausforderung. Die zentrale Vorstandsarbeit ist eigentlich bei einem sehr traditionellen Schützenzug wie bei unserem zu schauen, dass man immer genug Nachwuchs bekommt.

Was mache ich genau?

Ich bin der moralische Ansprechpartner für alle, sozusagen ein „Kümmerer". Gemeinsam mit meinen anderen vier Vorstandskollegen schaue ich, dass wir den Verein so gestalten, dass er auch gerade für junge Menschen interessant ist. Wir überlegen uns, was wir machen können, um Jugendliche an diesen „alten" Verein heranzuführen. Und wir haben letztes Jahr einen Arbeitskreis „Innovation" gegründet, um zu überlegen, wie wir den Zug für alle Altersgruppen attraktiv gestalten können. Das ist mitunter ein großes Spannungsfeld: Es gibt unterschiedliche Interessen, unterschiedliche Lebenslagen und auch unterschiedliche Erwartungen an unsere Führung. So waren zum Beispiel die älteren Mitglieder noch einen durchaus autoritären Führungsstil von früher gewohnt und haben unsere anfängliche Demokratie, bei der vieles ausdiskutiert und abgestimmt wurde, nicht wirklich vertragen. Diese Diskussionen waren ihnen viel zu langatmig, sie wollten vielmehr klare Ansagen und jemanden, der ganz genau sagt, wo es langgeht.

Das haben wir erkannt und haben erst einmal eine Zeit lang wieder „enger" geführt. Dann kamen aber immer mehr Jüngere, denen das dann zu straff war. Letztendlich ging es dann für uns darum, die Führungsarbeit so anzupassen, dass wir möglichst alle integrieren. Und so ist auch unser Arbeitskreis „Innovation" entstanden, in dem es darum geht, die Gemeinschaft für alle möglichst passend zu gestalten. Da kam zum Beispiel heraus, mal einen Tanzkurs anzubieten, die Jahresveranstaltungen moderner zu gestalten und ein vielfältiges Begleitangebot zu entwickeln.

Warum mache ich das?

Ich bin ein sehr teamorientierter Mensch, und die Gemeinschaft ist mir sehr wichtig. Wenn es der Gemeinschaft gut geht, dann geht es auch mir gut. Hinzu kommt, dass ich dort in einer Situation bin, in der ich einiges entscheiden kann, und auch dies tut mir gut. Aber das Wichtigste ist das Team und mit diesem gemeinsam Dinge tun zu können.

Ich darf nie darüber nachdenken, was ich zurückbekomme. Wenn ich anfange, darüber nachzudenken, ob ich das, was ich gebe, auch genauso von andern bekomme, dann müsste ich sofort mein Amt niederlegen.

Es ist bei mir tatsächlich das Gefühl der Gemeinsamkeit, das ich dort erlebe und das mir ein schönes, sehr gutes Gefühl gibt. Dass dieses Gefühl bei mir entsteht, ist eigentlich die „Belohnung“ für meinen Einsatz. Dafür nehme ich auch vieles in Kauf, zum Beispiel dass mir die Zeit für meine Familie fehlt.

Welche Rolle hat Führung für mich in meinem Engagement?

Führung bedeutet für mich, dem anderen Freiraum für seine Gedanken, Werte und Handlungen zu geben, die zur Organisation passen, und ihm Lust auf die Tätigkeit zu machen. Gleichzeitig sind für mich Orientierung und Konsequenz wichtige Aspekte im Thema Führung. Ich persönlich folge dem Grundsatz „fordern und fördern“.

Insgesamt spielt Führung eine wichtige Rolle bei meinem Engagement. Eigentlich ist es kein Unterschied, ob ich im Unternehmen eine Einheit, beispielsweise eine Abteilung, führe oder ob ich dort im Verein die Menschen führe. Alle wollen letztendlich ein klares Ziel vor Augen, und es geht darum, alle an der für sie richtigen Stelle abzuholen. Und das zu tun, ist für den Weiterbestand unseres Vereins ganz entscheidend.

„Führung“ wurde nach unseren anfänglichen Erfahrungen bei uns zum Thema und ist jetzt ein Dauerthema. Das heißt, es ist nicht nur in der Tagesordnung ein fester Bestandteil, sondern wir tauschen uns hier bewusst zu dem Thema aus, geben uns Aufgaben und legen fest, wer mit wem redet und wer auf wen zugeht und wie wir miteinander umgehen wollen. Das ist sicherlich auch eher ungewöhnlich für einen Schützenverein.

Was uns dabei hilft und was uns auch darin bestärkt, ist, dass die Leute merken, dass es uns wichtig ist, Führung für alle gut zu gestalten. Und dass dies richtig ist, sehen wir daran, dass alle Mitglieder lange bei uns bleiben. Das sehen wir auch als Feedback für unsere Arbeit an.

Führungsthemen bei uns sind unter anderem, wenn ein Mitglied ausscheidet, wenn jemand besondere Bestätigung braucht oder sich irgendwer besondere Dinge herausgenommen hat oder mal zum Umzug nicht erscheint, oder auch unterjährig, wenn wir merken, der kommt nicht mehr so häufig. Oder auch das Thema Orientierung. Wir merken, dass gerade die jungen Menschen ein großes Bedürfnis nach Orientierung haben und es wichtig ist, dem nachzukommen.

Wie machen wir das?

Wir gehen durch die persönlichen Gespräche intensiv auf den Einzelnen ein und versuchen, durch unterschiedliche Veranstaltungen viele Anreize zu bieten, so dass wir möglichst alle mitnehmen. Es ist uns klar, dass uns das nicht immer gelingt, aber es ist trotzdem unser Anspruch an unsere Führungsarbeit. Dabei geht es immer um ganz individuelle Führung: Manche brauchen eine ganz lange Leine, die lasse ich über das Schützenfest völlig in Ruhe. Wieder andere hole ich mir dreimal am Tag und gebe ihnen klare Aufgaben und Orientierung. Einige brauchen viel Lob und Bestätigung von außen, bei wieder anderen ist es wichtig, dass die Anerkennung in der Öffentlichkeit erfolgt. Es geht immer darum zu sehen, was jeder Einzelne braucht. Deswegen beschäftige ich mich auch damit: Ich schaue hin, ich nehme wahr, wie die Leute reagieren, ich rede mit ihnen … und da sehe ich dann schon eine ganze Menge. Sicherlich ist da auch ein bisschen Führungserfahrung dabei, und sicherlich hilft mir auch mein beruflicher Background. Es ist wichtig, Dinge auszuprobieren, nicht im Sinne einer Laborsituation, sondern eher zu spüren, was funktioniert.

Wie viel Zeit investiere ich?
Einmal im Monat treffen wir uns mit dem gesamten Zug, und dann gibt es noch alle zwei Monate eine Vorstandssitzung. Dazu kommen bei mir noch fünf bis sechs Stunden jede Woche, die ich mit der Mitgliederbetreuung verbringe. Da ist mal jemand krank oder jemand kommt nicht mehr so regelmäßig, da frage ich dann nach. Oder ich weiß von jemandem, dass er andere Sorgen hat, da kümmere ich mich dann auch und rede mit ihm. Oder einer von den Jungen will austreten, dann versuche ich natürlich, den „wieder einzufangen". Insgesamt sind es viele, viele Gespräche die ich persönlich – teilweise auch telefonisch – führe. Letztendlich geht es darum, mit einander zu reden.

Was war ein wichtiges Erlebnis für mich?
Das war die Begleitung eines Zug-Freundes, der massive gesundheitliche Probleme hatte, der auch psychisch sehr angeschlagen war und den ich sehr intensiv begleitet habe und der dann leider gestorben ist. Es war für mich ein wichtiges Erlebnis, viel Zeit mit ihm verbracht zu haben. Kennengelernt haben wir uns über den Verein, langjährig haben wir gemeinsam im Vorstand gearbeitet. Und daraus wuchs eine Freundschaft, wie ich selten eine hatte. Es lag nahe, dass ich Trauzeuge und Patenonkel wurde, und er gehörte für mich zu meiner Familie. Diese enge Bindung haben wir durch die gemeinsame Tätigkeit aufgebaut. Die Sympathie und das Gefühl, dass es richtig ist, den Vereinskameraden zu helfen, die Hilfe benötigen, kamen sicher hinzu.

Das andere ist, dass wir es geschafft haben, die „Wende" in unsere Jugend reinzubringen. Inzwischen haben wir es geschafft, die Konzentration auf die Freude zu lenken. Dass nicht mehr gemeckert wird über das, was alles nicht klappt, sondern zu sehen, was alles da ist.

2.3 Berufsverband

Axel R., 50 Jahre, aus Köln, Leiter des regionalen Führungskreises der Regionalgruppen des BDVT (Berufsverband für Trainer, Coaches und Berater)
Ich bin seit den neunziger Jahren Mitglied im BDVT und war dort seit 2003 zuerst als Regionalclubleiter ehrenamtlich tätig. Weil das sehr gut lief, aber irgendwann für mich ausgereizt war, habe ich etwas Neues gesucht, und die darüberliegende Position war gerade frei. So leite ich jetzt seit 2010 zusammen mit einem Kollegen den regionalen Führungskreis. Dieser Führungskreis ist sozusagen die Zwischenebene zwischen den Regionalgruppen und dem Präsidium.

Was mache ich genau?

Meine oder unsere Aufgabe dort ist es, Kontakt zu den regionalen Gruppen des BDVT zu halten oder besser zu den Leitern der regionalen Gruppen. Diese wollen informiert werden, sie brauchen Ideen, haben Fragen, was Abrechnungen oder Honorare oder Ähnliches angeht. Es ist so eine Mischung aus organisatorischer, aber auch individueller Unterstützung. Es gibt immer Leitthemen oder Schwerpunktthemen des Verbandes, wie zum Beispiel „Honorare", und die werden dann in die Regionen runtergetragen. Wir bieten Unterstützung an, wie diese Themen weitergegeben oder umgesetzt werden können.

Wie viel Zeit investiere ich?

Zweimal im Jahr treffen wir uns mit allen Regionalleitern für zwei Tage, und daneben gibt es auch Einzelanfragen. Das sind dann Treffen, die in kleineren Kreisen stattfinden. Dann gibt es noch Vorbereitungszeiten und natürlich den Reiseaufwand. Den zeitlichen Einsatz konkret festzumachen, ist sehr schwer. Es gibt auch einfach mal eine Stunde am Telefon oder ein persönliches Gespräch. Ich habe es noch nie konkret für mich ausgerechnet, aber vom Gefühl her ist es nicht unerheblich, was ich an Zeit aufwende.

Warum mache ich das?

Meine Hauptmotivation ganz am Anfang war, dass ich in die Selbstständigkeit gegangen bin und gemerkt habe, ich brauche irgendeinen Hintergrund, eine Verankerung und auch eine Vernetzung. Ich habe dabei viele Verbände ausprobiert, bin dort Mitglied geworden und bin aber auch wieder ausgetreten, wenn ich das Gefühl hatte, dass es mir nichts bringt. Der Berufsverband BDVT ist dann übriggeblieben, weil ich den Eindruck hatte, dass hier die größte Kompetenz liegt.

Für mich war von Vorneherein klar, dass ich auch eine aktive Rolle und Funktion in einem Verband einnehme. Ich kenne das gar nicht anders. Schon von klein auf habe ich mich in der Kirche engagiert und dort auch Kinder und Jugendarbeit gemacht. Erst war ich selbst in den Gruppen und später habe ich sie dann geleitet. Bis zum Presbyterium habe ich immer ehrenamtliche Arbeit gemacht. Insofern war für mich immer klar, Engagement gehört zum Leben, und wenn man in einer Organisation eingebunden ist, dann auch mit einer Aufgabe. Nur Teilnehmer sein, ist mir zu wenig, ich will mitgestalten.

Beim BDVT kommt noch hinzu, dass er mir die Möglichkeit gibt, an Trainern – und damit gleichzeitig auch meiner beruflichen Zielgruppe – „dranzubleiben" und mitzubekommen, was diese bewegt. Mein ehrenamtliches Engagement kommt mir somit auch beruflich noch zugute bzw. ich kann Kontakte entsprechend nutzen.

Die Führungsarbeit an sich macht mir nicht unbedingt Spaß. Es geht eher um das generelle Ausgestalten von Themen, diese unter das Volk zu bringen und letztendlich auch im Kontakt mit anderen zu sein. Es ist wichtig für mich, etwas bewegen zu können und mich hier im Besonderen für berufsethische und berufsbetreffende Themen zu engagieren.

Welche Rolle hat Führung für mich in meinem Engagement?

Führung heißt für mich, an jedem Einzelnen dranbleiben und im Dialog bleiben. Sonst bewegt sich nichts. Diese Dialoge sind sehr unterschiedlich. Mit dem einen kurz und knapp und mit dem anderen auch mal Konfliktgespräche. Konflikte entstehen meistens dann, wenn wir uns einmischen. Zum Beispiel weil wir sehen, dass in einer Region gar nichts passiert: Es gibt keine Veranstaltungen, es werden keine Themen weitergetragen. Dann fragen wir natürlich nach, was denn los ist und was wir tun können.

So gesehen ist jedes Thema ein Führungsthema, da es immer auf alle Mitglieder runtergebrochen werden muss. Wir verstehen uns in erster Linie als die Kommunikatoren, die konkrete Umsetzung erfolgt dann von den Regionalleitern. Wir können immer nur vorschlagen. Daran zeigt sich auch die Hauptschwierigkeit: Wir steuern ehrenamtliches Engagement, das dann aber bei Menschen stattfindet, zu denen wir wenig oder kaum körperlichen Kontakt haben. Diese Menschen sehen wir nicht, die bekommen wir nicht direkt mit. Insofern ist es immer wieder wichtig, auch hier zu gucken, dass wir Möglichkeiten nutzen, uns mit den Mitgliedern zu treffen, wie beispielsweise auf Messen oder Veranstaltungen.

Wie machen wir das?

Im direkten Kontakt versuchen wir, die unterschiedlichen Motivationen, insbesondere von den Regionalleitern, im Umgang miteinander zu berücksichtigen. Auch im negativen Sinne, dass ich merke, wenn ich mit der Motivation eines Menschen überhaupt nicht klarkomme und einfach keinen Weg mehr finde, wie ich ihn gut erreichen kann.

Die Motivationen sind vollkommen unterschiedlich. Ein Teil der Motivation geht in Richtung Status, was sich darin zeigt, dass ein bestimmtes Ambiente wichtig ist. Manche sind einfach gesellig und freuen sich an dem Team, dass sie dort vor Ort haben, und wollen sich Menschen in der Region vernetzen. Manche haben vor allem Lust an den Themen und kommen über die Schiene, dass sie gerne was ausprobieren wollen.

Ansonsten ist es für uns extrem wichtig, alle Medien zu nutzen, über die wir kommunizieren können, also meistens Telefon und Internet. Und soweit es geht persönliche Kontaktmöglichkeiten nutzen, sofern sie sich ergeben. Wie die bereits erwähnten Messen, Veranstaltungen oder sonstige Treffen, die auf Einzelanfrage initiiert werden. Wir fragen auch immer nach, was noch an Informationen oder Unterstützung gebraucht wird. Das nutzten wir als Dauerfrage. Das bedeutet auch, hinterherzutelefonieren, wenn keine Antwort auf diese Frage kommt, was meistens der Fall ist. Wir achten auch darauf, dass wir unsere Inforationen interessant und gut lesbar gestalten. Gezielt und strukturiert Informationen aufzusetzen und die Mitglieder nicht zu überfrachten. Wir geben uns bei der Gestaltung sehr viel Mühe, dass immer ein roter Faden erkennbar ist, damit beim Empfänger auch möglichst viel ankommt.

Was war ein wichtiges Erlebnis für mich?

Es gibt jetzt weniger eine ganz herausragende Geschichte, als eher viele kleine Erlebnisse. Dass es zum Beispiel auf das Jahr verteilt Begegnungen mit Menschen gibt, die einem dann auch sagen, dass es gut läuft, dass der Stil gut ist, dass sie sich gut informiert fühlen und einfach von sich aus sich positiv äußern.

Die Belohnung für meinen Einsatz sind die Rückmeldungen. Zum einen von den Regionalleitern selbst, zum anderen aber auch von den Teilnehmer aus den Regionen, die sagen, es läuft gut, es ist schön, dass sich jemand kümmert, und es ist gut, wie sich jemand kümmert. Und natürlich auch persönliche Bestätigungen, wenn mir jemand direkt sagt wird, dass ihm meine Art, wie ich Themen und Dinge aufsetze, gefällt.

2.4 Internationaler Frauenverband

Karola H., 47 Jahre, aus Bad Neuenahr, Inner Wheel Frauenclub, Clubmeisterin

Der Inner Wheel ist eine reine Frauenvereinigung und hat ca. 46 Mitglieder. Im Vorstand sind zwölf Frauen. Im Wesentlichen geht es uns um die Pflege von Freundschaften, darum, soziales Engagement zu unterstützen und auch selbst zu betreiben, und um internationale Verständigung. Inner Wheel steht für International Inner Wheel, ist eine von den Vereinten Nationen anerkannte nichtstaatliche Organisation (NGO) und gehört zu den größten internationalen Frauenvereinigungen. Inner Wheel ist überkonfessionell und nicht parteipolitisch gebunden.

Warum mache ich das?

Ich bin ein Mensch, der gerne mit anderen zusammen etwas Sinnvolles, Gutes macht. Ich brauche immer Menschen, die mit mir zusammen dann etwas Großes angehen. Und das finde ich dort. Bei den Inner Wheels gefällt mir besonders, dass es um Projekte geht, die den Umkreis betreffen. Das ist für mich greifbar und man sieht dann vor Ort, was mit den Geldern passiert, die wir einnehmen.

Wenn ich etwas mache, dann möchte ich mich daran aktiv beteiligen. Deswegen war es für mich selbstverständlich, dass ich eine Aufgabe übernommen habe, wie jetzt das Amt der Clubmeisterin. Ich liebe Menschen, und hier kann ich gut in Kontakt mit anderen kommen. Das gefällt mir. Irgendeine Aufgabe mit Zahlen, zum Beispiel als Schatzmeisterin, das wäre nichts für mich gewesen.

Es sind unterschiedliche Aufgaben, die ich dort mache. Zum einen sorge ich dafür, dass es den anderen Menschen in den Räumlichkeiten gut geht, dass die Räume schön geschmückt und dekoriert sind, dass die Technik da ist – wenn sie erforderlich ist – dass für den Gastredner alles Nötige bereitgestellt ist. Insofern sorge ich für die gesamte Organisation der Räumlichkeiten.

Spaß macht mir daran, dass ich mit meiner Aufgabe wichtig für die Gruppe bin. Dass ich angesprochen werde, wenn jemand besondere Wünsche hat. Ich bemühe mich dann auch, dem gerecht zu werden. Ich mag es, wenn Leute etwas von mir wollen und ich das erfüllen kann. Und ich finde es viel schöner, persönlich miteinander im Kontakt zu sein. Und genau diese Form des Kontakts habe ich als Clubmeisterin und ganz besonders eben auch bei den einzelnen Projekten.

Eine andere Aufgabe ist, dass ich zusammen mit anderen zuständig bin für die Ausgestaltung des Martins- oder Weihnachtsbasars. Und dann gibt es vereinzelt Projekte, an denen ich mitwirke. Eines ist zum Beispiel „Kochen mit Demenzkranken“: Da koche und backe ich mit älteren Leuten, die unter Demenz leiden. Mit dem Kochen soll ihr Erinnerungsvermögen gestärkt werden. Wenn ich mit den Demenzkranken koche, bin ich ganz nah in Kontakt mit ihnen.

Für mich ist der beste Lohn, wenn ich feststelle, dass ich anderen eine Freude machen konnte und es für sie auch ein schönes Erlebnis war. Wenn ich spüre, dass andere sich an meinem Tun erfreuen, dann gibt mir das ein ganz tolles, tiefes Gefühl. Ich merke das zum Beispiel, wenn ich im Auto auf dem Weg nach Hause von dem Kochprojekt bin und dann noch mal die Situationen vor meinem geistigen Auge sehe und wie viel Spaß die älteren Leute hatten und wie viel wir zusammen gelacht haben und dass es richtig schön für uns alle war. Wenn ich das so erlebt habe, dann bin ich „eins mit der Welt“. Anderen Menschen etwas zu geben, ist für mich einfach sehr befriedigend. Ein wichtiges Anliegen für mich – und damit gleichzeitig auch eine Art Belohnung für mich – ist, wenn ich es schaffe, anderen Freude und Spaß ins Leben zu bringen. Es hat mich auch sehr gefreut, dass bei unserem Kochen immer mehr dazugestoßen sind. Erst waren es nur fünf Personen, und dann, als es immer so lecker nach Kuchen und Waffeln roch, sind es immer mehr geworden. Und das hat mich auch sehr gefreut, dass das insgesamt gut angekommen ist und die Leute Spaß daran haben, zusammen zu kochen.

Mir geht es gar nicht um Dank und mir muss auch keiner etwas sagen. Mir reicht es, wenn ich sehe, dass sich andere an dem, was ich mache, erfreuen.

Wie viel Zeit investiere ich?

Das ist ganz unterschiedlich. Je nach Projekt kann das auch täglich sein. Jetzt mit dem aktuellen Kochprojekt sind es zwei Stunden im Monat, die Organisation der Räumlichkeiten, also als Clubmeisterin, das sind auch ca. zwei Stunden im Monat.

Welche Rolle hat Führung für mich in meinem Engagement?

Bei meinen Aufgaben organisieren wir manchmal auch etwas zusammen in der Gruppe, zum Beispiel bei der Vorbereitung der Basare. Dabei sprechen wir uns untereinander ab, und jeder übernimmt eine Aufgabe. Insofern muss ich keinen anderen anleiten oder führen. Das würde mir auch gar nicht liegen.

Genauso lasse ich mich auch nicht gerne lenken oder führen. Mir ist es wichtig, dass ich bei dem, was ich mache, ganz frei agieren kann. Natürlich muss ich mich an bestimmte Termine halten, also der Martinsbasar ist beispielsweise an einem ganz bestimmten Tag, und das Kochen findet natürlich auch zu festen Zeiten statt. Aber in dem, wie ich etwas mache, bin ich ganz frei. Da redet mir keiner rein oder verlangt etwas Bestimmtes von mir.

Wie muss Führung für mich sein?
Wenn es denn doch mal sein muss, zum Beispiel, wenn wir Veranstaltungen mit mehreren Clubs zusammen organisieren, dann ist es für mich wichtig, dass derjenige, der das Sagen hat, auf mich eingeht. Mir fällt es wesentlich leichter, mich von Personen, die eine persönliche und herzliche Ausstrahlung haben, führen zu lassen. Dass jemand auf mich eingeht, das spüre ich einfach, dann fühle ich mich richtig angesprochen und gut aufgehoben. Mich rumkommandieren zu lassen, das würde mir nicht gefallen. Das würde ich nicht zulassen. Es ist mir auch ganz wichtig, dass es ein Miteinander ist, dass alle also gleich behandelt werden und alle an einem Strang ziehen. Ich finde, wenn man in so einem Club ist, dann ist es auch wichtig, einen offenen und ehrlichen Umgang miteinander zu pflegen. Ganz schlimm finde ich es, wenn hinter dem Rücken agiert wird. Wenn so etwas passieren würde, würde ich aufhören.

Was war ein wichtiges Erlebnis für mich?
Ein besonders schönes Erlebnis ist es für mich immer wieder, mit den Demenzkranken zu kochen. Da gab es einmal eine Situation, da haben wir Pflaumenkuchen gebacken, und eine Frau hat ihr Blech kreuz und quer belegt. Und da hat die eine Demenzkranke die andere einfach geneckt. Und das zu sehen, dass die beiden untereinander und miteinander Spaß haben, das war sehr schön für mich.

Und ebenfalls ein einprägsames Erlebnis ist es für mich, wenn wir unseren Martinsbasar haben und dann die Kinder, für die wir sammeln, selbst da sind und wir gemeinsam mit ihnen Plätzchen backen und wir uns auch gegenseitig sehen und kennenlernen konnten. So hat diese Hilfsaktion noch mal eine ganz persönliche Note für mich bekommen.

Gibt es Herausforderungen und Konflikte?
Ein Konflikt für mich ist eher die zeitliche Belastung, dass ich manchmal gerne mehr machen möchte, als ich es tatsächlich vom zeitlichen Volumen her schaffe. Wenn die anderen dann auch noch sagen „komm doch, komm doch“, dann fällt mir das schon sehr schwer, nicht zu gehen.

Ansonsten ist es für unseren Club eine Herausforderung, neue Mitglieder zu gewinnen. Zum einen gibt es bei uns einen eher sehr hohen Altersdurchschnitt. Hier wäre es einfach gut, wenn junge Leute nachkämen. Das realisiert sich aber nur schwer, weil es gewisse Zulassungshürden gibt. Ich denke, dass wird sich in Zukunft weiter öffnen.

Mein Wunsch?
Mein Wunsch wäre es, dass möglichst viele Menschen sich einfach auch im Kleinen engagieren würden. Das müssen gar keine großen Sachen sein, und dafür muss man auch gar nicht ins Ausland gehen. Es gibt meistens schon vor der Haustür so viele Möglichkeiten, einander zu helfen oder zu unterstützen, sei es vielleicht nur mal, jemandem beim Einkaufen zu helfen, der das nicht selbst machen kann. Das sich dafür, also für die kleinen Sachen direkt vor Ort, mehr Leute finden, das würde ich mir wünschen.

2.5 Kulturförderkreis

Gerhard H., 74 Jahre, aus Weisenheim, Vorstandsvorsitzender des Förderkreises ehemalige Synagoge Weisenheim am Berg

Seit November 2001 engagiere ich mich für den Verein „Förderkreis ehemalige Synagoge". Ich war kurz vorher in den Ruhestand getreten und hatte gar nicht vor, mich irgendwie zu engagieren. Aber dann kam eine Bekannte auf mich zu und bat mich, in diesem Verein Schriftführer zu werden. Sie selbst war ausgeschieden und suchte damals einen Nachfolger. Da habe ich mich breitschlagen lassen und habe für eineinhalb Jahre den Schriftführer gemacht. Und als danach die damalige Vorsitzende aus familiären Gründen aufhören musste, hat man mich gebeten, das Amt des Vorsitzenden zu übernehmen. Und mittlerweile bin ich schon dreimal wiedergewählt worden.

Unser Verein bezweckt die Förderung von Kunst und Kultur und die unter Denkmalschutz stehende, restaurierte ehemalige Dorfsynagoge Weisenheim am Berg zu erhalten. Dabei soll sie der Öffentlichkeit zugänglich gemacht und zudem als Kunst- und Kulturzentrum genutzt werden. Das Gebäude ist eine ehemalige Synagoge, die 1909 entwidmet wurde und damit nicht mehr als Synagoge genutzt wurde und damit auch nicht im Dritten Reich als solche erkennbar war. Durch geeignete Veranstaltungen versuchen wir in erster Linie, die Finanzierung für den Erhalt des Gebäudes zu sichern. Darüber hinaus soll der Bezug zum ursprünglichen Zweck des Gebäudes bewusst gemacht werden.

Unser Verein hat etwa 100 Mitglieder, die einen Stützbeitrag leisten, und damit organisieren wir die Veranstaltungen. Das sind in der Regel Konzerte und Ausstellungen. Wir versuchen auch, Sponsoren zu gewinnen, sodass wir ein bisschen Geld in der Kasse haben.

Was mache ich genau?

Ich bin in dem Verein Vorstandsvorsitzender und habe insgesamt sechs Kollegen im Vorstand. Das hat den Vorteil, dass wir die Arbeit, die in diesem Verein schon beträchtlich ist, gut aufteilen können. Jeder hat sein Ressort und ist in diesem Ressort dann auch selbstständig tätig.

Ich bin der Primus inter Pares. Ich mache hauptsächlich die laufenden Vereinsgeschäfte. Das heißt, ich kümmere mich um die Reparaturen, die Gebäudereinigung, Gebäudeinstandhaltung, ich vertrete den Verein in Gremien, zum Beispiel in der Gemeinde, stimme mich dort auch mit weiteren Kulturvereinen ab oder verhandle mit Künstlern, Behörden wie unter anderem mit dem Denkmalamt. Dann bereite ich die Vorstandssitzungen, Ausschusssitzungen und die Mitgliederversammlung vor. Außerdem halte ich Reden bei offiziellen Anlässen, wie bei der 15- und 25-Jahr-Feier. Und ich übernehme Patenschaften für Veranstaltungen. Das machen bei uns alle Vorstandsmitglieder, sodass jeder dann ein eigenes Projekt betreut. Diese Veranstaltung wird dann immer von demjenigen organisiert, der die Patenschaft innehat.

Warum mache ich das?
Weil ich gerne etwas für die Allgemeinheit und die Gemeinschaft tun möchte. Und dann ist da natürlich noch meine persönliche Motivation, dass der Manager in mir immer wieder durchkommt. Nachdem ich nicht mehr im Beruf bin und ich dort eine Managementfunktion hatte, die mir Spaß gemacht hat, macht mir das jetzt – was ja auch eine Managementfunktion ist – auch sehr viel Spaß. Und besonders toll finde ich, dass es ein ganz anderes Gebiet ist, als das, was ich im Beruf gehabt habe. Im Beruf war ich Ingenieur und habe eigentlich immer „quadratisch" gedacht. Hier muss ich jetzt mit Künstlern umgehen, was ganz andere Menschen sind als die, mit denen ich in meinem Berufsleben zu tun hatte. Die haben eine ganz andere Vita, sie denken anders, zeigen auch viel mehr Gefühle, und mit diesen Leuten umzugehen, macht unglaublich viel Spaß. Und auch mit meinen Vorstandskolleginnen und Kollegen geht mir das so: Wir haben zum Beispiel drei Damen im Vorstand, was schon mal eine gute Mischung ist und auch eine andere Atmosphäre. Und wir alle haben andere Hintergründe und Ansichten, und da bei der ein oder anderen Meinungsverschiedenheit zum Punkt zu führen, das macht einfach Freude.

Meine Schwester hat mich auch mal gefragt, warum ich das mache, und da habe ich gesagt: „Manchmal stehe ich sogar in der Zeitung." Es ist schon ein Gefühl der Befriedigung, wenn da drin steht, was man gemacht hat.

Es gefällt mir auch, wenn wir Erfolg haben. Wir haben Anfang Februar immer ein Gitarrenfestival: fünf klassische Gitarrenkonzerte an einem Wochenende. Das wurde während meiner Vorstandschaft so ausgebaut, dass wir damit jetzt überregional bekannt sind. Und dann ist das Gebäude so voll, dass man manchmal fürchten muss, dass die Leute keine Luft mehr kriegen.

Welche Rolle hat Führung für mich in meinem Engagement?
Unter Führung verstehe ich, im Sinne des Vereins und im Sinne des Zwecks des Vereins zu agieren und die Diskussionen zu diesem Zielpunkt zu führen. Dass der Verein, der die Aufgabe hat, das Gebäude zu erhalten, alle Möglichkeiten ausschöpft, um dies zu tun. Ein wesentlicher Punkt, den wir besonders in den letzten Jahren verfolgt haben, ist Mitgliederwerbung. Da haben wir in den letzten zwei Jahren einen sehr guten Zuwachs gehabt. Was wir auch gut forciert haben und was gut geklappt hat, war, Sponsoren zu gewinnen. Wir sind Sponsoren angegangen, und ein Mitglied ist sehr spendabel gewesen. Wir gehen auch im Dorf rum oder zu Weingütern und sammeln für unseren Verein. Das ist auch ein Punkt, zu dem ich die Kolleginnen und Kollegen zu motivieren versuche, sodass sie dieses Thema mittragen und mitangehen.

Für mich gehört zur Führung, eine Meinung zu vertreten, genauso wie Dinge abzuwenden, von denen ich überzeugt bin, dass sie falsch sind, und von denen ich meine, dass sie nicht zum Verein passen. In diesem Zusammenhang ist es mir wichtig, den Zweck des Vereins immer im Auge zu behalten. Wenn ich es nicht für sinnvoll halte, etwas zu machen, dann votiere ich dagegen. Oft bringe ich auch Vorschläge ein, einfach um eine Diskussion zu initiieren. Ein ganz einfaches Beispiel: Wir haben gerade eine ziemliche Auseinandersetzung mit dem Denkmalamt. Und da habe ich jetzt einen Brief entworfen, wie man reagieren könnte. Und diesen Entwurf gebe ich an alle Kolleginnen und Kollegen weiter, die mit dem Thema befasst sind, so dass wir uns dann konkret darüber austauschen und dann entscheiden können. Ich gebe also schon etwas vor, an dem die Leute sich reiben können, aber dann akzeptiere ich auch, was sie dazu sagen.

Und dann leite ich die Vorstandssitzung. Das ist ja auch Führung. Da gibt es verschiedene Meinungen zu verschiedensten Themen, und manche Leute hören sich auch gerne reden, und ich versuche immer, eine bestimmte Zeit einzuhalten. Die Sitzungen sollten nicht über zwei Stunden gehen. Dann unterbreche ich oder hole manche wieder zurück, wenn sie abschweifen. Ich fühle mich schon als der Lenker und Leiter dieser Sitzung.

Insgesamt würde ich sagen, im beruflichen Management sind die Leute vom Manager abhängig. Das sind sie im Ehrenamt nicht. Im Ehrenamt muss man viel mehr überzeugen. Im Beruf muss man natürlich auch überzeugen, aber irgendwann kann man hier eben auch sagen: „Basta, so wird´s gemacht.“ Und das geht im Ehrenamt sehr, sehr schwer.

Wie machen wir das?

Wenn neue Dinge angegangen werden, ist es ganz wichtig, alle Leute mitzunehmen und mit Argumenten, nicht mit der Position, zu überzeugen. Überzeugungsarbeit ist eigentlich immer zu leisten, wenn es darum geht, Entscheidungen zu treffen. Egal, um was es hier geht. Die Themen einfach nur so durchzusetzen, würde nicht funktionieren.

Das führt durchaus dazu, dass ich mit verschiedenen Leuten einzeln sprechen muss. Ich versuche, die Sache nie so ganz stur ernst zu sehen, ich versuche immer, alles auf einer lockeren Ebene zu machen. Mich auch nicht in den Vordergrund zu schieben, weil ich vielleicht denke, ich habe Recht. Für mich ist wichtig, dass ich immer wieder versuche, mit den Argumenten zu überzeugen, auf die es wirklich ankommt.

Insgesamt glaube ich, dass wir alle eine ähnliche Motivation haben, etwas mit unserem Verein für die Gemeinschaft zu tun. Ich würde sagen, das ist zumindest bei allen, die im Vorstand sind, der Fall. Das berücksichtige ich auch in meiner Kommunikation bzw. wenn ich mir über meine Argumente Gedanken mache.

Ich glaube, für die Führung der anderen Vorstandsmitglieder ist wichtig, dass sie eigene Aufgaben haben. Für mich ist das ein ganz großer Motivationsgrund, dass jeder die Verantwortung für seine eigenen Dinge hat. In diese Verantwortungsbereiche rede ich dann auch nicht rein. Jeder ist hier für seine Aufgaben selbst zuständig. Und jeder weiß auch ganz genau, was er zu tun hat. Als ich das Vorstandsamt übernommen habe, haben wir Aufgaben definiert und dann haben wir geschaut, wer das denn machen könnte. Und das hat sich bewährt.

Bei allem, was ich tue, helfen mir sowohl meine berufliche Erfahrung mit Menschen – ich war über 40 Jahre mit Menschen im direkten Umgang tätig – als auch die Erfahrungen, die ich als Führungskraft machen konnte.

Wie viel Zeit investiere ich?

Das ist schwer zu sagen. Manchmal ist wochenlang kaum was. Dann mal tagelang sehr viel, zum Beispiel habe ich mit dem Denkmalamt diese Woche bestimmt 20 Stunden zu tun gehabt. Oder wenn das Gitarrenfestival im Februar ist, dann bin ich Pate, da habe ich sehr viel zu tun. Da ist die Woche eigentlich zu über 50 Prozent weg. Meine Frau sagt dann immer: „Na, machst Du wieder Geschäft ... " Wobei sie das voll akzeptiert und mich auch unterstützt und auch meint, ich brauche das, um zu merken, dass ich noch „lebe".

Was war ein wichtiges Erlebnis für mich?
Ein besonderes Erlebnis war für mich die 15-Jahr-Feier, die wir hatten. Das war jetzt vor fünf Jahren. Das war sehr offiziell, wir hatten ganz viele Leute eingeladen, kommunale Politiker, Bundestagsabgeordnete, Landtagsabgeordnete, und wir hatten auch die Vorsitzende der jüdischen Gemeinde in Mannheim da. Und neben vielen Reden gab es auch eine von unserem Ex-Pfarrer. Der hat beschrieben, wie zwei jüdische Mitbürger 1943 von hier deportiert wurden, und dies hatte ihm ein Zeitzeuge direkt beschrieben. Das war sehr emotional. Und dann hat sich die Leiterin der jüdischen Gemeinde in Mannheim spontan gemeldet und eine Rede gehalten. Die war gar nicht geplant, aber sie war so berührt und hat das auch zum Ausdruck gebracht und gesagt, dass das so wunderbar sei, dass sich Leute in einem kleinen Dorf so sehr um die Erinnerung an die ehemaligen jüdischen Mitbürger bemühen.

Diese ganze Veranstaltung und besonders diese Rede von ihr, das war ein Moment, der mir als ganz besonders in Erinnerung geblieben ist.

2.6 Gesellschaftliche Initiative

Ulla C., 52 Jahre, aus Köln, Mitgründerin und Vorstandsmitglied von „Hebammen für Deutschland e.V.", einer gesellschaftlichen Initiative zum Erhalt individueller Geburtshilfe
Ich bin Mitgründerin des Vereis „Hebammen für Deutschland", der im Dezember 2010 gegründet wurde. Das ist nicht meine erste ehrenamtliche Tätigkeit, aber die erste, bei der ich den Aufbau eines Vereins mitgestalte. Auch wenn der Verein jetzt schon neun Monate eingetragen ist, sind wir eigentlich noch mitten in der Aufbauphase.

Auslöser für die Entscheidung, im Frühjahr 2010 diesen Verein zu gründen, war, als die steigenden Berufshaftpflichtprämien den Hebammen den Garaus zu machen. Durch die intensive Beschäftigung mit der dramatisch veränderten Geburtshilfesituation in Deutschland ergaben sich unser Name und der Entschluss, einen gemeinnützigen Verein zu gründen. Es war klar, dass Hebammen unter diesen finanziellen Bedingungen nicht weiter geburtshilflich arbeiten können. Wird sich hier nichts grundlegend an den wirtschaftlichen Rahmenbedingungen für Hebammen ändern, wird dieser Beruf aussterben. Das wird wiederum zur Folge haben, dass Frauen ihr Recht über die Art und Weise einer Geburt und an welchem Ort sie gebären wollen, verlieren werden. Frauen haben dann keine Wahl mehr, ob sie in ein Geburtshaus gehen oder zu Hause gebären oder im Krankenhaus. Wir haben unsere Initiative gegründet, um dem entgegenzutreten und uns dafür einzusetzen, dass Frauen auch in Zukunft eine Wahl haben. Damit sind wir der einzige Verein dieser Art in Deutschland.

Wir verstehen uns sowohl als Vertreter der Hebammen als auch der Frauen. Unser Engagement dient den Frauen und ihrem Recht auf eine selbstbestimmte und individuelle Geburt. Die wichtige Erfahrung einer positiven, gesunden und interventionsarmen Geburt wird durch Überlieferung an Frauen und Familien weitergegeben und von diesen als wünschenswert angesehen. Hierin sehen wir eine Chance für einen gesunden Start ins Leben eines jeden Menschen. Hebammen begleiten diesen Weg.

Was mache ich genau?

Da wir uns noch in der Aufbauphase befinden, beschäftigen uns im Moment noch viele Aufgaben, die mit der Gründung zusammenhängen. Wir haben uns in der ersten Zeit sehr intensiv um die gesamten formalen und rechtlichen Anforderungen gekümmert. Das war sehr mühsam und aufwendig. Zum Beispiel mussten wir für den Eintrag alle notwendigen Rechtsschritte richtig aufsetzen und uns um eine notarielle Beglaubigung kümmern. Das war alles hoch offiziell und etwas, was man auch nicht alle Tage macht.

Für die Anerkennung der Gemeinnützigkeit setzen wir uns mit den steuerrechtlichen Auflagen auseinander, um dann hier auch die gebotenen Vorgaben zu erfüllen.

Und ganz aktuell haben wir gerade unsere Satzung erstellt. Dem vorausgegangen ist ein langer Diskussionsprozess über inhaltliche Standpunkte und unsere Ausrichtung und in unsere Satzung aufnehmen.

Neben diesen formellen Anforderungen gab es in den ersten Monaten parallel dazu wichtige „interne" Dinge zu regeln: Wir mussten einen Internetauftritt konzipieren und erstellen, wir haben in der Öffentlichkeit für uns Werbung gemacht, wir kümmern uns um den Mitgliederaufbau und wir sind immer noch dabei, uns selbst intern als Vorstand richtig aufzustellen und zu organisieren.

Insgesamt sind wir ein dreiköpfiges Vorstandsteam. Alle vereinsrechtlichen Tätigkeiten, die die Gründung und Vereinsinterna betreffen, erledigen wir gemeinsam. Zusammen erledigen wir auch unsere eigentlichen Vereinsaufgaben. Konkret bedeutet das, dass wir die größte Petition Deutschlands unterstützt haben und uns in die Politik einmischen. Wir betreiben eine starke Lobbyarbeit und setzen uns nachhaltig mit den Berufsverbänden der Hebammen auseinander. In den wenigen Monaten unserer Vereinsgeschichte gab es schon etliche Diskussionsrunden, an denen wir teilgenommen haben.

Neben den gemeinsamen Aufgaben bin ich in unserem Vorstand die „Schatzmeisterin". Primär bin ich also für die Themen Finanzen und Verwaltung zuständig.

Dass ich im Vorstand mitwirke, hat sich aus dem Gründungsvorhaben heraus ergeben: Hier gab es immer schon eine kleine Gruppe von Frauen, die sich stärker für das Zustandekommen der Initiative eingesetzt hat und die treibende Kraft bei der Vereinsgründung war. Wir sind dann auch alle in den Vorstand gewählt worden. Die Aufgabe als Schatzmeisterin ist dabei per Zufall entstanden. Hier war es eher so, dass das eine machen musste …

Im Rahmen dieser Zuständigkeit verwalte ich unsere Geschäftsstelle und bin die telefonische Ansprechpartnerin. Ich erledige auch die anfallenden Büroarbeiten.

Ein wichtiger Bereich von mir ist die Mitgliederpflege. Hier kümmere ich mich um die finanziellen Belange, aber auch um die Verwaltung und die Betreuung der Mitglieder. Bei der Gründung hatten wir sieben Mitglieder, und jetzt haben wir einen Stand von 78 Mitgliedern. Alle Adressen und Kontakte pflege ich in Datenbanken ein. Ich kommuniziere hauptsächlich über E-Mail. Manchmal erhalte ich an einem Tag über 30 E-Mails, die ich dann beantworte. Eine meiner Aufgaben ist es auch, die Mitglieder regelmäßig mit Newslettern zu informieren.

Wie viel Zeit investiere ich?
Mein Vorsatz sind immer zehn Stunden die Woche, aber damit bin ich in den letzten Monaten nicht hingekommen. Gerade mit den ganzen Aufgaben zur Gründung war das eher eine mehrtägige Beschäftigung in der Woche. Realistisch ist sicherlich von 15 bis 20 Stunden auszugehen – zumindest, bis die Aufbauphase ganz vorbei ist.

Warum mache ich das?
Es ist mein Herzenswunsch. Einer meiner größten Wünsche ist, dass nicht nur meine Enkelkinder die Möglichkeit haben, in Würde und Geborgenheit gesund geboren zu werden. Ich möchte für jede Frau erreichen, dass sie die Möglichkeit hat, ihr Kind gesund zu gebären, egal, an welchem Ort. Wenn die Frau sich sicher und gut fühlt, dann wirkt sich das positiv auf die Geburt aus. Ich bin selbst Hebamme und in der Haugeburtshilfe tätig, und ich weiß, wie gesund Kinder zu Hause geboren werden können.

Ohne Hebammen stirbt ein ganz großes Wissen aus. Die Frauen, die jetzt als Hebammen ausgebildet werden, erhalten durch den Rückgang von Hausgeburten und die Zunahme von Kaiserschnitten eine ganz andere Ausbildung als wir. Mir ist es wichtig, unser bisheriges Wissen zu erhalten und mich dafür einzusetzen, dass es vermittelt wird. Darauf möchte ich Einfluss nehmen.

Ich möchte selbst weiter als Hebamme arbeiten, und ich möchte, dass auch meine Kolleginnen weiter arbeiten können. Und ich möchte, dass die Frauen ihre Entscheidungsfreiheit behalten können, und dafür möchte ich gesellschaftlich und politisch etwas bewegen.

Die Arbeit mit den Mitgliedern macht mir allerdings auch viel Spaß. Sie tut gut und es ist schön zu sehen, dass die Anzahl wächst und dass unser Einsatz von vielen wertgeschätzt wird. Dieser Zuspruch von außen für unsere Sache beflügelt mich.

Was war ein wichtiges Erlebnis für mich?
Eine wichtige Erfahrung war für mich zu lernen, dass Menschen, die uns ihre Hilfe zusagen und Aufgaben übernommen haben, auch ganz schnell wieder weg sein können. Das kann unterschiedliche Gründe haben. Zum Beispiel wurde der zeitliche Aufwand von uns allen falsch eingeschätzt oder plötzliche familiäre oder gesundheitliche Belastungen sind eingetreten, sodass parallel dazu keine Zeit mehr für andere Aufgaben war. Letztendlich waren es immer unvorhersehbare Ereignisse, mit denen wir dann umgehen mussten.

Welche Rolle hat Führung für mich in meinem Engagement?
Im Augenblick spielt Führung für mich persönlich eine untergeordnete Rolle, da wir uns, wie gesagt, noch im Aufbau befinden und ein sehr kleines Team sind.

Wir haben alle zwei Wochen Teamsitzungen und sind zwischen vier und fünf Frauen. Wir arbeiten sehr eng zusammen, und unsere Sitzungen laufen sehr demokratisch ab: Der gemeinschaftlich Entschluss steht im Vordergrund. Zwar können wir in letzter Konsequenz als Vorstand entscheiden, aber bisher haben wir davon noch keinen Gebrauch gemacht: Bisher sind alle unsere Entscheidungen gemeinsam getroffen worden. Eine Führung im Sinne von Leitung findet bei uns nicht statt.

Im Moment entwickeln wir uns aber auch gerade, was unsere Zusammenarbeit und unsere Aufgaben betrifft. Wir haben festgestellt, dass wir uns selbst stärker einen geregelten Aufbau geben müssen. Insofern ist ein aktuelles Führungsthema für uns, eine klare Eigenorganisation zu schaffen.

In dem Maße, in dem wir größer werden und über mehr aktive Helfer verfügen, wird Führung ein immer stärkeres Thema für uns werden. Um Freiwillige zu finden und diese dann sinnvoll einzusetzen, benötigen wir eine transparente Struktur für unsere Bedürfnisse und Anforderungen. Die Gewinnung von ehrenamtlichen Helfern, deren Einarbeitung und natürlich auch, sich mit dem „Output" zu befassen, kosten Zeit.

Wir haben die Erfahrung gemacht, dass während und nach der Gründungsphase viele Interessierte da waren, denen wir leider gar nicht gerecht werden konnten. Dieses verschenkte Potenzial ist jetzt im Nachhinein für uns sehr schade. Andererseits haben uns die Aufgaben der Vereinsgründung und die damals heiße politische Einsatzphase dermaßen überrollt, dass wir uns überhaupt nicht gescheit um die potenziellen Helfer kümmern konnten. Uns ist dabei klar geworden, dass es wichtig ist, vernünftige Strukturen so aufzubauen, dass, wenn jemand kommt und uns fragt, ob er etwas tun kann, wir ihm dann auch eine passende Aufgabe anbieten können. Hier ist es für Interessierte, aber auch für uns wichtig zu wissen, was der Inhalt der Tätigkeit sein soll, welchen Aufwand sie umfasst, welche Erwartungen damit verbunden sind und welche Fähigkeiten jemand mitbringen sollte.

Mein Wunsch?
Ich wünsche mir mehr finanzielle Unterstützung für unseren Verein, damit wir uns mit unseren Aktivitäten nicht ausbremsen.

Ich wünsche mir von Herzen, dass unsere politischen und wirtschaftlichen Belange gehört werden. Dass wir in Zukunft angemessen für unsere qualitativ hochwertige Arbeit mit großer Verantwortung adäquat bezahlt werden und somit die Frauen an jedem Ort in Deutschland eine Hebamme finden können, die sie zur Geburt begleiten kann.

2.7 Landeselternvertretung

Henning K., 49 Jahre, aus Leverkusen, stellvertretender Vorsitzender der Landeselternschaft der Gymnasien in NRW

Die Landeselternschaft ist ein Interessenverband von den Gymnasialeltern, der die Elterninteressen auf Landesebene vertritt. Der Verband vertritt über 500 Gymnasien in NRW.

80 Prozent der Gymnasien sind hier Mitglied. Dahinter stehen ca. eine Million Gymnasialeltern. Eine Interessenvertretung findet unter anderem beim Ministerium für Schule und Weiterbildung NRW, insbesondere bei Gesetzgebungsvorhaben statt und allgemein durch Stellungnahmen zu schulpolitischen Themen mit dem Fokus auf Gymnasium. Darunter fällt auch die Erhaltung des Gymnasiums als Schulform im Zusammenhang mit der allgemeinen Schulstrukturdebatte in NRW.

Wir haben fünf Ausschüsse. Jedes Vorstandsmitglied leitet einen Ausschuss. Ich leite den Schulrechtsausschuss, der sich mit Fragen der Elternmitwirkung und schulrechtlichen Fragen beschäftigt.

Seit 2006 bin ich in dieser Funktion tätig. Insgesamt engagiere ich mich jetzt seit elf Jahren in der Schulmitwirkung. Das hat angefangen mit Elternarbeit in der Grundschule, als meine Tochter eingeschult wurde. Ich habe dann im Prinzip von unten angefangen und mich in die Elternvertretung von der jeweiligen Klasse wählen lassen. In der Schulpflegschaft war ich dann in wechselnden Funktionen Vorsitzender wie stellvertretender Vorsitzender. Zur Landeselternschaft bin ich dann zuerst vom Gymnasium meiner Tochter als Mitglied entsandt worden. Dort bin ich dann 2006 zum stellvertretenden Vorsitzenden gewählt worden.

Was mache ich genau?

Als stellvertretender Vorsitzender führe ich die üblichen Verbandsaufgaben aus. Das beinhaltet zum einen, dass ich an den Vorstandssitzungen, Ausschusssitzungen und Mitgliederversammlungen teilnehme. Als Ausschussvorsitzender leite ich die entsprechenden Ausschusssitzungen, bereite die Themen vor und stimme mich mit den anderen Ausschüssen ab, damit sich nichts überschneidet. Zum anderen informiere ich den Vorstand über die Themen und Ergebnisse der Sitzungen, damit er Themen zusammenführen kann. Zu den Ausschusssitzungen werden auch Referenten oder Professoren zu Fachthemen eingeladen. Dies bereite ich vor.

In den Ausschüssen selbst erarbeiten wir Stellungnahmen für das Ministerium und verfassen zu bestimmten schulpolitischen Themen Pressemeldungen oder verarbeiten das in Druckschriften, die dann kostenlos an die Eltern ausgegeben werden. Dann sprechen wir die Vorgehensweisen ab, wie wir uns schulpolitisch gegenüber der Politik, Parteien oder im Schulrechtsausschuss im Landtag positionieren. Das umfasst auch, wie wir uns gegenüber dem Ministerpräsidenten oder dem Schulminister aufstellen wollen. Besonders virulent für meinen Ausschuss sind die jeweiligen Schulrechtsnovellen, insbesondere nach einem Regierungswechsel auf Landesebene.

Daneben verfasse ich Artikel und Berichte zu schulrechtlichen Themen oder aus der Ausschussarbeit heraus für das Mitteilungsblatt, welches ein- bis zweimal im Halbjahr erscheint. Des Weiteren werden die von der Landeselternschaft herausgegebenen Schriften bei Neuauflagen überarbeitet und aktualisiert.

Welche Rolle hat Führung für mich in meinem Engagement?

Als Vorstandsmitglied führe ich natürlich, insbesondere auch in meinen Ausschusssitzungen. Hier leite ich die Gesprächsführung, strukturiere die Sitzungen und bereite die Themen vor. Bei Konflikten vermittle ich zwischen den Parteien, aber meistens geht es bei uns um die Erarbeitung von Themen, wo es eher auf eine Steuerung der Zusammenarbeit ankommt als um Auseinandersetzung. Meine Führung besteht daher in der Regel im Gespräch bzw. in der Gesprächsleitung. Hier gehört die Moderation der Gesprächsbeiträge genauso dazu wie auch Redebeiträge einzugrenzen und immer wieder auf das anstehende Thema zurückzuführen.

Ansonsten führe ich thematisch durch die Themen und führe allein schon durch die Auswahl der Themen. Hier ist es mir wichtig, am Ende auch zu Ergebnissen und einer Aufgabenverteilung zu kommen. Dabei gehe ich auf die unterschiedlichen Motivationen meiner Ausschussmitglieder ein, denn ich brauche hier immer einen Konsens, wenn Themen oder Aufgaben verteilt werden. Überzeugungsarbeit leiste ich allein aufgrund sachlicher und rechtlicher Argumente. Ich sage aber auch klar Nein, wenn ich ein Vorgehen nicht für richtig halte oder wenn ich der Auffassung bin, dass beispielsweise gar keine Zuständigkeit für bestimmte Themen vorliegt. Da nehme ich schon eindeutig Stellung.

In juristischer Hinsicht führe ich auch durch die Regularien bei Abstimmungen, Anträgen und Wahlen in der Mitgliederversammlung, damit alle Beschlüsse Satzungskonform und damit rechtswirksam zustande kommen. Die Einhaltung der Formalien ist sicherlich das typische Aufgabenfeld, das in der Regel dem Juristen überlassen wird.

Eine gewisse Meinungsführung liegt letztlich auch in den Stellungnahmen und Presseerklärungen zur Schulpolitik, welche aber immer vom Vorstand insgesamt abgesegnet werden. Gerade bei politisch umstrittenen Themen wie der Schulstrukturdebatte, der Ganztagsschule, dem Zentralabitur und der damit verbundenen Neugestaltung der gymnasialen Oberstufe müssen wir uns als Verband festlegen. Auch wenn wir in sensiblen Themen ein Votum der Mitgliederversammlung einholen, geben wir die inhaltliche und thematische Richtung doch meist weitgehend vor.

Eine Führungsherausforderung bei uns ist zudem die bestehende natürliche Fluktuation. So ist es in der Regel so, dass die Eltern aus der Pflegschaft aussteigen, wenn die Kinder die Schule abgeschlossen haben, und dann kommen wieder neue Eltern nach. Das heißt, hier geht es dann auch darum, die Eltern immer wieder aufs Neue gut einzubinden und in die Zusammenarbeit zu integrieren.

Warum mache ich das?

Anfangs habe ich mich engagiert, um die schulische Laufbahn meiner eigenen Tochter zu begleiten. Meine Erfahrung war, dass man als engagierter Elternteil auch von der Lehrerschaft besser wahrgenommen wird. Und wenn man dann noch im Verband ist, verstärkt sich das weiter.

Aus Zeitgründen hätte ich dieses Amt schon längst aufgeben müssen, aber ich habe mich von meinen Vorstandskollegen „beknien“ lassen, die mich einfach inständig gebeten haben, das Amt weiter auszuüben, denn Juristen im Ehrenamt mit schulrechtlicher

Expertise sind rar, was heißt: Es gibt keinen geeigneten Nachfolger für mich. Insofern ist sicherlich ein Motiv, dass ich die anderen jetzt auch nicht hängen lassen will, zumal ich weiß, wie komplex und speziell das Thema Schulrecht ist und dass es deswegen auch einige Zeit braucht, hier einen kompetenten Nachfolger aufzubauen, wenn es ihn denn gibt.

Ich mache es aber auch sehr gerne. Ich habe ein gewisses Faible für die Bildungspolitik. Das war bei mir schon damals auf der Uni so, da habe ich sogar Seminare zum Thema Wissenschaftsrecht besucht. Bildung halte ich für ein extrem wichtiges Thema. Der Bildungspolitik gilt daher mein großes Interesse, denn ich persönlich finde, dass wir in Deutschland ein großes Bildungsproblem haben. Aus meiner Sicht muss man da was ändern. Und dafür setzte ich mich ein. In meinen Möglichkeiten und auch mit meinen bisherigen Erfahrungen in dieser speziellen Rechtsmaterie bringe ich mich gerne ein.

Ich sehe in dem Bildungsproblem schon in naher Zukunft Auswirkungen auf unsere Gesellschaft und den Arbeitsmarkt, da es für uns immer schwieriger werden wird, gut ausgebildete Fachkräfte zu bekommen. Und ich denke, diesem Problem kann man nur begegnen, indem man das Bildungssystem entsprechend fördert und fordert. Und daran wirke ich mit, und das auch erfolgreich, denn sonst hätte man mich bestimmt nicht zum Bleiben überredet. Das ist natürlich für mich auch eine gewisse Anerkennung, die ich da bekomme. Sowohl von meinen Vorstandskollegen als auch von den Eltern. Ich merke das auch an den Anfragen der Eltern oder Vorstandkollegen, die an mich herangetragen werden, obwohl es zwei festangestellte Juristen im Verband gibt. Also ich merke schon, dass ich als Experte angesehen bin und auch ein bisschen bewegen kann in meinem Rahmen.

Daneben vermittelt es mir auch ein gutes Gefühl, dass ich aus meiner Sicht mit meinem Engagement der Gesellschaft und dem Staat etwas zurückgeben kann. Ich selbst bin letztendlich durch die Ermöglichung von Schule und Gymnasium und durch ein kostenloses Studium vom Staat ausgebildet worden, und das sehe ich jetzt als eine gewisse „Rückvergütung".

Wie viel Zeit investiere ich?

Schwer zu sagen. Ca. einmal im Monat habe ich Vorstandssitzung, das dauert immer einen Nachmittag, von 15 Uhr bis ca. 20 Uhr. Dann gibt es noch zweimal im Halbjahr eine Ausschusssitzung, die dauert ca. drei Stunden. Außerdem versuche ich noch ein bis zwei Sitzungen anderer Ausschüsse zu besuchen, die sich mit verwandten Themen beschäftigen. Hinzu kommen zwei Mitgliederversammlungen im Jahr. Die dauern jeweils immer einen ganzen Samstag und finden in Dortmund statt.

Vor- und Nachbereitungszeit kommt für meine eigene Ausschusssitzung und die Vorstandsitzungen hinzu. Hier schätze ich so zwischen zwei und vier Stunden für jede Sitzung.

Was war ein wichtiges Erlebnis für mich?

Es gibt für mich kein besonders herausragendes Erlebnis. Aber es ist schon so, dass ich eine gewisse Befriedigung empfinde, wenn wir eine Druckschrift, an der wir lange gearbeitet und herumgefeilt haben, dann endlich fertig haben und diese verteilen. Das ist schon was Besonderes, wenn man hier selbst juristische Themen für andere verständlich aufbereitet und redaktionell gestaltet hat und es dann für die Eltern auch eine gute Hilfestellung ist, was sich dann auch in den vielfältigen anerkennenden Rückmeldungen bestätigt.

2.8 Sportverein

Andreas S., 45 Jahre, aus Delmenhorst, Jugendtrainer eines Sportsvereins (TuS Heidkrug in Delmenhorst)
Ich bin seit 2005 als Jugendtrainer in einem Sportverein in meinem Heimatort aktiv. Konkret gesagt war ich bis zum 30. Juni 2011 aktiv. Ich habe also erst kürzlich mit meiner Trainertätigkeit aufgehört.

Zu der Aufgabe gekommen bin ich als Vater eines fünfjährigen Sohnes, der sich sportlich betätigt. Ich bin eines Tages am Spielfeldrand angesprochen worden, ob ich nicht Interesse hätte, in die Jugendarbeit einzusteigen. Da ich selbst immer im Sport aktiv war, ist das ein Umfeld, in dem ich mich gerne bewege. So habe ich mich dann überreden lassen. Trainererfahrungen hatte ich zwar nicht, aber ich war selbst aktiver Spieler, und so bin ich eben in diese Rolle mehr oder weniger reingerutscht.

Der Verein hat mehrere hundert Mitglieder im Fußballbereich, und ich habe ca. 25 Kinder trainiert. Alles Jungs und alle Jahrgang 2000, so dass das Durchschnittsalter, als ich anfing, bei ca. fünf Jahren lag. Am Anfang war ich alleiniger Trainer, aber es wurde dann sehr schnell deutlich, dass das zeitlich nicht mehr so einfach mit meinem Job in Einklang gebracht werden konnte. Die Kinder in dem Alter können nicht einfach abends trainieren, nur weil es bei mir gut passt. Also kam dann später, nach einigen Anläufen, ein fester Co-Trainer – im Übrigen auch ein Vater – dazu, und wir haben uns die Aufgaben aufgeteilt bzw. abgewechselt.

Was mache ich genau?
Ich habe die Jungs trainiert. Zweimal die Woche und dann eben am Wochenende immer ein Spiel. Die Teamzusammensetzung war dabei völlig gemischt: Im Team hatte ich unter anderem auch Aramäer, Türken, Vietnamesen, Russen – also alles ganz unterschiedliche Kinder mit ganz unterschiedlichen Kulturhintergründen. Neben dem eigentlichen Trainieren habe ich alles gemacht: vom Schuhzubinden, über das Besorgen von Sponsoren, das organisieren von Spielen bzw. Turnieren, das Verlegen von Spielen und das Erstellen von Plänen bis hin zur Koordination von Fahrgemeinschaften und Kommunikation mit den Eltern. Eben alle Facetten der Jugendarbeit, die man sich vorstellen kann.

Wie viel Zeit investiere ich?
Das ist schwer zu sagen. Also schon mehrere Stunden die Woche. Schon allein die Telefonate mit den Eltern kosten ziemlich viel Zeit.

Warum mache ich das?

Erst einmal habe ich eine große Affinität zum Sport. Vor dem Hintergrund, dass ich selbst aktiv gespielt habe und dann schließlich mein Sprössling auch anfing, hatte ich das Interesse und auch Bedürfnis, meine Erfahrungen weiterzugeben. Und insofern war es interessant für mich, das nicht nur auf meinen Sohn zu fixieren, sondern eben auch auf eine gesamte Mannschaft anzuwenden.

Es war eine ganz neue Erfahrung für mich, weil ich sehr schnell gesehen habe, dass ich eben nicht nur Trainer bin, sondern ein richtiger Bestandteil einer Sozialisationsphase der Kinder. Es ist nicht zu unterschätzen, dass es für mich in dieser Funktion dazugehört hat, tatsächlich Normen und Werte zu vermitteln, eben Verhaltensregeln, an die sich die Kinder dann auch zu halten hatten, und zwar am besten nicht nur auf dem Fußballplatz.

Die meiste Freude hat mir die Arbeit mit den Kindern gemacht. Zu merken, wie sie sich weiterentwickeln, und zwar nicht nur sportlich, sondern auch als Mensch. Das fand ich sehr interessant. Das ist auf jeden Fall etwas, was mich bei dieser Aufgabe sehr gereizt hat, diese Entwicklungsphasen sehen und erleben zu können.

Daneben ist es auch einfach schön und reizvoll, neben dem eigenen Beruf auch an anderen Dingen teilzuhaben.

Was war ein wichtiges Erlebnis für mich?

Ein besonders nachhaltiges Ergebnis war für mich, als ich einem Elternpaar erklären musste, dass es seinen Sohn am besten abmeldet, da er sich nicht in die Gruppe integrieren ließ, ich sein Fehlverhalten so nicht weiter mittragen konnte und ich auch schlicht und ergreifend dafür nicht ausgebildet war, dieses auffällige Verhalten in den Griff zu kriegen. Das war für mich ein negatives Erlebnis.

Welche Rolle hat Führung für mich in meinem Engagement?

Schon allein durch meine Position habe ich als Trainer „Führung" im weitesten Sinne ausgeübt. Auf der anderen Seite musste ich natürlich mit anderen Trainern, mit der Jugendabteilung oder mit dem Vorstand auskommen, und auch das hat ja etwas mit Führung zu tun. In diesem Zusammenhang war ich nicht der Führende, sondern hatte eher die Rolle des Geführten einzunehmen. Insofern war für mich hier insbesondere der Vergleich zwischen meiner beruflichen Führungserfahrung und einer Führungsrolle im Verein interessant.

Für mich als Trainer waren als Führungsthemen der Umgang mit Menschen und die Einhaltung von Regeln ganz wichtig. Damit ist auch die Frage verbunden, wie genau man diese Regeln vermittelt und wie verlässlich diese sind. Trotz umfänglicher Vereinssatzung und anderer festgeschriebener Regeln geht es um den alltäglichen Umgang miteinander – beginnend beim Vorstand über die Abteilungsführung bis hin zu den Trainern. Da sind Entscheidungen zu treffen, die natürlich nicht immer basisdemokratisch vereinbart, sondern schlichtweg auch umgesetzt werden müssen. Dieser Weg bis zur Umsetzung hat sehr viel mit Führung zu tun. Da musste ich als vermeintlich letztes Glied der Entscheidungskette schon das eine oder andere Mal anmerken, dass die Art und Weise des

Umgangs nicht in Ordnung ist. Eine wenig überzeugende Anordnung mit der falschen Wortwahl macht die Zielerreichung nicht gerade einfacher. Hier kommt es darauf an, die Menschen überzeugend mitzunehmen. Schon allein deshalb, da man sich vor Augen führen muss, dass die Mitwirkenden in der Regel in keinem beruflichen Abhängigkeitsverhältnis zueinander stehen. Es bleibt eben ein Ehrenamt. Was im Beruf durch feste Organisationsstrukturen und Vorgesetzten-Mitarbeiter-Verhältnisse etwas leichter zu regeln ist, funktioniert in einem Verein so nicht.

In puncto Verlässlichkeit fand ich es etwas schade, dass ich mit vielen Aufgaben, die gar nichts mit meiner Trainertätigkeit vordergründig zu tun hatten, zunächst alleine gelassen worden bin. Ich musste mich um vieles selbst kümmern. Es kam mir teilweise vor, als wäre ich ein Alleinunternehmer, und nicht Teil eines Vereins. Später wurde das zwar besser, aber es war eben auch ein langer Weg, die entsprechende Unterstützung zu bekommen und durchzusetzen. Dass es schließlich besser wurde, lag auch daran, dass ich hartnäckig interveniert und auch deutlich gemacht habe: „Hey, so könnt ihr nicht mit Ehrenamtlichen umgehen, die letztendlich hier ihre Zeit als Trainer investieren, und dann völlig alleine mit der Organisation dastehen ... "

Wie machen wir das?

Insgesamt habe ich große Unterschiede zwischen beruflicher und ehrenamtlicher Führung festgestellt. So wird man im Beruf ganz anders bzw. überhaupt auf eine solche Funktion vorbereitet. Auch wenn man eine gewisse Grundkompetenz mitbringen muss, gibt es im Berufsleben dafür in der Regel Auswahlverfahren und Qualifizierungs- bzw. Entwicklungsmaßnahmen. Das Bewusstsein, dass Führungskompetenz auch erlernt werden muss, fehlt oft im ehrenamtlichen Engagement. Es ist dann eher die sogenannte Alltagspsychologie, die zur Anwendung kommt, die aber nicht immer unbedingt zielführend ist. Nicht jede Rolle, die im Fußballverein als Führungsfunktion wahrgenommen wird, ist demjenigen, dem sie anvertraut ist, einfach so in die Wiege gelegt. Gerade das Ehrenamt hängt im Wesentlichen vom persönlichen Engagement ab. Und dieses Engagement ist nicht automatisch mit vorhandener Führungskompetenz verbunden. Das merke ich selbst an unseren eigenen Vereinsstrukturen. So ist bei uns die komplette Jugendabteilung nach Meinungsverschiedenheiten mit dem Vorstand zurückgetreten. Das hatte aus meiner Sicht auch etwas mit mangelnden Führungsqualitäten zu tun. Das war unter anderem auch ein Grund, warum ich als Trainer aufgehört habe.

Maßgeblich war dabei die mangelhafte Kommunikation bzw. die Art der Kommunikation. So wurde zum Beispiel nicht darauf geachtet, was uns jetzt wirklich voranbringt, wie wir ein Problem am besten lösen können, und das unter Beteiligung der anderen auf einer gleichberechtigten Ebene. Hier spielten emotionale Empfindlichkeiten eine entscheidende Rolle, eine Facette, die im beruflichen Alltag keine Rolle spielen darf oder zumindest nicht sollte. Auch die Tatsache, dass der persönliche Einsatz auch mal gelobt und gewürdigt werden muss, indem auch mal Dank ausgesprochen wird, kommt oftmals zu kurz. Im Beruf bin ich als Führungskraft den Umgang mit Personal ganz anders gewohnt. Im Beruf gibt es einfach klarere Strukturen und Verlässlichkeit. Im Ehrenamt geht es dagegen zu oft um „Vereinsmeierei“, um persönliche Empfindlichkeiten und Positionierung. Hier fehlt es dann eben an diesen Strukturen und Verlässlichkeiten, trotz einer Satzung und festgeschriebenen Funktionen.

Erfolgskriterien für mich im ehrenamtlichen Engagement sind ein gewisses solides, erlerntes Wissen und vor allem auch Erfahrung in der Menschenführung. Insofern glaube ich, dass es von Vorteil ist, wenn man schon mal im Beruf eine Führungsposition innehatte – egal, in welcher Größenordnung des Unternehmens/der Abteilung.

Was war eine große Herausforderung für mich?
Eine große Herausforderung für mich war der Umstand, dass einige Eltern ihre Kinder lediglich ablieferten und ich tatsächlich in dieser Zeit auch für die Erziehung verantwortlich war. Herausfordernd war also, feststellen zu müssen, wo Defizite bei den einzelnen Kindern vorhanden waren, vor allem auch im Umgang untereinander, und wo ich dann regelnd eingreifen musste. Dabei ging es nicht immer nur um die sportliche Disziplin, sondern eben auch um soziales Verhalten, um Respekt und Achtung dem anderen gegenüber. Also um Werte, bei denen man eigentlich vermutet, dass sie auf anderen Ebenen, wie beispielsweise durch das Elternhaus oder die Schule, erfolgreich vermittelt werden. Gerade in diesem Feld muss man auch als Trainer Vorbild sein und die Werte, die für einen selbst gelten und wichtig sind, überzeugend vermitteln. Dies geschieht in erster Linie natürlich durch Gespräche. Der Vorteil im Sport ist aber, dass man Fehlverhalten auch mit – sagen wir – sportlichen Strafen begegnen kann. Dies geschieht unter anderem durch das Laufen von Extrarunden, Liegestütze oder Ähnliches. Hier kann man zugegebenermaßen auf spielerische Art auf die Kinder einwirken. Wichtig ist in diesem Zusammenhang aber gleichermaßen, dass ebenso mit Lob und Anerkennung nicht gespart werden darf. Dieser Umstand war im Vergleich zum eigentlichen Sport eine große Herausforderung, weil man als Trainer hier ungewollt oder unbemerkt sehr viele Fehler machen kann. Die Kinder sehen in ihrem Trainer nun mal einen Erwachsenen als Vorbild und schauen sich hier sehr viel für ihr eigenes Verhalten ab. Insbesondere bei der Vermittlung von Konfliktlösungsstrategien ist es gerade für so eine raue Sportart wie Fußball wichtig, dass Aggressionen und Gewalt keine Lösung sind. Da muss man sich als Trainer auch immer mal wieder selbst den Spiegel vorhalten und sehen, welchen Ton man anschlägt und wie man sich am Spielfeldrand verhält. Ohne wirklich zu wissen, ob man alles richtig gemacht hat, stimmt einen das eine oder andere positive Feedback der Eltern zufrieden, insbesondere dann, wenn eine offen angesprochene Auffälligkeit eines Kindes durch die Eltern bestätigt wurde und man schließlich gemeinsam gemerkt hat, dass sich das Verhalten positiv verändert hat.

Und nun ist die große Herausforderung für mich, nachdem ich das Traineramt aufgegeben habe, trotzdem zumindest als Vater am Spielfeldrand zu stehen und mir sprichwörtlich ein großes Pflaster über den Mund zu kleben und mich schlichtweg rauszuhalten. Das wird mir schwerfallen. Und die Tätigkeit wird mir auch fehlen …

2.9 Jugendorganisation

Jaqueline H., 19 Jahre, aus Bad Neuenahr, Mitglied Rotaract

Rotaract ist eine Dachorganisation von Rotary, in der Jugendliche versuchen, national oder international zu helfen. Mitglied kann jeder im Alter von 18 bis 30 werden. Hier in Bad Neuenahr gibt es uns noch nicht so lange, wir sind seit November 2010 aktiv und hatten jetzt im Juni 2011 unsere Eröffnungsveranstaltung, die nennt sich Charterfeier. Wir haben offiziell 32 Mitglieder und sind damit der drittgrößte Rotaract Club in ganz Deutschland. Bei Rotaract gibt es drei Säulen. Die erste Säule ist „Lernen", die zweite Säule „Helfen" und die dritte „Feiern", um so gemeinsam Gutes zu tun, sich fortzubilden, interessante Menschen kennenzulernen und gemeinsam Ideen zu entwickeln.

Bis jetzt hatte ich noch keine besondere Aufgabe, aber ab dem Sommer werde ich Vize-Clubmeisterin sein.

Was mache ich genau?

Ich werde dann Treffen und Vorträge koordinieren, Veranstaltungen planen und alles vorbereiten, was wir gemeinsam unternehmen wollen. Es gibt einen Clubmeister und zwei Vize-Clubmeister, und wir teilen uns dann die Arbeit auf bzw. springen ein, wenn er Hilfe braucht.

Wie viel Zeit investiere ich?

Bisher treffen wir uns nur einmal im Monat für ein bis zwei Stunden, 2012 (ab Juli) wollen wir uns nun öfter treffen, um so bessere Freundschaften aufzubauen und neue Ziele zu koordinieren.

Warum mache ich das?

Dazu gekommen bin ich eigentlich dadurch, dass ich ein Jahr mit bzw. durch Rotary im Ausland war, und da lebte ich in zwei verschiedenen Familien, mit denen ich mich ziemlich gut verstanden habe. Die waren auch jetzt schon zwei Mal hier und haben mich besucht. Und diese Freundschaft, die man durch Rotary aufbaut, das ist einfach toll! Zu sehen, ich könnte jetzt einfach an einen Rotary Club irgendwo in Deutschland schreiben, dass ich jetzt vor Ort bin, und ob ich mal an einem Meeting teilnehmen könnte. Und so war es auch in Argentinien in Corrientes. Da habe ich auch einfach mal einen Rotaract Club angeschrieben. Und die haben mir dann die Stadt gezeigt, mich rumgeführt, und es war einfach klasse, dass ich direkt Kontakt zu neuen Menschen hatte. Und überhaupt finde ich es einfach toll, dass man überall auf der Welt jemanden als Kontaktperson haben kann.

Schön in unserem Rotaract Club ist, dass wir eine ganz lockere Atmosphäre haben. Das fängt mit Äußerlichkeiten an. Bei uns kann jeder in legerer Kleidung kommen, und jeder ist offen zueinander, und man kann sich gut unterhalten.

Mir ist Freundschaft sehr wichtig. Darauf kommt es mir an und darauf dass die Hilfe, die wir geben, oder das, was wir an Geld sammeln, dass das auch ankommt.

Welche Rolle hat Führung für mich in meinem Engagement?
Wie im Rotary Club gibt es bei uns auch bestimmte Strukturen. Das sind im Wesentlichen auch dieselben, also es gibt einen Clubpräsidenten, einen Vizepräsidenten, einen Clubmeister, Schatzmeister, Sekretärin und Vizesekretärin.

Der Präsident ist meistens derjenige, der als erster Ansprechpartner agiert, er pflegt Kontakte zu anderen Rotary/Rotaract Clubs, besucht Meetings, um so den Club zu repräsentieren und Ideen und Anregungen zu sammeln.

In unserem Club haben wir uns dafür entschieden, dass alle immer auswählen, wer bei einer Sitzung einen Vortrag hält bzw. wir fragen untereinander ab, was uns interessiert und welche Vorträge wir hören möchten. Neue Projekte schlägt in der Regel auch der Präsident vor. Bei uns hat es sich dann aber ergeben, dass ein Mitglied ein soziales Projekt in Brasilien betreut und das hat dann dieses Jahr vorgeschlagen, das wir für ein Projekt in Brasilien Geld sammeln und es das dann direkt mitnehmen kann. Das hat das Mitglied dann auch gemacht und für das Geld vor Ort dann Fußbälle, Spielzeug und Kleidung gekauft, und wir konnten direkt sehen, was damit alles umgesetzt werden konnte.

Bei uns geht es also insgesamt sehr demokratisch und auch pragmatisch zu.

Wie muss Führung für mich sein?
Schon sehr locker! Ich finde es schön, wenn der Präsident zum Beispiel offen und herzlich ist, auf Leute zugeht und vielleicht auch ein bisschen internationale Erfahrung hat sammeln können. Damit meine ich, dass er auch schon mal längere Zeit im Ausland war.

Mir ist auch wichtig, dass keiner, der führt mir oder anderen das Gefühl vermittelt, das er was Besseres ist. Ich glaube, wenn das der Fall wäre, würde ich aussteigen. Mir ist Bodenständigkeit sehr wichtig.

Gibt es Herausforderungen und Konflikte?
Eine Herausforderung für uns ist sicherlich, dass wegen des Studiums viele weggehen oder wechseln. Dadurch ist das Wanderungspotenzial im Rotaract Club recht groß, man lernt aber auch immer wieder neue Menschen kennen.

Was auch schwierig war: Als wir Geld gesammelt haben, habe ich gemerkt, dass die Leute dafür gar nicht so offen waren. Wir hatten das Projekt, in dem wir für die Kinder in Brasilien gesammelt haben, und da war dann doch auch viel Unverständnis, warum wir für Kinder sammeln, die so weit weg sind. Da wurde ich auch richtig beschimpft von einem Passanten, der meinte, wir sollten zuerst den Kindern in Deutschland helfen. Aber da stecke ich selbst ja nicht drin, ich habe in dem Sinne gar keinen Einfluss auf unsere Regierung oder irgendwelche Einflussmöglichkeiten. Das fand ich schon sehr schade, dass da gar kein Verständnis war und dass Leute überhaupt nicht richtig zuhören, sondern direkt ihren Vorurteilen freien Lauf lassen.

Für mich wäre wichtig, dass wir hier jetzt in diesem noch neuen Verein eine gute Freundschaft aufbauen können. Und dass sich dadurch auch größere Projekte entwickeln. Das würde ich mir wünschen.

Motivation für ehrenamtliches Engagement 3

Engagement erfolgt nicht selbstlos oder nur für andere. Auch Geld als Entlohnung ist kein Antreiber für ehrenamtliche Leistung. Sämtliches ehrenamtliches Engagement erfolgt in erster Linie aus einer geldunabhängigen Motivation heraus: Es geht allein darum, persönliche Bedürfnisse zu erfüllen. Das spiegelt sich in den Beschreibungen und Aussagen der Porträtierten wider. Aber was genau sind persönliche Bedürfnisse, und was bedeutet diese Erkenntnis für die Praxis?

3.1 Anreize und Belohnung

Unter Motivation ist der Wille zu verstehen, bestimmte Ziele oder wünschenswerte Zielobjekte zu erreichen. Es geht um unser Wollen, um das, was wir mit unserem Verhalten erreichen möchten. Um die Herkunft und Wirkung von Motivation zu erklären, gibt es zahlreiche Modelle.

Theorien

Einige bedeutende Theorien sind unter anderem die Bedürfnispyramide von Abraham Maslow,[1] die Zwei-Faktoren-Theorie von Frederick Herzberg,[2] die fünf Grundmotivationen von Werner Correll,[3] die X- und Y-Theorie von Douglas McGregor,[4] das integrierte Motivationsmodell von Heinz Schuler[5] und seit Ende der neunziger Jahre insbesondere für die praktische Anwendung im Sport und in der Berufswelt auch das Reiss-Profil von Steven Reiss[6].

[1] Maslow (1977).
[2] Herzberg et al. (1959).
[3] Correll (2009).
[4] McGregor (1960).
[5] Schuler (2007).
[6] Reiss (2009).

B. Redmann, *Erfolgreich führen im Ehrenamt*, DOI 10.1007/978-3-8349-4679-9_3

Allen Theorien und Modellen ist gemeinsam, dass es unterschiedliche Bedürfnisse in unterschiedlichen Ausprägungen gibt, die bei jedem Einzelnen individuell vorliegen. Bedürfnisse sind also immer personenspezifisch. Dies bedeutet, dass jeder Einzelne über anders geartete persönliche Bedürfnisse verfügt und diese bei jedem einen unterschiedlichen Stellenwert haben. Es gibt daher auch kein einheitliches Motiv, das auf alle ehrenamtlich Engagierten anwendbar wäre. Im Arbeitsleben habe ich noch das auf die meisten Menschen zutreffende wesentliche Motiv „Geld als Versorgungsgarant", um den Zweck „Leistung" zu erreichen. Im freiwilligen Engagement gibt es dagegen eine riesige, bunte Palette von Motiven. Dies verschafft zum einen mehr Freiraum in der Ausgestaltung und im Angebot von Leistungsanreizen, zum anderen erfordert es für die Strukturen, das Umfeld und letztendlich auch für denjenigen, der zur freiwilligen Leistung bewegen will, mehr Kreativität, Flexibilität und Gespür für die unterschiedlichen Bedürfnisse der Engagierten.

Um Menschen für ein Engagement zu gewinnen, ist es wichtig, ihre Beweggründe und möglichst auch den inneren Stellenwert ihrer Motive zu kennen. Häufig kommen mehrere Motivationslagen zusammen. Um Freiwillige mittel- und langfristig an ein gemeinsam zu verfolgendes Ziel zu binden, ist es ferner wichtig, ihre Beweggründe und Anreize zu befriedigen. Werden Motivationen nicht erfüllt, führt dies zu Frustration und Enttäuschungen. Dadurch sinkt die Leistungsbereitschaft und letztendlich auch die Bereitschaft zu einer weiteren Teilnahme, Mitgliedschaft oder Unterstützung.

Motive und Erfüllung

Die positiven Gefühle und damit die eigentlichen Anreize für Engagement entstehen durch die Motiverfüllung. Je umfassender ein Motiv erfüllt wird, desto eher wird sich ein Mensch einsetzen und desto einsatzfreudiger und leistungsstärker wird er sein. In der Regel liegen gleichzeitig mehrere Motive in unterschiedlicher Ausprägung vor. Allen gemeinsam ist jedoch, dass sie bei Erfüllung ein gutes Gefühlt vermitteln. Und nicht nur das: Je stärker Motive ausgeprägt sind, desto eher und intensiver setzen sich Menschen für deren Befriedigung ein. Eine intensive Motiverfüllung führt wiederum zu einer erhöhten Leistungsbereitschaft (siehe Abb. 3.1).

Motivation

Für ein leistungsstarkes freiwilliges Engagement ist die Motiverfüllung daher der entscheidende Faktor. Aus der Befriedigung von Motiven heraus entstehen positive Gefühle wie beispielsweise Freude, Spaß, Begeisterung, Zugehörigkeitsgefühle, Zufriedenheit oder Dankbarkeit. Diese positiven Emotionen führen dazu, dass sich Menschen engagieren, einsetzen und ihr Bestes geben.

Das Entstehen von positiven Gefühlen ist die Gegenleistung für den eigenen Einsatz: Es ist die erwünschte und erwartete Belohnung. Die positiven Gefühle treiben zur Leistung an.

Um Motive erfüllen zu können, müssen sie bekannt und bewusst sein. Dies gilt für den potenziell Engagierten selbst wie auch für Personen, die ihn in der jeweiligen Organisationsform führen.

Die entscheidende Frage lautet also: Was sind die wichtigsten persönlichen Bedürfnisse im freiwilligen Engagement, und wie können sie erfüllt werden?

Im Folgenden werden die wesentlichen Motive für ehrenamtliches Engagement erläutert, die von den Interviewpartnern am häufigsten genannt wurden und von diesen als sehr wichtig für ihr persönliches Engagement bewertet wurden. Die Wichtigkeit dieser Motive wird auch durch die Erhebungen des Freiwilligensurveys bestätigt.[7]

Wesentliche Motive, sich freiwillig zu engagieren und dafür Zeit und Lebensqualität einzubringen, sind:

- Anerkennung,
- persönliche Beziehungen,
- soziale Gerechtigkeit,
- Organisieren,
- sich kümmern,
- Ansehen,
- Einflussnahme,

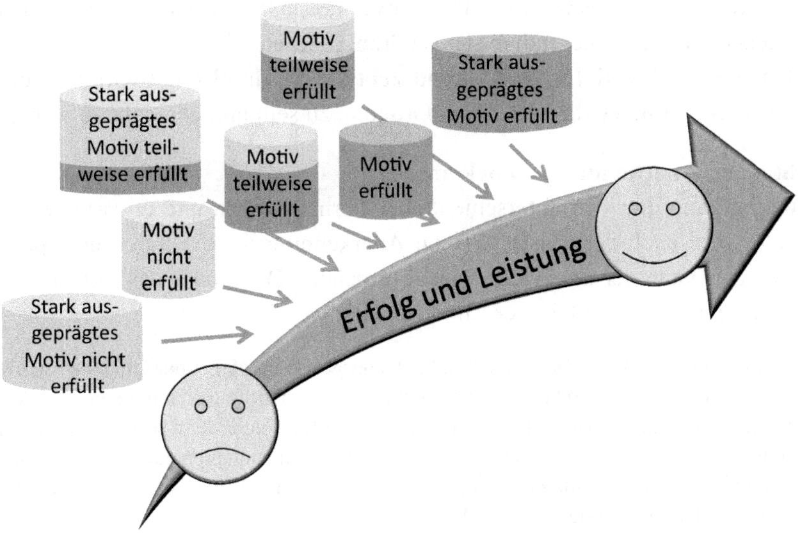

Abb. 3.1 Motiverfüllung

[7] Freiwilligensurvey 2009 (2010, S. 12–13).

- Wissenserweiterung,
- Wettkampf.

Alle Motive sind absolut wertfrei zu verstehen! Es gibt in diesem Zusammenhang keine „guten“ oder „schlechten“ Antreiber. Alle dienen dazu, Impulse für eine (freiwillige) Leistung zu setzen.

Meistens handeln Menschen nicht nur aus einem einzigen, sondern aus mehreren Motiven heraus. Je mehr Motive vorliegen, desto mehr und umso stärkere Handlungsanreize können durch Impulse ausgelöst werden. Innerhalb der Motive gibt es zudem unterschiedlich starke Ausprägungen, die individuell variieren können. Die Beschreibung der Motive ist daher nicht als „Bedienungsanleitung“ zu verstehen. Sie dient vielmehr dem Verständnis und soll die Unterschiedlichkeit von Motiven bewusst machen.

3.2 Anerkennung

Hinter dem Motiv „Anerkennung“ verbirgt sich der Wunsch, für die eigene Person oder für das, was man tut, eine positive Resonanz zu erhalten. Anerkennung ist immer etwas, das nicht aus einem selbst heraus entsteht, sondern das von außen erfolgt. Entscheidend ist somit die Wirkung im „Außen“ in Verbindung mit einer geäußerten positiven Wahrnehmung.

Persönliche Bedeutung

Menschen, denen das Motiv „Anerkennung“ wichtig ist, muss diese explizit entgegengebracht werden. Für sie ist es wichtig, ein positives Feedback zu bekommen. Es muss ihnen direkt zugehen, zum Beispiel indem sie es hören, es lesen oder es ihnen anhand eindeutiger Gesten vermittelt wird. Im Vordergrund steht der Ausdruck eines wirklich bejahenden Zuspruchs. Das gibt ihnen das Gefühl, in Ordnung zu sein und gemocht zu werden.

Möglichkeiten, Anerkennung zu bekommen

Anerkennung kann dabei in unterschiedlicher Form gegeben und erwartet werden. Die direkte und wohl auch einfachste Art von Anerkennung ist die durch eine persönliche Ansprache. Das kann der unmittelbar ausgesprochene Dank oder das Lob sein, welches im Einzelgespräch oder in kleinerer Runde erfolgt.

„Aus Zeitgründen hätte ich dieses Amt schon längst aufgeben müssen, aber ich habe mich von meinen Vorstandskollegen „beknien“ lassen, die mich einfach inständig gebeten haben, das Amt weiter auszuüben (...) Und daran wirke ich mit, und das auch erfolgreich, denn sonst hätte man mich bestimmt nicht zum Bleiben überredet. Das ist natürlich für mich auch eine gewisse Anerkennung, die ich da bekomme. Sowohl von meinen Vorstandskollegen auch von den Eltern. Ich merke das auch an den Anfragen der Eltern oder Vorstandkollegen, die an mich herangetragen werden, obwohl es zwei festangestellte Juristen im Verband gibt.“[8] (Henning K. Vorstandsmitglied einer Landeselternpflegschaft)

[8] Interview der Autorin mit Henning K. vom 27.07.2011.

Fehlen die richtigen Worte oder sind diese manchmal schwer auszudrücken, kann ein direktes und unmittelbares Feedback auch durch Gesten unterstützt werden, wie zum Beispiel durch ein Schulterklopfen, einen intensiven Händedruck, ein anerkennendes Nicken oder ein freundliches, bestätigendes Lächeln. Neben dem unmittelbaren persönlichen Feedback gibt es die Möglichkeit einer öffentlichen Würdigung. Für manche Menschen ist es wichtig, dass die erteilte Wertschätzung öffentlich, also vor anderen stattfindet. Sie freuen sich in besonderem Maße über Beifall. Für einige Menschen kann das sogar bedeuten, dass sie richtig glücklich sind, wenn sie, „eine Bühne" bekommen, auf der man sich dann bei ihnen bedankt. Das kann sowohl auf einer realen Bühne (zum Beispiel bei Veranstaltungen, Festen, Ehrungen) geschehen als auch auf einer metaphorischen Bühne wie beispielsweise in einer Vereinssitzung, in der Dank ausgesprochen wird.

Eine weitere Form der Anerkennung ist die Auszeichnung. Diese kann traditionell durch Geschenke oder besondere Ehrerweisungen erfolgen (zum Beispiel Medaillen, Urkunden, Ehrenmitgliedschaften, Anstecknadeln, etc.). Eine Auszeichnung kann auch darin bestehen, dass über die Engagierten und deren Projekt ein Beitrag in Zeitungen oder Vereinsschriften veröffentlicht wird. Allein die Tatsache, den eigenen Namen in einem Beitrag zu lesen, stellt eine Huldigung dar, die ein gutes Gefühl auslöst und damit zu weiterem Engagement anspornt.

Menschen, bei denen das Motiv Anerkennung stark ausgeprägt ist, geht es besser, je häufiger sie sich wohlwollend beachtet finden. Das bedeutet nicht, dass jedes Mal eine Lobrede auf sie gehalten werden muss. Dies kann bei kleineren und alltäglichen Anlässen mit positiven Bemerkungen und Gesten genauso geschehen. Der Fokus liegt in diesem Fall eher in einem kontinuierlichen Interesse an ihrer Person und ihrer Leistung.

Anerkennung und Führung

Anerkennung zu bekommen, kann ein Motiv sein, Führungsaufgaben gern wahrzunehmen. Als Führungskraft nimmt man eine besondere Position ein, und die Wahrscheinlichkeit, dadurch eine besondere Beachtung zu erfahren, ist höher. Sofern damit auch eine gewisse Beliebtheit verbunden ist, wird sich dies auch verstärkend auswirken. Menschen mit einem hohen Anerkennungsmotiv können durch erfolgreiche Führungsarbeit ihr Motiv gut nähren. Je mehr Erfolge sie erzielen und von außen für ihr Handeln wertgeschätzt werden, desto größer wird der Motivationsantrieb zum Führen sein.

Führungsaufgaben erfordern allerdings auch unbeliebte Entscheidungen. Für Menschen mit einem hoch ausgeprägten Anerkennungsmotiv kann es schwierig sein, unbeliebte Entscheidungen zu treffen, weil sie um ihre Anerkennung und Wertschätzung fürchten. Die Notwendigkeit unbeliebter Entscheidungen kostet sie viel Kraft, da ihr Motivationsantrieb in diesen Situationen gebremst ist.

3.3 Persönliche Beziehungen

Menschen mit dem Motiv „persönliche Beziehungen" möchten mit anderen in Kontakt sein. Ihnen ist die Gemeinschaft mit anderen Menschen besonders wichtig. Sie bilden in Gruppen den Rahmen für ein freundschaftliches Verhältnis, das durch Nähe geprägt ist.

Persönliche Bedeutung

Für denjenigen, der seine Motivation aus persönlichen Beziehungen holt, ist es wichtig, mit anderen Menschen zusammen zu sein. Es geht ihm sowohl um sozialen Austausch mit anderen als auch um das Gruppengefühl. Das Miteinander und das Treffen mit anderen stehen im Vordergrund. Dadurch entsteht das Gefühl der Zugehörigkeit.

Möglichkeiten, persönliche Beziehungen zu erleben

Mit anderen in Kontakt kommen kann man zum einen dadurch, dass bestimmte Verrichtungen, Gefälligkeiten oder Aktivitäten für andere oder mit anderen gemacht werden. Der Kontakt entsteht in diesen Fällen mit den Personen, für die man etwas tut. Freiwillig Engagierte, denen es wichtig ist, viele und vielleicht auch neue Menschen kennenzulernen, haben Freude daran, sich immer wieder neu auf unterschiedliche Gruppen oder einzelne Personen einzustellen.

„Diese Freundschaft, die man durch Rotary aufbaut, das ist einfach toll! Zu sehen, ich könnte jetzt einfach an einen Rotary Club irgendwo in Deutschland schreiben, dass ich jetzt vor Ort bin, und ob ich mal an einem Meeting teilnehmen könnte (...) Und überhaupt finde ich es einfach toll, dass man überall auf der Welt jemanden als Kontaktperson haben kann."[9] (Jaqueline H., Mitglied einer Jugendorganisation)

Für jemanden, den gerade die Begegnung mit anderen Menschen interessiert und erfüllt, empfehlen sich Aktivitäten im Rahmen von Betreuungen oder Beratungen bestimmter Personen oder Gruppen (Senioren, Kinder, Jugendliche, Kranke, Behinderte, Sportler etc.).

Andere motiviert es dagegen, in einer festen Gruppe zu sein und zu bleiben. Sie engagieren sich daher häufig in Teams oder Gruppen. Das kann sich in einem gemeinsamen Engagement für andere (zum Beispiel Katastrophenschutz, Umweltschutz, Politik) oder durch gemeinsame Aktivitäten (wie zum Beispiel beim Sport, im Kleingartenverein, Schützenverein etc.) geschehen. Menschen mit dem Motiv „persönliche Beziehungen" ist es wichtig, Zugehörigkeit und Gemeinschaft zu empfinden. Durch ein regelmäßiges persönliches Zusammensein mit anderen Menschen, wie es bei Treffen, Sitzungen oder Veranstaltungen passiert, wird dieses Bedürfnis befriedigt.

„Ich bin der moralische Ansprechpartner für alle, sozusagen eine „Kümmerer". (...) Ich bin ein sehr teamorientierter Mensch, und die Gemeinschaft ist mir sehr wichtig. Wenn es der Gemeinschaft gut geht, dann geht es auch mir gut (...) Aber das Wichtigste ist das Team und mit diesem gemeinsam

[9] Interview der Autorin mit Jaqueline H. vom 20.06.2011.

Dinge tun zu können. (...) Es ist bei mir tatsächlich das Gefühl der Gemeinsamkeit, das ich dort erlebe und das mir ein schönes, sehr gutes Gefühl gibt. Dass dieses Gefühl bei mir entsteht, ist eigentlich die „Belohnung" für meinen Einsatz. Dafür nehme ich auch vieles in Kauf, z. B. dass mir die Zeit für meine Familie fehlt."[10] (Stephan G., Vorstandsmitglied Schützenverein)

Für Menschen, die gerne mit anderen zusammen sind, ist es wichtig, sich mit Gleichgesinnten zu treffen, sich mit ihnen auszutauschen und sich für eine kollektive Sache zu begeistern.

Persönliche Beziehung und Führung

Menschen mit dem Motiv „persönliche Beziehung" wird die Übernahme von Führungsaufgaben besonders reizen, wenn sie sich dadurch in Gruppen und unter Menschen bewegen können. Es macht ihnen Freude, Führung möglichst gemeinsam auszuüben und sich in einem Führungsteam (zum Beispiel einem mehrköpfigen Vorstand) zu engagieren. Führungskräften mit einem hohen Beziehungsmotiv wird es leicht fallen, alle Beteiligten einzubeziehen und von möglichst allen mitgetragene Entscheidungen zu erlangen. Bei der Wahrnehmung ihrer Führungsaufgabe werden sie bevorzugt den Kontakt zum Team suchen und einen kooperativen Führungsstil pflegen.

„Es gibt mir ein gutes Gefühl, zusammen in der Gruppe etwas zu bewegen und ein gemeinsames Ziel zu verfolgen. Ich habe mich immer sehr wohl gefühlt, wenn wir als Vorstandsteam etwas erarbeitet haben. Wenn ich alleine gearbeitet habe, hat das direkt weniger Spaß gemacht."[11] (Iris H., ehemaliges Vorstandsmitglied einer Elterninitiative für einen Kindergarten.[12])

Das Bedürfnis, „mit anderen verbunden zu sein", kann unter Umständen einer Führungsaufgabe entgegenstehen, wenn es darum geht zu sagen, wo es langgeht und dies nicht auf einer konsensualen Entscheidungsfindung beruht. Gleiches gilt für Situationen, in denen es vielleicht keine einheitliche Meinung gibt und trotzdem eine Entscheidung gefällt werden muss. Hier kann die Motivation gebremst sein.

3.4 Soziale Gerechtigkeit

„Soziale Gerechtigkeit" steht für das Bedürfnis, sich im weitesten Sinne moralisch richtig zu verhalten. Es geht hier darum, zum Wohle von anderen zu agieren und sich entsprechend einem bestimmten Wertesystem zu verhalten. Sozial gerecht zu sein, steht dafür, etwas zu verbessern oder positiv zu beeinflussen. Das kann durch konkrete Hilfe oder Unterstützung von Personen, der Allgemeinheit oder der Gesellschaft bestehen.

„Wir verstehen uns sowohl als Vertreter der Hebammen als auch der Frauen. Unser Engagement dient den Frauen und ihrem Recht auf eine selbstbestimmte und individuelle Geburt. Die wichtige

[10] Interview der Autorin mit Stephan G. vom 07.06.2011.

[11] Elterninitiative, die als gemeinnütziger Verein einen zweigruppigen Kindergarten betreibt.

[12] Interview der Autorin mit Iris H. vom 03.11.2011.

Erfahrung einer positiven, gesunden und interventionsarmen Geburt wird durch Überlieferung an Frauen und Familien weitergegeben und von diesen als wünschenswert angesehen. Hierin sehen wir eine Chance für einen gesunden Start ins Leben eines jeden Menschen. Hebammen begleiten diesen Weg. (...) Einer meiner größten Wünsche ist, dass nicht nur meine Enkelkinder die Möglichkeit haben, in Würde und Geborgenheit gesund geboren zu werden. Ich möchte für jede Frau erreichen, dass sie die Möglichkeit hat, ihr Kind gesund zu gebären, egal, an welchem Ort."[13] (Ulla C., Vorstandsmitglied gesellschaftliche Initiative)

Persönliche Bedeutung

Für denjenigen, der sozial gerecht agieren möchte, ist es wichtig, dass er aus seiner Sicht mit seinem Handeln eine Verbesserung erreicht. Für manche kommt hinzu, dass es ihnen wichtig ist, sich dabei regelkonform zu verhalten. In diesem Zusammenhang sind Prinzipien oder Normen für sie von Bedeutung. Menschen mit diesem Motiv kommt es nicht darauf an, dass ihnen explizit Dank ausgesprochen wird. Vielmehr ist für sie wichtig, dass sie sehen und erleben können, wie ihre Hilfe oder ihr Tun beim anderen oder in der Welt ankommt. Diesen Menschen geht es in der Regel gut, wenn ihr Einsatz erfolgreich ist beziehungsweise die Situation der Menschen verbessert wird, für die der Einsatz erfolgt. Das Gefühl, das bei ihnen entsteht, ist Anteilnahme.

Möglichkeiten, sozial gerecht zu handeln

Menschen, die gern Gutes tun möchten, brauchen eine Gelegenheit dazu. Wenn sie aktiv werden wollen, benötigen sie eine entsprechende Plattform.

Ein Modell kann dabei sein, anderen Menschen unmittelbar zu helfen oder sie zu unterstützen. Dass geschieht durch ganz konkrete Dinge, wie zum Beispiel für sie einzukaufen, etwas mit ihnen zu unternehmen, sie aufzuheitern, sie zu beraten oder zu begleiteten.

„(...) im Wesentlich macht es mir einfach Spaß, den Kindern und jungen Leuten etwas zu vermitteln und sie zu betreuen. Es ist mir wichtig, sie in ihrer Entwicklung zu fördern. Das geht auch teilweise über den Sport hinaus, so dass wir hier auch helfen, Lehrstellen zu vermitteln und sie bei den ersten beruflichen Schritten begleiten. Oder wir betreuen zum Beispiel auch Kinder und Jugendliche nach der Schule und unterstützen bei Hausaufgaben oder im Lernstoff."[14] (Benno S., Vorstandsvorsitzender eines Stemm- und Ringvereins[15])

Im Unterschied zum Motiv „persönliche Beziehung" liegt hier der Schwerpunkt allerdings nicht im Kontakt mit anderen, sondern im direkten persönlichen Handeln. Für diese Menschen ist es wichtig, mit dem eigenen Tun eine unmittelbare positive Wirkung zu erzielen. Das kann Kindern geschehen, dass sie erleben, wie sich jemand freut, sich definitiv gesünder fühlt und es ihm besser geht als vorher.

Eine weitere Möglichkeit, sich sozial gerecht zu verhalten, ist es, sich für Themen oder Bereiche zu engagieren, bei deren erfolgreicher Umsetzung, es zu einer allgemeinen

---

[13] Interview der Autorin mit Ulla C. vom 21.09.2011.

[14] Interview der Autorin mit Benno S. vom 23.07.2011.

[15] Stemm- und Ringverein Germania Dettingen 1910 e.V.

Verbesserung kommt. So kann es für einige wichtig sein, mit dem eigenen Tun eine mittelbare positive Wirkung für andere zu erreichen. Das ist zum Beispiel beim politischen oder humanitären Engagement oder auch beim Einsatz für ökologische Themen der Fall.

„Das Projekt, in dem ich mich betätige, hat die Grundidee, dass Schüler – in der Regel der Abschlussjahrgang – befähigt werden, andere, jüngere Schüler in ihrer Berufs- und Ausbildungswahl Unterstützung zu geben. Sozusagen eine Art „Coaching“ – Ausbildung für Schüler, die dann im Sinne eines Scouts für andere Schüler tätig sind. (...) Für mich war das Abitur an dieser Schule etwas Besonders, und es ist mir ein wichtiges Anliegen, dieser Schule, die mich in meinem späteren beruflichen Werdegang sehr geprägt hat und der ich, wie ich finde, diesbezüglich viel zu verdanken habe, auch etwas zurückzugeben“[16]. (Nils S., ehrenamtlicher Coach für Schüler)

Letztendlich entscheidend ist aber auch hier, dass durch das eigene Handeln eine Verbesserung für eine konkrete Gruppe an Personen oder einfach verbesserte Zustände für die Allgemeinheit bewirkt werden.

Soziale Gerechtigkeit und Führung

Das Motiv „soziale Gerechtigkeit“ wird sich dann in Führungsaufgaben niederschlagen, wenn durch die Führung selbst Gutes getan werden kann. Dies kann zum Beispiel dann der Fall sein, wenn durch ein besonderes Führungsverhalten Menschen in ihrer persönlichen Weiterentwicklung unterstützt werden. Das Motiv wird sich in der Führung am ehesten im Führungsstil ausprägen also in der Art und Weise, **wie** geführt wird. Führungskräften, die hier eine starke Ausprägung zeigen, wird es insbesondere wichtig sein, einen wertschätzenden Umgang zu pflegen und die Bedürfnisse des Einzelnen zu sehen und diesen möglichst durch das Führungsverhalten gerecht zu werden.

3.5 Organisieren

Das Motiv „Organisieren“ bedeutet, Gruppen oder Aufgaben eine bestimmte Ordnung zu geben und Dinge zu regeln. Im Vordergrund stehen Planung und Strukturierung von Vorhaben, Abläufen, Veranstaltungen oder Ereignissen. Das Ziel ist, durch das Organisieren etwas festzulegen und auf dieser Basis umzusetzen.

Persönliche Bedeutung

Für denjenigen, der gerne organisiert, ist es wichtig, planen zu können und Sachen in Angriff zu nehmen. Ihm geht es darum, in Angelegenheiten oder auch im Miteinander von Personen eine Struktur oder einen Aufbau zu schaffen. Routinen, Gewohnheiten und feste Rahmenbedingungen unterstützen ihn hierbei und geben ihm ein sicheres Gefühl.

[16] Interview der Autorin mit Nils S. vom 18.07.2011.

Möglichkeiten, etwas zu organisieren

Organisieren kann man auf vielfältige Art und Weise. Ganz einfach geschieht es zum Beispiel dadurch, dass Pläne aufgestellt oder Listen entworfen werden. So kommen sogenannte To-do-Listen, die festlegen, wer was wann zu tun hat, bei Personen mit einem hohen Organisationsmotiv gut an. Schon das Erstellen solcher Listen verschafft Menschen mit dem Motiv „Organisieren" eine tiefe Befriedigung. Sie verschaffen ihnen ein Gefühl von Klarheit und das Wissen darüber, wo man steht. Menschen, die gerne organisieren, verfügen meistens über eine gute Fähigkeit, Pläne zu erstellen und diese zu überwachen. Sie haben in der Regel Spaß daran, Themen und Dinge im Voraus zu durchdenken und die einzelnen Schritte abzuhaken, wenn sie erledigt sind. Es tut ihnen gut zu wissen, an welcher Stelle sich ein Vorhaben befindet und was noch zu dessen Realisation getan werden muss. Menschen, die in dieser Form gerne organisieren, ist es wichtig, immer eine Orientierung zu geben und auch selbst zu haben.

„Meine Motivation zur ehrenamtlichen Mitarbeit ist meine Freude am Kölner Karneval. Ich weiß, dass der Kölner Karneval nur dadurch fortleben kann, dass es in unserer Stadt immer wieder Menschen gibt, die den Karneval nicht nur feiern möchten, sondern auch wissen, dass dafür auch gearbeitet werden muss. Bei meiner Arbeit bevorzuge ich ein strukturiertes Arbeiten. Ich strukturiere und organisiere gerne."[17] (Alfred K., Vorstandsmitglied Karnevalsverein[18])

Das fängt mit der Festlegung an, wohin es gehen soll, bis zum Stand einzelner Meilensteine oder Statusmeldungen über Fortschritte bis zum Ziel. Ablaufpläne, Aufgabenbeschreibungen oder detaillierte Beschreibungen empfinden sie als hilfreiche Regelung, um einen Anhaltspunkt zu haben, wie oder wann etwas gemacht wird. Aus dem gleichen Grund mögen sie auch feste, im Voraus bekannte Termine, auf die sie sich einstellen und für die sie planen können. Da sie Termine mögen, ist ihnen deren Einhaltung wichtig. Daher eignen sie sich gut für die Koordination und Überwachung von Terminen. Menschen, die gerne organisieren, haben ein gutes Zeitmanagement. Sie kommen selten zu spät, und Pünktlichkeit bei anderen ist ihnen wichtig.

Organisieren kann auch darin bestehen, innerhalb von Gruppen eine Ordnung zu schaffen. Menschen, die gerne organisieren, fühlen sich in Systemen wohl, in denen klare Zuständigkeiten und Kompetenzen vorliegen. Es wird ihnen wichtig sein zu wissen, wer welche Aufgabe übernimmt und was diese Aufgabe beinhaltet. Dies gibt ihnen Vertrauen. Genauso motiviert es einige auch, einen solchen Rahmen zu gestalten. Sie haben eine Gabe festzustellen, welche Aufgaben und Verantwortlichkeiten gebraucht werden, und Regelungen für das gemeinsame Miteinander aufzustellen.

„Für mich war von Vorneherein klar, dass ich auch eine aktive Rolle und Funktion in einem Verband einnehme. (...) So leite ich jetzt seit 2010 zusammen mit einem Kollegen den regionalen Führungskreis (des BDVT). (...) Meine oder unsere Aufgabe dort ist es, Kontakt zu den regionalen Gruppen des BDVT zu halten oder besser zu den Leitern der regionalen Gruppen. Diese wollen informiert

[17] Interview der Autorin mit Alfred K. vom 19.10.2011.

[18] Festkomitee des Kölner Karneval von 1823 e.V.

werden, sie brauchen Ideen, haben Fragen, was Abrechnungen oder Honorare oder Ähnliches angeht. Es ist so eine Mischung aus organisatorischer, aber auch individueller Unterstützung."[19] (Axel R., ehrenamtliche Führungskraft in einem Berufsverband)

Personen, die gerne organisieren, sind prädestiniert, Projektmanagement zu betreiben: zu sagen, wer was macht, wie etwas gemacht werden soll und bis wann. Sie haben im Blick, was getan werden muss, wer zuständig ist und wie sich das Zeitmanagement verhält.

Organisieren und Führung
Im Motiv „Organisieren" können Führungsaufgaben gut ausgelebt werden. So finden sich im Planen, Strukturieren und Gestalten klassische Führungsaufgaben wieder. Jemand mit einem starken Organisationsmotiv wird großen Spaß daran haben, als Führungskraft Aufgaben und Themen zu strukturieren und zu verteilen. In diesem Sinne wird er auch gerne Leitungsfunktionen übernehmen. Es wird ihm leicht fallen, Menschen eine „Ordnung" zu vermitteln. Das kann insbesondere dann hilfreich sein, wenn es darum geht, Klarheit und Orientierung zu geben.

3.6 Sich kümmern

„Es tut mir einfach gut, wenn ich etwas für andere tun kann und es ihnen dann besser geht. Mir geht es gut, und ich kann dafür sorgen, dass es anderen Menschen auch so gut wie möglich geht, und dafür setze ich mich gerne ein. (...) Mein größter Lohn ist, wenn ich in diesen vier Wochen jedes Mal sehe, wie sich die Kinder positiv entwickeln: wie die Blutwerte besser werden, aber auch, wie sie alle immer lustiger und offener werden in dieser Zeit. Und das Schönste ist für mich, wenn die Kinder dann ankommen und kuscheln und dadurch auf ihre Weise einfach „Danke schön" sagen. Da geht mir das Herz auf, und mehr Lohn brauche ich nicht."[20] (Sylke S., Projektleiterin in einer sozialen Projektinitiative)

Hinter der Motivation „sich kümmern" steht das Bedürfnis, jemanden zu umsorgen und ihm das zu geben, was er selbst nicht erreichen kann. Mit dem eigenen Handeln will man ganz konkret Verantwortung für eine bestimmte Betreuung übernehmen. Im Vordergrund steht das sinnliche, direkte Sorgen für eine andere Person oder eine Gruppe. Im Vergleich zur Motivation „soziale Gerechtigkeit" geht es hier in der Hauptsache darum, sich einer konkreten, bedürftigen Person oder Gruppe anzunehmen.

Persönliche Bedeutung
Einen direkten, greifbaren Bezug zu notleidenden Menschen zu haben, ist von entscheidender Bedeutung für Menschen, denen es wichtig ist, sich um andere zu kümmern. Das

[19] Interview der Autorin mit Axel R. vom 14.06.2011.
[20] Interview der Autorin mit Sylke S. vom 14.06.2011.

setzt in der Regel auch eine unmittelbare Nähe bzw. einen Kontakt voraus. Bei einer positiven Erfüllung dieses Motivs erlangt der Helfende ein Gefühl des Gebrauchtwerdens. Dies gibt ihm Kraft und ist der Anreiz für seinen Einsatz.

Möglichkeiten, sich zu kümmern

Fürsorgliches Engagement setzt eine Bedürftigkeit beim anderen voraus. Diese kann viele Facetten haben: beispielsweise, dass jemand Pflege bedarf, eine besondere Form der Betreuung oder Entlastung braucht, eine Versorgung oder eine Behandlung benötigt. Entscheidend ist, dass der Bedürftige etwas braucht, das der andere ihm geben kann. Der eigenen Fürsorge kann damit Ausdruck verliehen werden, dass das getan wird, was der andere braucht. Menschen mit diesem Motiv empfinden eine tiefe Erfüllung, wenn ihr Dienst und ihr Einsatz für andere wichtig sind. Sie mögen es und es stärkt sie in ihrem Verantwortungsgefühl, wenn ihr Handeln für den Bedürftigen einen hohen Wert hat. Das bedeutet nicht, dass es um die Bewältigung von großen Aufgaben oder lang andauernden Einsätzen gehen muss. „Wertvoll" kann für den anderen vieles sein. So bedeutet es für eine erschöpfte Mutter von Zwillingen im Alter von acht Monaten und einem Kleinkind im Alter von zwei Jahren etwas ganz Wertvolles, einfach mal eine Stunde zur Ruhe kommen zu können, weil sich eine freiwillige Helferin um ihre Kinder kümmert und diese betreut. Genauso hilfreich ist es für Ältere und Behinderte, wenn ihnen bei Reisen für diese Zielgruppe freiwillige Betreuer während der gesamten Zeit unterwegs als „ihr" Reisebegleiter zur Seite stehen. Gleiches gilt beispielsweise auch im Hospizbereich, wo sich der ehrenamtliche Sterbebegleiter ganz intensiv und ganz nah dem Sterbenden widmet.

Sich kümmern und Führung

Führungskräften mit dem Motiv „sich kümmern" sorgen sich um die ihnen anvertrauten Menschen. Sie haben eine ganz besondere Antenne für das Wohlbefinden derjenigen, die sich in ihrem Führungsumfeld befinden.

„Ich bin eines Tages am Spielfeldrand angesprochen worden, ob ich nicht Interesse hätte, in die Jugendarbeit einzusteigen. Da ich selbst immer im Sport aktiv war, ist das ein Umfeld, in dem ich mich gerne bewege. (…) Es war eine ganz neue Erfahrung für mich, weil ich sehr schnell gesehen habe, dass ich eben nicht nur Trainer bin, sondern ein richtiger Bestandteil einer Sozialisationsphase der Kinder. Es ist nicht zu unterschätzen, dass es für mich in dieser Funktion dazugehört hat, tatsächlich Normen und Werte zu vermitteln, eben Verhaltensregeln, an die sich die Kinder dann auch zu halten hatten, und zwar am besten nicht nur auf dem Fußballplatz. Die meiste Freude hat mir die Arbeit mit den Kindern gemacht. Zu merken, wie sie sich weiterentwickeln und zwar nicht nur sportlich, sondern auch als Mensch."[21] (Andreas S., Trainer im Sportverein)

Sofern die beteiligten ehrenamtlichen Helfer nicht auf bestimmte Weise selbst bedürftig sind, wird das Motiv allein mit der Übernahme von Führungsaufgaben kaum zufriedenstellend ausgelebt.

[21] Interview der Autorin mit Andreas S. vom 08.07.2011.

Menschen mit einem ausgeprägten Fürsorgemotiv achten besonders darauf, dass sich Helfer nicht überfordern und dass es ihnen in ihrem Engagement gut geht. Sie sind auch gerne bereit, „ihre Zeit und ihr Ohr“ zu schenken, wenn es private Probleme bei Engagierten gibt.

Bei der Übernahme von Führungsaufgaben ist es wichtig für sie, sich immer wieder der eigenen Rolle bewusst zu sein. Sie müssen sich in besonderem Maße klar machen, dass die Übernahme von Führungsverantwortung sich nicht in der Fürsorge für andere erschöpft.

3.7 Ansehen

Das Motiv „Ansehen“ stellt auf den Wunsch ab, mit seinem Engagement etwas Besonderes zu bewirken. Dies kann sich auf mehrere Aspekte beziehen: das Einbringen der eigenen Kompetenz, das eigene Handeln oder die Organisation, in der man sich engagiert. Ähnlich wie beim Motiv „Anerkennung“ ist auch die Wirkung im Außen entscheidend. Beim Motiv „Anerkennung“ geht es primär um den Erhalt positiven Feedbacks. Dagegen geht es beim Motiv „Ansehen“ vor allem um eine nach außen hin vermittelte privilegierte Rolle.

Persönliche Bedeutung

Menschen, denen Ansehen wichtig ist, geht es darum, etwas Besonderes zu gestalten oder eine herausragende Funktion zu bekleiden, was im vorhandenen Umfeld erkennbar und beachtet sein sollte. Jemanden mit dieser Motivation beflügelt es, sich mit seinem Engagement bemerkbar zu machen und vielleicht etwas Ungewöhnliches zu tun, was ihn von der Masse absetzt.

Möglichkeiten, Ansehen zu erlangen

Es gibt unterschiedliche Formen, wie das Gefühl vermittelt werden kann, mit seinem Engagement eine besondere, in der Außenwelt beachtete Wirkung zu erzielen.

Zum einen können sich Menschen mit dieser Motivationslage von Organisationen angesprochen fühlen, die „exklusiv“ sind. In einigen Vereinigungen ist es üblich, dass die Mitglieder speziell ausgewählt werden oder Mitglieder für Neu-Mitglieder bürgen müssen. Es ist also nicht möglich, einfach dem Club oder Verein beizutreten, sondern in gewisser Weise wird man „erwählt“. Beispiele hierfür sind der Rotary Club und der Lions Club.

„Die Mitglieder des Rotary Clubs sind meist Führungskräfte aus der Region, die aus allen Berufsgruppen kommen. (…) In den letzten zwei Jahren war ich als Clubmeister tätig. Als Clubmeister wird man gewählt, bzw. der Präsident des jeweiligen Clubs, der sein Team aussucht, sucht sich seinen Clubmeister aus. (…) Ich habe für mich immer einen Ehrgeiz, Sachen gut zu machen. Das steckt in mir drin und ist in gewisser Weise eine Herausforderung für mich. Insofern war für mich eine Motivation, dass, als ich das Amt dann innehatte, ich da auch ein besonderes Jahr draus machen wollte."[22] (Jürgen H., ehemaliges Vorstandsmitglied bei den Rotariern[23])

Das Motiv „Ansehen" wird ebenfalls angesprochen, wenn für ein Engagement im Verein bestimmte Zugangsvoraussetzungen erfüllt sein müssen oder die Mitgliedschaft nur einer bestimmten Zielgruppe zugänglich ist, beispielsweise ausschließlich Männern oder Frauen oder nur Angehörigen einer bestimmten Berufsgruppe. Personen, bei denen das Motiv sehr ausgeprägt ist, macht es in der Regel auch nichts aus, sich einem speziellen Auswahlverfahren oder Beschränkungen für eine Zugehörigkeit zu unterwerfen.

Das gibt ihnen umso eher das Gefühl, einer – wie auch immer – außergewöhnlichen Gruppe anzugehören.

Die Außergewöhnlichkeit kann sich auch auf das Vorhaben selbst beziehen. So kann die Umsetzung neuer Ideen oder die Fokussierung einer besonderen Zielgruppe ebenfalls zu einer Motiverfüllung führen.

Es kann auch sein, dass sich das äußere Ansehen durch eine wichtige Position ergibt, die derjenige bekleidet. Beispielsweise kann eine Schlüsselposition bekleidet werden, die innerhalb der Gruppe oder Organisation einer unentbehrlichen Rolle entspricht.

„In dem Moment, in dem ich als Vorstand in einer Gesellschaft aktiv bin, stehe ich dem Verein auch in der Form vor, dass ich vielleicht im Elferrat bin. In der Sitzung sitze ich also in einer herausgehobenen Position in einer Veranstaltung und habe das Publikum vor mir. Ich bin wahrscheinlich auch auf dem Wagen der Gesellschaft und komme meistens auch in die Zeitung weil es ein großes Presseinteresse gibt. Darüber hinaus gibt es im Karneval sehr viele Möglichkeiten, die besondere Leistung eines Mitglieds herauszustellen und zu würdigen. So gibt es (Verdienst-)Orden und Auszeichnungen, und bei uns wird man im Ehrenamt sogar befördert. Da wird dann eine Rede auf denjenigen gehalten und ihm wird ein höherer Dienstgrad verliehen. Bei der Ordensverleihung ist es sogar so, dass Vertreter des Festkomitees persönlich erscheinen und den Orden verleihen. Das ist fast wie ein Bundesverdienstkreuz, also die höchste Auszeichnung bei uns."[24] (Christoph K., Vizepräsident Karnevalsverein)

Dies ist unter anderem der Fall, wenn jemand eine hierarchisch herausgehobene Position – etwa Vorstand, Schriftführer, Trainer in Sportmannschaften – einnimmt. Das Motiv „Ansehen" kann auch unabhängig von einer Position auf einer bestimmten Hierarchiestufe angesprochen werden, wenn derjenige besondere Funktionen oder Tätigkeiten ausübt, zu denen er nur aufgrund von beachtlichen Fähigkeiten in der Lage ist. Hier kommt es auf besondere Qualifikationen, Wissen oder einen Erfahrungsschatz an, die für dieses Amt befähigen und damit eine besondere Stellung unterstreichen.

„Nachdem ich nicht mehr im Beruf bin und ich dort eine Managementfunktion hatte, die mir Spaß gemacht hat, macht mir das jetzt – was ja auch eine Managementfunktion ist – auch sehr viel Spaß.

[22] Interview der Autorin mit Jürgen H. vom 20.06.2011.
[23] Der Rotary Club ist die älteste Serviceclub-Organisation der Welt. Es geht hier um Netzwerk, gegenseitige Unterstützung für lokale oder internationale Hilfsprojekte und Freundschaft.
[24] Interview der Autorin mit Christoph K. vom 19.10.2011.

(...) Es gefällt mir auch, wenn wir Erfolg haben. Wir haben Anfang Februar immer ein Gitarrenfestival: Fünf klassische Gitarrenkonzerte an einem Wochenende. Das wurde während meiner Vorstandschaft so ausgebaut, dass wir damit jetzt überregional bekannt sind." [25] (Gerhard H., Vorstandsvorsitzender Kulturförderkreis)

Für Menschen mit diesem Motiv kann es sehr reizvoll sein, bedeutsame und prominente Persönlichkeiten kennenzulernen. So kann es sich bei Wohltätigkeitsveranstaltungen oder auch Organisationen, für die Schirmherrschaften bestehen oder gesucht werden, durchaus ergeben, mit Prominenz in Kontakt zu kommen. Insbesondere die Gewinnung von Sponsoren gehört zu diesen Aufgaben.

Prominenz muss sich dabei nicht auf Funk und Fernsehen beziehen, sondern bezieht sich ebenso auf regionale oder lokale Berühmtheiten. So ist der Bürgermeister des Ortes vielleicht Mitglied im Männerchor, was die Möglichkeit eines privaten Kontakts mit einem wichtigen örtlichen Politiker bietet.

Ansehen und Führung
Andere Menschen zu führen, ist eine besondere Aufgabe, die sich von anderen Aufgaben abhebt. So gibt es in der Regel immer nur eine Führungskraft für ein Team oder eine Führungsposition, die zu einem Thema besetzt wird.

Jemand, dem wichtig ist, etwas Besonderes zu tun kann dies daher gut über Führung ausleben. Je exklusiver die Führungsfunktion ist, desto stärker wird das Motiv befriedigt.

Das Motiv kann zum Fallstrick werden, wenn eigene Eitelkeiten unabhängige Entscheidungen verhindern. Dies ist zum Beispiel dann der Fall, wenn man sich aus dem eigenen Amt nicht mehr oder nur schlecht lösen kann. Oder auch dann, wenn man sich ständig auf den eigenen Status zurückzieht. Insbesondere im Umgang mit hauptamtlichen Mitarbeitern kann dies zu Konflikten führen.

3.8 Einflussnahme

Hinter dem Motiv „Einflussnahme" steckt die Absicht, selbst zu gestalten, Themen und Dinge voranzutreiben und über das eigene Handeln oder auch das anderer zu bestimmen. Es ist wichtig, eine Richtung vorgeben zu können. Im Vordergrund steht der Wunsch, Entscheidungen zu treffen und Anweisungen zu geben.

Persönliche Bedeutung
Für Personen, die ihre Motivation daraus ziehen, Einfluss auszuüben, ist es wichtig, Verantwortung zu übernehmen. Sie brauchen daher Raum für Gestaltung und auch Raum, um ihre Verantwortung leben zu können. Sie müssen Menschen oder Prozesse beeinflussen können; deswegen kann es sehr wichtig für sie sein, in Führungspositionen zu gelangen.

[25] Interview der Autorin mit Gerhard H. vom 08.07.2011.

„Bei mir gibt es, glaube ich, zwei hauptsächliche Motivationen. Zum einen bewege und gestalte ich gerne etwas. Und das Ziel, das ich beim Fußball habe, ist, zu sehen, wie sich der Einzelne und die Mannschaft entwickeln. Also was ist von dem, was man trainiert, dann am Ende der Woche in einem Spiel auch wiederzuerkennen? Dass ich merke, da ist tatsächlich was passiert, die machen Dinge jetzt ganz anders und besser. (...) Und ich führe und leite auch gerne andere an. In der letzten Zeit habe ich das im beruflichen Kontext weniger gehabt, da ich hier eher anders unterwegs war. Und in der ehrenamtlichen Tätigkeit kann ich das mit der Trainertätigkeit gut ausleben."[26] (Manfred P., Fußballtrainer[27])

Ziele und Herausforderungen spornen sie an, denn sie wollen etwas bewegen. Durch die Erfüllung des Motivs entsteht ein Gefühl von Macht und Erfolg.

Möglichkeiten, Einfluss zu nehmen

Eine Möglichkeit, Einfluss zu nehmen, besteht darin, Geschehen oder Aufgaben zu gestalten. Das geht am einfachsten in einer Führungsrolle. Jemand, der gerne Einfluss nimmt, liebt es, Entscheidungen zu treffen, denn damit kann er eine Richtung oder einen Standpunkt bestimmen. Sich zu entscheiden, fällt solchen Menschen leicht, und in der Regel tun sie es schnell. Menschen, die dieses Motiv haben, sehen sich gern als „Macher". Die Leistung allein spornt sie an und ist für sie positiv besetzt. Sie brauchen daher Arbeiten, Aufgaben und Felder, in denen sie sich betätigen können. Häufig sind sie prädestiniert für Aufbauarbeiten, denn hier können sie gestalten, entscheiden und etwas schaffen. Sie leisten gern, machen in der Regel sehr viel und vieles gleichzeitig. Sie wirken meist sehr energie- und kraftvoll. Bei allen gilt, dass es für sie schwer auszuhalten ist, etwas nicht erledigen zu können.

Einfluss zu nehmen, bedeutet auch, Erfolg zu haben. Für diejenigen, die sich hier motivieren lassen, sollte ihr Handeln möglichst zu einem Erfolg führen. Denn es gefällt ihnen, etwas zu bewegen. Sie tun sich leicht mit Herausforderungen und Problemen, die sie schlicht als zu erreichende Ziele definieren.

„Sehr schön finde ich es, Ziele zu erreichen. Wenn ich Ziele für meinen Verein erreicht habe, dann gibt mir das ein gutes Gefühl. Erfolg macht mir Spaß, und auch davon lebt ehrenamtliche Engagement."[28] (Cornelia B., Präsidentin Karnevalsverein[29])

Einflussnahme und Führung

Menschen, die Einfluss nehmen möchten, übernehmen sehr gerne Führungsrollen. Indem jemand eine Führungsposition bekleidet, ist er automatisch in der Rolle, Entscheidungen zu treffen, diese zu vertreten und letztendlich auch anderen gegenüber durchzusetzen. Insbesondere bei Aufgaben, die andere zu etwas bewegen sollen und bei denen es darum

[26] Interview der Autorin mit Manfred P. vom 13.07.2011.

[27] Fußballmannschaft der C-Junioren (14- bis 15-Jährigen) im Verein DJK Rasensport Brand (Aachen), die in der Bezirksliga spielen.

[28] Interview der Autorin mit Cornelia B. vom 02.11.2011.

[29] Zweiter Kölner Frauenkarnevalsverein „Schmuckstückchen 2008 e.V."

geht, Orientierung zu geben und einen Weg vorzugeben, wird sich dieses Motiv bestens erfüllen lassen.

„An ganz vorderster Front steht für mich Ermutigung meiner Klienten. Oder auch ich habe dem Mut, demjenigen zu sagen: ‚Lassen Sie es bleiben', aber dann weiterzuhelfen bei der Suche nach einer neuen Stelle oder erfolgreichen Aufgabe. Ich höre nicht auf, ich bleibe an demjenigen dran. Und ganz wichtig ist auch, klare Ansagen zu machen, Zielorientierung zu geben, wohin es gehen soll. (...) Für mich heißt Führung, dass ich meine Klienten anleite. Sie bekommen von mir auch Hausaufgaben mit Terminen."[30] (Walter H., ehrenamtlicher Berater[31])

Sie leiten gerne andere Menschen an. Genauso leicht, wie sie Entscheidungen treffen, fällt es ihnen leicht zu sagen, was getan werden muss, oder auch, was andere tun sollen. Sie haben überwiegend keine Schwierigkeiten damit, klar zu sagen, was sie von anderen erwarten. Es gefällt ihnen, wenn andere genau das tun, was sie sagen. Sie fühlen sich wertgeschätzt, wenn sie von anderen gefragt werden. Beides bestätigt sie in ihrer Autorität.

Ausgeprägte „Machermentalitäten" überrollen manchmal andere durch ihre Aktivität und Kraft. Für sie ist es wichtig, immer wieder innezuhalten und sich zu vergewissern, dass sie die ihnen anvertraute Gruppe auch ausreichend überzeugt und „mitgenommen" haben. Ihr eigenes Tempo ist nicht unbedingt das der anderen.

3.9 Wissenserweiterung

„Wissenserweiterung" steht für den Wunsch, neue Dinge und Themen zu erlernen und zu erfahren. Dadurch sollen das eigene Wissen erweitert sowie neue Kenntnisse und Fertigkeiten angeeignet werden. Es geht hier um Weiterbildung und Qualifizierung mit dem Ziel, neu Erlerntes praktisch anzuwenden.

„Es hat mich immer interessiert zu wissen, wie so ein Kindergarten funktioniert und welche Strukturen und Organisation erforderlich sind. Das umfasste auch Fragen nach gesetzlichen Vorgaben und eigentlich alles, was neben der pädagogischen Arbeit der Erzieher anfällt. Ich war einfach neugierig, wie der Laden am Laufen gehalten wird."[32] (Iris H., ehemaliges Vorstandsmitglied einer Elterninitiative für einen Kindergarten)

Persönliche Bedeutung

Für denjenigen, der seine Motivation daraus zieht, sein Wissen zu erweitern, ist es sehr bedeutsam, neue Erkenntnisse oder Fertigkeiten zu erwerben. Hierbei geht es um Theorien und Fakten sowie um das Erlernen von praktischen Techniken. Im Vordergrund steht die Anreicherung des persönlichen Wissensschatzes. Neue Sachen zu entdecken, macht ihm Spaß, und er hat Lust am Lernen. Bei Erfüllung des Motivs fühlt er sich gut geschult und vorbereitet.

[30] Interview der Autorin mit Walter H. vom 20.06.2011.

[31] Ehrenamtlicher Berater bei Consorbis, Beratungs-Netzwerk für den Mittelstand.

[32] Interview mit der Autorin mit Iris H. vom 03.11.2011.

Möglichkeiten, Wissen zu erweitern

Kenntnisse kann man erlangen, indem man für bestimmte Aufgaben oder Tätigkeiten entsprechend ausgebildet oder qualifiziert wird. In einigen freiwilligen Diensten bedingt ein Tätigwerden eine bestimmte Ausbildung. In einem solchen Fall eröffnet sich direkt mit dem Engagement die Möglichkeit, sich weiterzubilden. So ist die Absolvierung einer speziellen Ausbildung die Voraussetzung für ein ehrenamtliches Engagement im Rettungsdienst. Wer ehrenamtlich eine Sportmannschaft trainieren will, muss zunächst einmal eine Trainer- oder Ausbilderlizenz erwerben. Derjenige, der im Hospiz in der Sterbebegleitung engagiert ist, absolviert zuvor eine besondere Ausbildung. Für Menschen, die gerne neue Kenntnisse erlangen, ist eine Ausbildung ein Anreiz.

Die Möglichkeit, neue Kenntnisse zu erwerben, kann auch unmittelbar durch das Engagement selbst erfolgen. Dies geschieht beispielsweise dann, wenn eine Aufgabe sehr viel Konzeption oder Forschungsarbeit beinhaltet. Personen, die gerne ihr Wissen erweitern, erstellen gerne Konzepte, da es ihnen Freude bereitet, etwas Neues gedanklich zu erarbeiten. Genauso kann es sein, dass sie gerne Dinge herausfinden. Je nachdem, wie stark das Motiv bei ihnen ausgeprägt ist, sind sie bereit, sich für die Ergebnisse oder für deren Gewinnung außerordentlich einzusetzen. Dies ist zum Beispiel bei Personen der Fall, die ehrenamtlich unterrichten oder ihr Wissen anderen vermitteln. Um dem gerecht zu werden, kann es sein, dass sie sich immer wieder den aktuellsten Erkenntnisstand aneignen und sich dauerhaft fortbilden müssen.

Personen, die gerne umfangreich auf einem Gebiet Bescheid wissen möchten, werden Gefallen daran haben, sich gerne intensiv damit auseinandersetzen. Für Menschen, die eher über vieles Bescheid wissen wollen, ist es dagegen wichtig, abwechslungsreiche Themenfelder zu haben. Für sie geht es darum, nicht jedes Mal das Gleiche zu unterrichten, sondern sich immer wieder neuen Inhalten widmen zu können.

Ein weiteres Motiv kann sein, sich mit seinem Engagement wichtige Erfahrungen zu verschaffen. Auch hier wird direkt mit dem unmittelbaren Tätigwerden Praxiswissen erlangt. Zum einen kann sich daraus der Vorteil ergeben, dass mit dem ehrenamtlichen Engagement die Gelegenheit zur Übung gegeben wird. So kann ein Musikstudent als ehrenamtlicher Chorleiter seine Erfahrung im Hinblick auf seine spätere Berufstätigkeit ausweiten. Zum andern kann sich ein Vorteil auch daraus ergeben, dass die Praxiserfahrung für das berufliche Fortkommen genutzt werden kann oder dieses sogar die Chancen auf dem Arbeitsmarkt erhöht.

> „Beim BDVT kommt noch hinzu, dass er mir die Möglichkeit gibt, an Trainern – und damit gleichzeitig auch meiner beruflichen Zielgruppe – ‚dranzubleiben' und mitzubekommen, was diese bewegt. Mein ehrenamtliches Engagement kommt mir somit auch beruflich noch zugute bzw. ich kann Kontakte entsprechend nutzen."[33] (Axel R., ehrenamtliche Führungskraft in einem Berufsverband)

So legen beispielsweise immer mehr Unternehmen Wert darauf, dass sich Mitarbeiter freiwillig engagieren und Erfahrungen machen, die außerhalb ihres üblichen beruflichen

[33] Interview der Autorin mit Axel R. vom 14.06.2011.

Umfeldes liegen. Genauso können sich Kontakte, die im freiwilligen Engagement erworben wurden, für berufliche Kundenbeziehungen oder ein Netzwerk nutzen lassen.

Es gibt also einige Möglichkeiten, dieses Motiv auszuleben. Derjenige, für den eine vorherige Ausbildung einen Anreiz darstellt, muss sich vielleicht nicht ständig weiterbilden. Auch kann es für denjenigen, der sich gerne kontinuierlich fortbildet, wichtig sein, sich immer wieder mit neuen Themen zu beschäftigen. Vermutlich ist er gelangweilt, wenn sein vorhandenes Wissen nur vertieft werden soll. Einigen Menschen geht es um die Wissenserweiterung im theoretischen Bereich; für andere kommt es speziell auf die praktischen Erfahrungen an. Um dieses Motiv bedienen zu können, ist es erforderlich herauszufinden, welche Art der Kenntniserlangung dem Einzelnen wichtig ist.

Wissenserweiterung und Führung

Führungskräfte mit diesem Motiv wenden gerne neue Erkenntnisse in Ausübung ihrer Führungsaufgaben an. Es kann für Personen mit diesem Motiv ein Anreiz sein zunächst eine besondere Qualifikation wie zum Beispiel eine Trainerlizenz zu erwerben.

Je stärker das Motiv ausgeprägt ist, desto mehr Spaß hat die Person daran, immer wieder Neues zu lernen und Wissen im Rahmen ihrer Führung weiterzugeben. Dabei wird es ihr wichtig sein, abwechslungsreich zu agieren.

Jemand, der über dieses Motiv verfügt, aber noch keine Führungserfahrung hat, wird sich für die Übernahme von Führungsaufgaben begeistern lassen, weil er dadurch sein Wissen erweitern kann. Für ihn ist es grundsätzlich ein Anreiz, sich in unbekannte Gebiete einzuarbeiten.

Im Rahmen seiner Führungstätigkeit ist es für ihn wichtig, immer für so viel Abwechslung zu sorgen, dass er sein Wissen durch neue Herausforderungen oder stetig wechselnde Personenkreise erweitern kann. Reine Führungsroutine würde über einen längeren Zeitraum seine Motivation bremsen.

„Nach meiner Erfahrung sind hier unterschiedliche Anforderungen gegeben, wie jeder angesprochen werden will. So habe ich für mich gemerkt, dass gerade Ältere oft klare Anweisungen benötigen, was genau zu tun ist. Insgesamt ist meine größte Herausforderung, dass ich so kommuniziere und mich so ausdrücke, dass die Menschen genau verstehen, was ich meine. Und hier gibt es auch in der Regel eine direkte Rückmeldung, nämlich dann, wenn nicht getan wird, was ich gesagt habe. Dann weiß ich, ich habe etwas falsch gemacht in meiner Kommunikation."[34] (Sylke S., Projektleiterin einer sozialen Projektinitiative)

3.10 Wettkampf

Beim Motiv „Wettkampf" geht es um das Bedürfnis, sich mit anderen zu messen und die Oberhand zu behalten. Dies erfordert in hohem Maße die Fähigkeit, sich selbst zu behaupten. Im Vordergrund stehen der Vergleich und die Auseinandersetzen mit anderen.

[34] Interview der Autorin mit Sylke S. vom 14.06.2011.

Dieser Wettkampf muss nicht zwangsläufig aggressiv geführt werden. Er zeigt sich vor allem als Wettbewerb um die argumentative Durchsetzung.

Persönliche Bedeutung

Menschen, die das Motiv „Wettkampf" antreibt, verspüren große Lust an der Auseinandersetzung mit anderen. Ihr Anreiz besteht vor allem darin, sich „in die Schlacht zu stürzen" und als Sieger aus dieser hervorzugehen. In Abgrenzung zum Motiv „Einflussnahme" geht es hier nicht nur darum, eine Entscheidung herbeizuführen. Der Erfolg besteht vielmehr darin, die eigene Position durchzusetzen, also darin, Recht zu haben. Die Erfüllung des Motivs äußert sich in einem triumphierenden Gefühl.

„Meine Zielsetzung ist, meine Klienten ans ‚Fliegen' zu bringen. Und dafür setze ich mich dann auch bei den Gläubigern mit allem Engagement, mit aller Überzeugungskraft ein. (...) Kurzum, ich nehme kein Blatt vor den Mund. Ich bin ganz direkt. Ich mache keine Kompromisse. Und das ist unheimlich befreiend. (...) Beispielsweise auch – wenn ich bei Gesprächen zu Banken mitgehe – einem Vorstand einer Bank zu sagen, dass er nicht auf der einen Seite Milliarden in den Sand setzen kann und auf der anderen Seite dieser armen mittelständischen Frau nicht zu helfen. (...) Es ist für mich ganz wichtig, diese Unabhängigkeit zu nutzen. Ohne die berufliche Verpflichtung, ‚frei Schnauze' das machen zu können, was ich für richtig und für wichtig halte. Das heißt jetzt nicht, dass ich wie ein Holzfäller auftrete, aber ich habe keine Angst vor Sanktionen und bin auch nicht in sonstigen Zwängen."[35] (Walter H., ehrenamtlicher Berater)

Möglichkeiten, zu wetteifern

Menschen, die sich gerne mit anderen messen, macht es Freude, sich Widerständen und wettkampfähnlichen Situationen zu stellen. Dabei geht es um reale Wettkämpfe, wie zum Beispiel im Sport, aber auch um Gelegenheiten, bei denen es darauf ankommt, der Beste zu sein. Rankings oder die Aussicht zu gewinnen stellen für sie einen großen Anreiz dar. Allein schon durch eine Konkurrenzsituation fühlen sie sich angespornt.

„Ich freue mich, wenn meine Leistung anerkannt wird, wenn ich zum Beispiel von einem anderen Mitglied gelobt werde oder wenn darüber geschrieben wird. Das ist für mich schon eine Form von Wertschätzung. Oder auch, wenn ich weiß, dass wir mit der Aktion, die ich geplant und gestaltet habe, mehr Geld als im letzten Jahr zusammenbekommen haben."[36] (Jürgen H., ehemaliges Vorstandsmitglied bei den Rotariern)

Sich messen kann man in Situationen, die von der Auseinandersetzung mit einem oder mehreren Gegenübern geprägt sind. Auf dem Feld der Politik stellt das eigene Engagement häufig per se eine Auseinandersetzung dar und äußerst sich in Diskussionen, politischen Debatten und Stellungnahmen. In der Politik engagieren sich besonders häufig Menschen, die vom Motiv „Wettkampf" angetrieben werden. Sie liefern sich gern argumentative Auseinandersetzungen und scheuen keinen Disput. Zufrieden sind sie insbesondere dann, wenn sie ihre Positionen durchsetzen können. Ihr Auftreten wird oft als

[35] Interview der Autorin mit Walter H. vom 20.06.2011.

[36] Interview der Autorin mit Jürgen H. vom 20.06.2011.

aggressiv wahrgenommen. Das bedeutet nicht, dass sie besonders lautstark oder gar gewalttätig sind. Ihnen geht es darum, ihr Anliegen auszutragen und sich am Ende mit ihren Argumenten oder Leistungen durchzusetzen. Zum Beispiel: Man ist derjenige, der stets die meisten Spendeneinnahmen erzielt; man hat den Verein bekannter gemacht als der Vorgänger oder man hat die Baugenehmigung bei der Stadt verhindern können und damit ein Naturschutzvorhaben durchgesetzt.

Wettkampf und Führung

Das Motiv „Wettkampf" geht einher mit der Freude, sich und die eigene Position durchzusetzen. Die Fähigkeit, sich durchzusetzen, ist eine wichtige Führungseigenschaft. Insofern kann mit der Übernahme von Führungsaufgaben dieses Motiv gut erfüllt werden.

Derjenige, der über eine hohe Ausprägung des Motivs verfügt, setzt sich in seiner Führung gerne mit anderen Menschen auseinander. Er sucht Möglichkeiten, mit anderen zu diskutieren und geht Konflikten nicht aus dem Weg. Konflikte werden weniger als Hindernis betrachtet, sondern vielmehr als ein gangbarer Weg, Lösungen zu finden. Insbesondere Führungspositionen mit einem hohen Konfliktpotenzial werden Menschen mit diesem Motiv zusagen.

Führung als Erfolgsfaktor

4

4.1 Was ist Führung?

Was bedeutet es zu führen? Im normalen Sprachgebrauch wird der Begriff „Führung" erklärt mit „leiten", „die Richtung bestimmen" oder „in Bewegung setzen".[1] In den Sozialwissenschaften wird Führung beschrieben als „planende, koordinierende und kontrollierende Tätigkeiten in Gruppen und Organisationen".[2] In der Psychologie umfasst Führung alle Maßnahmen von Vorgesetzten, welche „auf die Kooperation, Koordination und Kommunikation aller Angehörigen einer Organisation einwirken".[3]

Egal, welche Begriffserklärung zugrunde liegt, lässt sich zusammenfassend feststellen, dass Führung immer dann zum Tragen kommt, wenn es darum geht, andere zu einem bestimmten Ziel zu führen. Bei Führung geht es also nicht um eine reine Vorgabe. Wer führt, sollte Menschen für Ziele motivieren und auf dem Weg zu deren erfolgreichen Erfüllung mitnehmen. Zu führen bedeutet, Einfluss auf das Verhalten von anderen zu nehmen.

Wichtig erscheint in diesem Zusammenhang, den Begriff der Führung von dem der Manipulation abzugrenzen.[4] Rein von der Begriffsbestimmung ist Manipulation der lateinische Begriff für „Handgriff". Der negative Beigeschmack kommt aus seiner Verwendung in der Psychologie, Soziologie und Politik, wo er für eine gezielte und verborgene Einflussnahme benutzt wird. Dies ist bei Führung aber gerade nicht der Fall: Hier geht es um eine offene Beeinflussung eines bestimmten Verhaltens.

Führung setzt immer mindestens zwei Personen voraus: Einen, der führt, und einen, der folgt. Dabei ist Führung nicht an eine bestimmte Organisation – oder Rechtsform gebunden. Sie kann überall vorkommen, wo mehrere Menschen miteinander agieren. Sie

[1] Pfeifer (2006, S. 241).
[2] Staehle (1999, S. 308).
[3] Marschner (1987, S. 1359f.).
[4] Sattler et al. (2011, S. 28).

B. Redmann, *Erfolgreich führen im Ehrenamt*, DOI 10.1007/978-3-8349-4679-9_4

kann sich nach festen Regeln oder in lockerer Form ergeben. Aber egal wo und wie sie stattfindet, bedarf es eines Zusammenwirkens.

Diese Voraussetzungen sind im freiwilligen Engagement gegeben: Bis zu 98 % der freiwilligen Betätigungen finden in gemeinschaftlichen Organisationsstrukturen statt, und nur 2 % der freiwilligen Helfer tun dies ohne Gruppe beziehungsweise alleine.[5] Gerade vor dem Hintergrund, sich gemeinsam für einen Zweck zu engagieren, wirken Ehrenamtliche zusammen.

Führung auszuüben, bedeutet, eine Führungsrolle wahrzunehmen. Ähnlich wie bei der Theaterrolle, die nur gespielt ist, gibt es auch bei der Führungsrolle bestimmte Erwartungen, die mit ihrer Ausübung verknüpft sind und die an den „Darsteller" gestellt werden. Auch wenn eine Führungskraft keine Texte zu lernen braucht, gibt es in jedem Führungssystem Begehrlichkeiten und auch Regeln, die von der Führungskraft einzuhalten oder zu lernen sind. Es gibt daher nicht **die** eine Führungsrolle. Das Rollenverständnis wird vom jeweiligen Umfeld geprägt.

Führung bedeutet, das Verhalten von anderen Menschen zu beeinflussen

Führungsrollen können ganz unterschiedlich definiert sein. Starke Erwartungsträger sind meistens diejenigen Personen, die geführt werden. Daneben formen aber auch organisatorische Rahmenbedingungen, Kunden, Kollegen, die übergeordnete Ebene und noch vieles mehr jede Rolle.[6]

Um einer Rolle gerecht zu werden, ist es für den Rolleninhaber wichtig zu wissen, welche Erwartungen an ihn gestellt werden. Erst dann kann er sein Verhalten entsprechend daran ausrichten.

4.2 Führungsverständnis im Arbeitsverhältnis

Das Thema Führung begegnet uns am häufigsten in unserem Arbeitsalltag. So wird eine gute Mitarbeiterführung im Allgemeinen als notwendig angesehen, um ein Unternehmen erfolgreich zu gestalten.[7] Hierzu gibt es extern und intern ein breites Angebot an Literatur, Fortbildungen und Lehrveranstaltungen. In vielen Unternehmen – insbesondere in solchen mit einer großen Mitarbeiteranzahl oder im Bereich der Dienstleistung – sind Schulungen zur Mitarbeiterführung sogar fest integrierte Aufgaben von Personalabteilungen. Im beruflichen Bereich wird Führung daher als ein wichtiger Erfolgsfaktor angesehen.

[5] Freiwilligensurvey 2009 (2010, S. 174ff.).
[6] Sattler et al. (2011, S. 31).
[7] Zum Beispiel Malik (2006), Drucker (1995).

Legitimation von Führung

Im Arbeitsverhältnis ist Führung legitimiert. Das Führen von Mitarbeitern ist gewissermaßen durch das Arbeitsverhältnis selbst anerkannt. So gibt es dort immer mindestens einen Chef, der die Richtung bestimmt und Mitarbeiter führt. Je nach Rechtsform eines Unternehmens ist nicht nur eine Person der Chef, sondern es gibt beispielsweise einen mehrköpfigen Vorstand oder mehrere Gesellschafter, die für Mitarbeiter verantwortlich sind. Abhängig von der Größe eines Unternehmens werden Verantwortlichkeiten und Aufgaben auch auf mehrere Stellen aufgeteilt und hierarchisch strukturiert. Mitarbeiter werden dann bestimmten Personen zugeordnet, die diesen Stellen disziplinarisch vorstehen. Bei den überstellten Personen sprechen wir von Vorgesetzten oder Führungskräften. In dieser Funktion besitzen sie besondere Rechte und Pflichten. Eine wesentliche Aufgabe ihrer arbeitsvertraglichen Bindung besteht darin, die unternehmerischen Ziele zusammen mit den ihnen unterstellten Mitarbeitern zu erreichen. Und das geschieht über die Motivation zu einem bestimmten, zielführenden Verhalten.

Führung und disziplinarische Leitungsmacht

Innerhalb von Arbeitsverhältnissen werden Vorgesetzte aber zusätzlich darüber hinaus berechtigt, ihren Mitarbeitern Anweisungen zu erteilen und von ihnen ein bestimmtes Verhalten zu verlangen. Denn durch ihre disziplinarische Position besitzen sie automatisch eine Leitungsmacht gegenüber ihren Mitarbeitern. Gleichzeitig hat der unterstellte Mitarbeiter – ebenfalls durch seine arbeitsvertragliche Bindung – die Verpflichtung, den Direktiven seines Vorgesetzten Folge zu leisten und sein Verhalten darauf abzustimmen.

Diese Lenkungsmacht hat aber nichts damit zu tun, Mitarbeiter für Ziele zu begeistern und sie auf einen gemeinsamen Weg zu einem erfolgreichen Abschluss mitzunehmen. Sie hat nur die Funktion, konkret ein Verhalten zu erwirken. Wird einer Weisung vom Mitarbeiter nicht Folge geleistet, kann der Vorgesetzte arbeitsrechtliche Sanktionen einsetzen. Dies können Abmahnungen und Versetzungen bis hin zu Kündigungen sein. Eine Führungskraft hat somit nicht nur die Macht, Verhalten anzuordnen. Sie hat zusätzlich noch legale Druckmittel, um das Verhalten ihrer Mitarbeiter zu beeinflussen.

Die Ausübung von Macht und die Ausübung von Führung nach den dargestellten Begrifflichkeiten sind unterschiedliche Vorgehensweisen. Von Führungskräften in Arbeitsverhältnissen werden meistens beide Möglichkeiten angewandt. Da es das Machtverhältnis der Über- beziehungsweise Unterordnung in Arbeitsbeziehungen gibt, hat sich für Führungskräfte mittlerweile oft der Begriff eines Managers herausgebildet, da er sowohl führt als auch Anweisungen geben und durchsetzen kann. Aus unserem Arbeitsalltag kennen wir es gut, dass Führungskräfte Mitarbeiter nicht nur zu bestimmten Tätigkeiten motivieren, sondern auch klare Vorgaben für ein erwünschtes Verhalten machen. In letzter Konsequenz können sie aufgrund der überstellten Funktion immer Anweisungen geben. Ob dies hilfreich für eine gemeinsame Zielerreichung ist, soll an dieser Stelle nicht diskutiert werden.

Im Arbeitsalltag sind Führungskräfte automatisch durch ihre Position zum Führen legitimiert
Dabei beinhaltet die Führungsrolle in Arbeitsverhältnissen eine disziplinarische Leitungsmacht, Verhalten von Mitarbeitern anzuweisen und auch sanktionieren zu können, wenn das Verhalten nicht ordnungsgemäß erfolgt.

An die Führungskräfte im Arbeitsleben wird seitens der Geschäftsleitung die Erwartung gestellt, sich durchzusetzen. Dies kann durch Überzeugung geschehen, aber auch durch Nutzung der vorhandenen Machtstruktur.

In Arbeitsverhältnissen kann Führung daher sowohl durch Motivation als auch durch Machtausübung zu einem gemischten Verhalten erfolgen.

4.3 Führungsverständnis im Ehrenamt

Im Gegensatz zum Arbeitsverhältnis erscheint das Thema Führung im freiwilligen Engagement nicht etabliert zu sein. Ein großes Angebot an Literatur und Seminaren ist nicht vorhanden. Interne Schulungsveranstaltungen finden zum Thema Mitarbeiterführung nur vereinzelt statt.

Schon allein der Begriff Führung wird im Ehrenamt kaum verwendet. Weder im Zusammenhang mit der Leitungsfunktion noch innerhalb der dabei auszuführenden Aufgaben.

Das Wort Führung wird oft mit dem Begriff Macht in Verbindung gebracht. Das kann daher rühren, dass wir durch unseren Arbeitsalltag meistens nur eine Führungsfunktion kennen, die gleichzeitig eine bestimmte Machtstellung beinhaltet, wie im vorherigen Abschnitt beschrieben. Die Ausübung von reiner Macht steht aber einem freiwilligen Tun konträr gegenüber. Derjenige, der freiwillig leisten will, will sich keiner Machtposition eines anderen unterwerfen und sich in Abhängigkeit begeben. Er will frei über sein Verhalten entscheiden. Um hier gar nicht den Anschein zu erwecken, andere gegen ihren Willen zu beeinflussen, wird der Begriff Führung eher gemieden.

Aus der mangelnden Verwendung dieses Begriffs lässt sich nicht schließen, dass Führung im Ehrenamt keine Rolle spielt oder gar nicht vorkommt. Es zeigt vielmehr, dass es umso erforderlicher ist, den Führungsbegriff im Ehrenamt zu schärfen und transparent zu machen.

Legitimation von Führung
Im freiwilligen Engagement gibt es keine vertraglichen Bindungen im Bereich des Arbeitsverhältnisses. Trotz des Fehlens von vertraglichen Beziehungen wird ehrenamtliches Engagement aber fast ausschließlich in organisierter Form geleistet.[8]

[8] Siehe Kap. 1 Abschn. 1.1.

Die mit 47 % zurzeit am häufigsten vorkommende Organisationsform ist der Verein. Er besitzt eine rechtliche Struktur. Aufgrund gesetzlicher Regelungen, aus denen sich Satzungen und ähnliche Vorschriften ableiten lassen, bestehen in jedem Verein rechtliche Bestimmungen zu Haftung, Vertretung und Entscheidungsbefugnissen. Dies umfasst auch die Kompetenz und Verpflichtung, Richtung und Ziele für den Verein vorzugeben.

Aus diesen rechtlichen Bestimmungen ergeben sich Funktionen, die durch bestimmte Ämter (dazu gehören der Vorstand oder Beauftragte oder zum Beispiel Zugführer) wahrzunehmen sind. Personen, die diese Funktionen übernehmen, werden von den Vereinsmitgliedern gewählt. Allerdings sind sie dann in ihrem gewählten Amt den anderen Vereinsmitgliedern überstellt, um ihre Aufgaben entsprechend wahrnehmen zu können. Sie sind damit in gewisser Weise mit Vorgesetzten vergleichbar. Im Verein gibt es somit keine vertragliche, jedoch eine rechtliche Legitimation zum Führen von anderen Menschen.

Gleichermaßen verhält es sich in Verbänden, Parteien, Gewerkschaften, öffentlichen Einrichtungen, kirchlichen Institutionen und allen Vereinigungen, die eine rechtliche Struktur aufweisen: Aus den zugrunde liegenden Bestimmungen wie Gesetz und Satzung lässt sich aus den Aufgaben und Ämtern immer eine Legitimation zum Führen von Menschen ableiten.

Neben diesen klassischen Organisationsformen gibt es aber noch die unterschiedlichsten Verbindungen von Gruppen, Initiativen und Projekten,[9] die keine rechtlichen Strukturen aufweisen. Trotzdem existieren hier zentrale Personen, die Entscheidungen und Ideen vorantreiben, Ziele vorgeben, als Sprecher der Gruppe fungieren und insgesamt eine herausgehobene Rolle innerhalb dieser Vereinigung einnehmen. Sie bekleiden zwar kein Amt, nehmen aber aufgrund ihrer Aufgaben innerhalb der Gruppe gegenüber den anderen Mitgliedern eine übergeordnete Rolle ein. Durch ihre übergeordnete Funktion führen sie die anderen Mitglieder. Auch wenn sich in bestimmten Organisationsformen Führung nicht aus dem Gesetz oder einer Satzung ableiten lässt, ergibt sich eine Legitimation aus den wahrgenommenen Aufgaben.

„Es gibt aber auch Gruppen, bei denen es keine formale Struktur gibt. Es gibt Menschen, die übernehmen gerne Führung und auf die verlässt sich die Gruppe, auch wenn sie gar nicht offiziell als Leiter benannt sind. Wir haben zum Beispiel eine Frauengruppe gebildet, bei der wir keine festgelegte Leitung wollten. Trotzdem hat es sich dann herauskristallisiert, dass es immer wieder die gleichen Frauen sind, die sich über Themen Gedanken machen, die Erinnerungsmails schreiben und die Aufgaben steuern und auch umsetzen.“[10] (Barbara N., ehrenamtliche Führungskraft in einer Kirchengemeinde)

Manchmal werden Personen von der Gruppe dazu gewählt, bestimmte Aufgaben wahrzunehmen, ähnlich wie bei einer Mitgliederversammlung in einem Verein. Es geschieht aber auch, dass diese besonderen Positionen durch gruppendynamische Prozesse entstehen, etwa weil sich bestimmte Personen durch besondere Fähigkeiten für diese Füh-

[9] Siehe Kap. 1 Abschn. 1.1.

[10] Interview der Autorin mit Barbara N. vom 31.10.2011.

rungsaufgaben auszeichnen und dann von der Gemeinschaft als „legitimer" Anführer mitgetragen werden.

Auch in rechtlich nicht strukturierten Gruppen gibt es also akzeptierte Leiter. Diese Legitimation ergibt sich sowohl aus den zugrunde liegenden Aufgaben als auch aus den organisatorischen oder gruppendynamischen Prozessen heraus.

Damit lässt sich feststellen, dass im ehrenamtlichen Engagement geführt werden darf und geführt wird. Es gibt Über- und Unterordnungsverhältnisse und damit Führende und Geführte. Zwar bestehen zwischen diesen keine vertraglichen Verpflichtungen wie im Arbeitsverhältnis, aber es gibt satzungsrechtliche Bestimmungen oder organisatorische und gruppendynamische Bedingungen, die zur Führung in bestimmten Positionen oder zur Wahrnehmung bestimmter Aufgaben legitimieren.

Keine Sanktionsmittel

Was innerhalb des freiwilligen Engagements nicht vorhanden ist, ist das Recht, ein bestimmtes Verhalten anzuweisen oder jemanden disziplinarisch zu sanktionieren, wenn er einem gewünschten Verhalten nicht richtig oder gar nicht nachkommt. Zwar gibt es auch im ehrenamtlichen Engagement die Möglichkeit, Mitglieder auszuschließen, was einer Kündigung im Arbeitsverhältnis gleichkäme. Allerdings kommt es zu dieser (seltenen) Konsequenz nur bei eklatantem und wiederholtem Fehlverhalten. Ausschlüsse aufgrund von nicht übernommenen oder nicht richtig ausgeführten Aufgaben von Freiwilligen gibt es nicht. Hier gibt es keinerlei abgestufte Maßnahmen, die mit denen aus einem Arbeitsverhältnis wie zum Beispiel einer Ermahnung oder einer Abmahnung vergleichbar wären. Es fehlt auch an regulatorischen Möglichkeiten, Engagierten eine andere Aufgabe zuzuweisen. So etwas wie eine Versetzung gibt es im Ehrenamt nicht.

Was also im freiwilligen Engagement gänzlich fehlt, ist die Möglichkeit zur Machtausübung. Dazu gibt es weder eine Berechtigung auf der Seite des Führenden noch gibt es entsprechende Druckmittel. Es gibt nichts, womit ehrenamtliche Leistung erzwingbar wäre: Alles, was Engagierte tun, ist absolut freiwillig. Eine Führungs- oder Leitungsmacht fehlt im freiwilligen Engagement völlig.

„Hier kommt es darauf an, die Menschen überzeugend mitzunehmen. Schon allein deshalb, da man sich vor Augen führen muss, dass die Mitwirkenden in der Regel in keinem beruflichen Abhängigkeitsverhältnis zueinander stehen. Es bleibt eben ein Ehrenamt. Was im Beruf durch feste Organisationsstrukturen und Vorgesetzten-Mitarbeiter-Verhältnisse etwas leichter zu regeln ist, funktioniert in einem Verein so nicht."[11] (Andreas S., Fußballtrainer)

Leistungsförderung und Kontrolle

Tätigkeiten ehrenamtlich auszuführen, bedeutet nicht, dass hier schlechter geleistet wird als bei bezahlten Dienstleistungen. Im Gegenteil: Vielfach sind der Qualitätsanspruch von Kunden und der eigene Anspruch der Mitglieder bei ehrenamtlichen Leistungen sogar noch höher. Hinzu kommt, dass etliche in Anspruch genommene Dienste vom Kunden

[11] Interview der Autorin mit Andreas S. vom 08.07.2011.

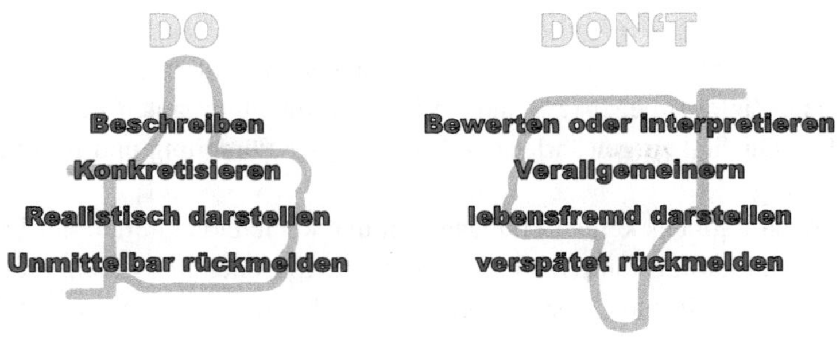

Abb. 4.1 Wesentliche Inhalte von Feedback[12]

bezahlt werden und nur vom „Personal" ehrenamtlich ausgeführt werden. In vielen Bereichen (zum Beispiel Rettungsdienste, soziale und gesundheitliche Betreuungsdienst, Trainingsbereich im Sport etc.) ist eine gute bis sehr gute Leistung für den Erfolg des Engagements ausschlaggebend. Leistung muss daher auch im Ehrenamt definiert und kontrolliert werden.

Damit die Qualität von Leistung beurteilt werden kann, bedarf es klarer Vorgaben zu den Inhalten (Was soll in welcher Art und Weise gemacht werden?) und zur Umsetzung (Bis wann soll etwas mit welchem Ergebnis erledigt sein?). Qualität setzt auch im freiwilligen Engagement voraus, dass Leistung erfolgreich erbracht wird. Damit dies gelingt, muss Leistung gefördert, unter Umständen verbessert und kontrolliert werden.

Sowohl für die Leistungsförderung als auch zur Kontrolle von Leistung ist das direkte, persönliche Feedback das wichtigste Instrument im Ehrenamt. Feedback geben heißt, einem anderen über sein Verhalten und seinen äußeren Eindruck eine Rückmeldung zu geben, wie er wahrgenommen, verstanden und erlebt wird. Das Ziel von Feedback ist dabei, dass sich die Beteiligten ihrer Handlungsweisen bewusst werden und erkennen, wie sie auf andere wirken. Dadurch erhalten sie die Chance zu entscheiden, zukünftig ihr Verhalten zu ändern (siehe Abb. 4.1).

Unabhängig davon, dass es keine disziplinarischen Sanktionsmittel in Ehrenamt gibt, muss Leistung gefördert und kontrolliert werden.

Legitimation
Im Vergleich zum Arbeitsverhältnis berechtigen auch im freiwilligen Engagement bestimmte Positionen und Aufgaben zum Führen: Es gibt eine Legitimation zum Führen. Dabei wird nicht gern von „Führung" gesprochen, da dies oftmals mit der Machtstellung in Verbindung gebracht wird, die wir aus dem Arbeitsverhältnis kennen.

[12] Siehe Kap. 10

An die Führungskräfte werden die Erwartungen gestellt, andere Menschen für gemeinsame Ziele zu begeistern und sie zu einer qualitativ guten Leistung zu bewegen. Um Qualität zu gewährleisten, bedarf es der Förderung und Kontrolle von Leistung.

Im Ehrenamt gibt es keine Leitungsmacht und keine Druckmittel, um Verhalten zu erzwingen. Führung kann hier maximal nur die Entscheidung für ein bestimmtes Verhalten anregen. Feedback ist hierbei das zentrale Mittel, um Leistung zu fördern und zu kontrollieren.

Der Führungserfolg zeigt sich darin, dass dieses Verhalten umgesetzt wird.

4.4 Notwendigkeit von Führung

Wie bereits beschrieben kann in einem Arbeitsverhältnis ein Vorgesetzter Einfluss auf seine Mitarbeiter ausüben auch wenn er nicht als Führungskraft gebilligt wird. Aufgrund seiner rechtlichen Stellung hat er trotzdem Führungsmacht. Im Ehrenamt dagegen hat derjenige, der andere Menschen zu etwas bewegen möchte, als Mittel „nur" seine Überzeugungskraft zur Verfügung.

Bedeutung von Führung

Anders als im Arbeitsverhältnis funktioniert Führung im ehrenamtlichen Engagement nur dann, wenn die Geführten die Leitung des Führenden zulassen. Das setzt besondere Qualitäten in der Führung und der Führungskraft voraus, denn ihr muss es gelingen, die engagierten Kräfte zu erreichen und zu verstehen.

„Ich bin selbstständig und leite mit meinem Geschäftspartner zusammen eine Firma, insofern ist mir der Umgang mit Menschen im Beruf durchaus geläufig. Für mich ist dies aber mit der ehrenamtlichen Führung ganz schwer vergleichbar. In meiner Funktion im Verein gibt es für mich kaum eine Entscheidung, die ich im Alleingang tätige, sondern ich stimme mich immer mit allen Vorstandsmitgliedern ab. Für mich ist das nicht nur ein Muss, sondern das sind Freundinnen, deren Rat ich wünsche und mit deren Rückendeckung ich Entscheidungen viel lieber treffe." [13] (Cornelia B., Präsidentin Karnevalsverein)

Fragen, die nur eine Führungskraft klären kann sind, zum Beispiel:

- Passt der Freiwillige gut mit der Organisation zusammen?
- Was braucht er, um sich wohl zu fühlen?
- Ist der Ehrenamtliche wirklich seinen Bedürfnissen und Fähigkeiten entsprechend eingesetzt?
- Welches Potenzial besitzt er? Wie kann sich sein Engagement bestmöglich entfalten?

[13] Interview der Autorin mit Cornelia B. vom 02.11.2011.

Ein ausgeglichenes und auf Augenhöhe stattfindendes Geben und Nehmen auf Seiten der Organisation und des Engagierten ist hier die optimale Lösung.

Es bedarf funktionierender Strukturen und vor allem Menschen, die einen Beitrag leisten möchten und mitmachen, damit ehrenamtliches Engagement überhaupt angeboten und durchgeführt werden kann. Und natürlich geht es auch darum, dass Freiwillige mit dem, was sie mit Hingabe tun, erfolgreich sind. Für das Gelingen von sämtlichen Unternehmungen ist es daher wichtig, intakte Strukturen zu schaffen, Freiwillige zu finden, diese nachhaltig in ihrem Engagement zu binden und mit ihnen gemeinsam den gewünschten Leistungserfolg zu erreichen. Wenn Menschen erfolgreich geführt werden, setzen sie sich genau dafür ein.

Praxisbeispiel

„Mich ehrenamtlich betätigen zu können, ist für mich ein sehr großer Luxus. Das heißt, ich kann mir die Dinge aussuchen, wo ich kreativ sein kann, wo ich mich mit meinen Fähigkeiten einbringen kann, wo ich mit gestalte und auch einen Beitrag für die Gesellschaft leisten kann. Für mich hat dieser ehrenamtliche Rahmen sehr viel mit Freiheit zu tun: Ich kann selbst bestimmen, wie viel Zeit ich investieren will, wie viel Verantwortung ich übernehmen möchte, ob ich Teilnehmer sein oder eine Gruppe führen will. Mein gesamtes Tun kann ich frei entscheiden. Ich empfinde eine ehrenamtliche Tätigkeit daher als wahnsinnige Bereicherung, weil man sich mit der eigenen Persönlichkeit und seinen Neigungen ausdrücken kann. Trotzdem ist es wichtig, dabei eine Balance zu finden, dass derjenige auch wirklich zu der auszuübenden ehrenamtlichen Aufgabe passt und es nicht nur um reine Selbstverwirklichung geht."[14] (Barbara N., ehrenamtliche Führungskraft in der Kirchengemeinde)

Das Thema erfolgreiche Führung hat daher für ein gelungenes ehrenamtliches Engagement eine zentrale Bedeutung: Weil es keinerlei gesetzliche oder vertragliche Verpflichtungen oder rechtliche Bindung gibt, werden Ehrenamtliche allein über eine gute Führung gebunden. Damit werden positive Gefühle bei den Geführten erzeugt. Eine positive Grundstimmung beim Einzelnen führt wiederum zu einem besseren Gruppenzusammenhalt. Und eine gute Zusammenarbeit wirkt sich auf die Leistungsstärke und damit auf den Erfolg aus.

Rückgang von Leitungsfunktionen

Die aktuellen Zahlen in den wesentlichen Studien zeigen, dass trotz gleichbleibender Engagementquote insgesamt die Bereitschaft zur Übernahme einer Führungsfunktion leicht rückläufig ist.[15] Das ist aufgrund der entscheidenden Bedeutung von Führung besorgniserregend. Insgesamt mehr Menschen für ein ehrenamtliches Engagement zu begeistern wird nur gelingen, wenn genügend ehrenamtliche Führungskräfte vorhanden sind, die bereit sind, eine verantwortungsvolle Leitungsaufgabe zu übernehmen. Dieses Problem betrifft am stärksten die Vereine und Initiativen, da sich dort die meisten freiwilligen Führungsfunktionen finden.

Diese Entwicklung ist vor den zukünftigen gesellschaftlichen und demografischen Entwicklungen brisant, denn danach werden speziell die freiwilligen Aktivitäten im gesund-

[14] Interview der Autorin mit Barbara N. vom 31.10.2011.

[15] 1999 waren es noch 38 %, 2009 nur noch 32 % (Freiwilligensurvey 2009 2010, S. 185).

heitlichen und sozialen Sektor zunehmen. Auch wenn die Zahl der Kinder zukünftig zurückgeht, werden Aktivitäten sowie Betreuungs- und Bildungsmöglichkeiten für Kinder und Jugendliche zunehmen müssen, da voraussichtlich ein großer Teil der erwerbsfähigen Eltern am Arbeitsmarkt gebraucht werden wird.

Den Erhalt und das Wachstum dieser Bereiche zu fördern und damit auch eine kontinuierliche Nachfolge an Führungskräften zu sichern, ist eine weitere wesentliche Notwendigkeit für ehrenamtliche Führung.

Nach den Angaben aus dem Freiwilligensurvey[16] ist grundsätzlich die Leitungsquote bei älteren Menschen (66 Jahre und mehr) am stabilsten. Bei der Altersgruppe der 46- bis 65-Jährigen ist sie dagegen am höchsten.

Da die höchste Engagementquote bei Menschen im Alter von 30 bis 50 Jahren liegt,[17] bietet diese Altersgruppe für Führungskräfte ein großes Potenzial, um sie für die Nachfolge von Leitungsfunktionen zu gewinnen. In Anbetracht der bisherigen hohen und stabilen Leitungsquoten von Menschen ab 46 Jahren erscheint dies auch aussichtsreich.

Notwendigkeit

Wenn ehrenamtliche Führungskräfte ihr Führungsengagement gut machen, wirkt sich das auf den gesamten Erfolg der Organisation aus. Besonders im freiwilligen Engagement kommt dem Thema Führung damit zumindest eine ebenso wichtige, wenn nicht sogar noch größere Bedeutung als im Arbeitsverhältnis zu.

Führung im Ehrenamt ist daher nicht sich selbst zu überlassen, sondern aktiv zu betreiben.

Aufgrund der Herausforderungen, die der demografische Wandel an uns stellt, werden insbesondere die Bereiche Gesundheit und Soziales sowie Betreuung von Kindern und Jugendlichen zukünftig einen noch größeren Stellenwert einnehmen. Für Führungskräfte wird daher in diesem Bereich die Aufgabe einer mittel- und langfristigen Nachfolgeplanung immer wichtiger.

Führungskräfte müssen der Entwicklung aktiv entgegenwirken, dass immer weniger Führungsfunktionen freiwillig übernommen werden. Das vorhandene Potenzial der Menschen ab 40 Jahren ist dabei zu nutzen.

4.5 Bewusstsein von Führungsqualität

Insgesamt ist festzustellen, dass Führung im ehrenamtlichen Engagement vorhanden und berechtigt ist, ein Führungshandeln und dessen Bedeutung aber nicht bewusst sind. Wenn Führung jedoch nicht bewusst unternommen wird, lässt sich gar nicht feststellen, ob es sich um eine gute oder schlechte Führung handelt. Entsprechend kann auch nicht beurteilt

[16] Freiwilligensurvey 2009 (2010, S. 185ff.).

[17] Siehe Kap. 1.

werden, ob die Führung erfolgreich oder nicht erfolgreich stattfindet. Nur ein bewusstes Tun kann analysiert und reflektiert werden. Dies ist die Basis, um zu lernen, und damit auch die Basis, um Verbesserungen zu erreichen. Wenn ehrenamtliche Tätigkeit mit erfolgreicher Führung unterstützt werden soll, ist es wichtig, sich der Bedeutung von Führung bewusst zu sein und Führung bewusst erfolgreich auszuüben.

„Ich hätte mir in meinem Amt manchmal mehr Rückendeckung für die an uns gegebene Kompetenz gewünscht. Natürlich sind wir basisdemokratisch organisiert, aber manchmal erfordert es die Dringlichkeit einer Sache, sofort zu handeln. Da reicht die Zeit einfach nicht, alle Eltern zusammenzutrommeln oder alle vorab per E-Mail zu informieren. Wir hatten zwar durch unsere Funktion die Erlaubnis, bestimmte Entscheidungen zu treffen, aber wenn wir diese dann getroffen haben, gab es im Nachhinein bei einigen Eltern trotz der sachlichen Argumente immer wieder Widerstand. Trotzdem Zuständigkeiten vorhanden sind, sind diese nicht unbedingt bei allen transparent. (...) Mir kam das immer vor wie ein Misstrauensvotum. Das führt zu Unsicherheiten, auch bei mir als Vorstand. Es ist wichtig, Führung transparent zu machen. (...) Ich hätte es sehr gerne gehabt, wenn das, was wir unter Führung verstehen, vorher definiert worden wäre.“[18] (Iris H., ehemaliges Vorstandsmitglied einer Elterninitiative für einen Kindergarten)

Führung ist eine mögliche ehrenamtliche (Dienst-)Leistung im freiwilligen Engagement. Hier gilt das in Abschn. 4.3 Gesagte entsprechend, so dass auch in der ehrenamtlichen Führung eine hohe Qualität erreicht werden sollte. Das erfordert, sich mit den Rollenerwartungen und den Erfolgskriterien von ehrenamtlicher Führung bewusst auseinanderzusetzen.

Führungskriterien

Die Frage hierbei ist: Was sind Kriterien für eine erfolgreiche Führung im Ehrenamt und woran machen wir sie fest?

Führung im Ehrenamt wird nur gelingen, wenn der ehrenamtlich Engagierte mit der Führung einverstanden ist und sich freiwillig zu einer Leistung oder einem Verhalten bewegen lässt. Ein Messkriterium ist daher die erfolgreiche Umsetzung von ehrenamtlicher Leistung.

Eine wichtige Voraussetzung hierfür ist, dass der Person des Führenden vertraut wird. Denn jemand, der kein Vertrauen erhält, wird es kaum schaffen, andere von Ideen, Zielen und Vorgehensweisen zu überzeugen.

Eine zweite wichtige Voraussetzung ist, dass derjenige, der andere bei einem bestimmten Thema zu etwas bewegen möchte, sich fachlich in diesem Thema auskennen sollte. Denn nur wer Ahnung von einer Sache hat, wird plausibel argumentieren können und sich vernünftig mit anderen zu diesem Thema auseinandersetzen können.

[18] Interview der Autorin mit Iris H. vom 03.11.2011.

Praxisbeispiel
„Ich glaube, es braucht ein Verständnis für die Sache und es müssen eine Sensibilität und eine Wertschätzung für Menschen und den Umgang mit ihnen da sein.“[19] (Barbara N., ehrenamtliche Führungskraft in einer Kirchengemeinde)

„Aus meiner Sicht kann Erfolg im Verein nur dann vernünftig erreicht werden, wenn bei der Vereinsführung gleichermaßen Motivation und Kompetenz vorhanden sind. Oft hat man in Vereinen die Situation, dass die Motivation zwar vorhanden ist, es aber an der erforderlichen Qualifikation – in dem Fachgebiet oder auch hinsichtlich persönlicher Fähigkeiten – fehlt. In unserem Fall war dies damals leider auch so. Mein Vorgänger kannte sich wenig mit Finanzen aus und war offensichtlich mit der Aufgabe, den Verein wirtschaftlich zu führen, überfordert. Dies hatte fatale Auswirkungen, so dass wir damals kurz vor dem finanziellen Aus standen.

In unserem jetzigen Vorstandsteam ist es uns wichtig, dass wir alle über die erforderlichen Kompetenzen verfügen. So sind beispielsweise unser Präsident und der Erste Vorsitzende wie auch ich mit den Aufgaben und mit Führungsfunktion aufgrund unserer beruflichen Erfahrung bestens vertraut. Oder derjenige, der bei uns im Vorstand für den sportlichen Bereich zuständig ist, ist eine Art Urgestein aus dem Hockey, er war selbst etwa 100 Mal als Nationalspieler eingesetzt und er bringt zum Beispiel die sportliche Kompetenz mit. Derjenige, der bei uns für den technischen Bereich zuständig ist, also für Platz und Anlage, ist der ehemalige Inhaber eines technischen Unternehmens und bringt hier Fachwissen mit. Die Verbindung von Amt und Know-how ist ein wichtiges Kriterium bei uns.“[20] (Detlef F., Vorstandsmitglied Tennis- und Hockeyverein)

Eine weitere, genauso wichtige Voraussetzung ist, dass es demjenigen gelingen muss, andere Menschen mitzureißen und sie zu begeistern. Hier geht es darum, Einzelpersonen und Teams bei der Stange zu halten und ihnen immer wieder Spaß an ihrer Tätigkeit zu verschaffen.

„Was ich bisher festgestellt habe ist, dass wesentliche Führungskompetenzen wie Überzeugungsfähigkeit und Motivationsfähigkeit bei einer ehrenamtlichen Aufgabe vorliegen sollten, und dass es entscheidend ist, dass die Person akzeptiert wird.“[21] (Arno M., Vorstandsmitglied Tennisverein)

Die Person des Führenden, ihr Wissen und ihr eigenes Verhalten spielen daher maßgebliche Rollen in der ehrenamtlichen Führung.

Kriterien für eine erfolgreiche Führung im Ehrenamt sind daher

- Akzeptanz der Führungspersönlichkeit und
- fachliche und persönliche Kompetenz.

Neben dem Messkriterium der gelungenen Umsetzung von engagierter Leistung ist ein weiteres Merkmal die Verbindlichkeit von Mitgliedern. Erst durch eine gute Führung entsteht eine Bindung auf freiwilliger Basis, und eine solche wirkt sich positiv auf die gesamte Gruppenleistung und auf die Wahrnehmung dieser Leistung aus.

[19] Interview der Autorin mit Barbara N. vom 31.10.2011.
[20] Interview mit der Autorin und Detlef F. vom 04.08.2011.
[21] Interview mit der Autorin und Arno M. vom 10.08.2011.

Qualität guter Führung
Um Führung erfolgreich zu betreiben, ist es wichtig, sich des eigenen Führungshandelns bewusst zu sein. Erst Führung schafft die erforderliche Verbindlichkeit im Ehrenamt.

Einer Führungskraft wird es nur dann gelingen zu überzeugen, wenn sie als Führungskraft akzeptiert und anerkannt ist. Kriterien für eine erfolgreiche Führung sind Akzeptanz und Anerkennung. Ob die Kriterien erfüllt werden, zeigt sich am Erfolg des Engagements: Erst Führung schafft Leistungskraft und Verbindlichkeit.

4.6 Praxisbericht einer Führungskraft

Wie erfolgreiche Führung aus der Sicht einer Führungskraft erlebt wird, beschreibt der anschließende Bericht aus der Praxis.

Volker G. ist seit März 2011 ehrenamtlich stellvertretender Kreisbeauftragter des Malteser Hilfsdienstes im Verband Bochum/Ennepe-Ruhr.[22] Er repräsentiert den Verein nach außen und ist Ansprechpartner und Führungskraft für 45 Ehrenamtliche. Er selbst mag das Wort Führungskraft gar nicht, denn Volker G. sieht sich nicht im Sinne eines Vorgesetzten, sondern als jemanden, der dafür sorgt, dass der Laden läuft. Der Laden sind zwei Dienststellen und ein Charity-Shop.

Der heute 38-Jährige blickt auf eine über 16-jährige Zugehörigkeit zurück, und wenn es nach ihm geht, wird er auch „bis zum Schluss dabeibleiben". Über zwei Freunde ist er 1995 zu den Maltesern gestoßen – so wie fast alle hier im Kreisverband über persönliche Kontakte dazukommen. Über Mitgliederwerbung musste sich der Kreisverband Bochum/Ennepe-Ruhr noch nie ernsthafte Gedanken machen. Das passiert vielmehr von selbst, denn Neue werden über bereits aktive Helfer „mitgeschleppt" und bleiben dann beim Verein.

Der Kreisverband Bochum/Ennepe-Ruhr fällt damit ein wenig aus dem üblichen Raster der Kreisverbände bei den Maltesern. Nicht nur, dass er bisher immer genügend Helfer hatte, er hat auch einen im Vergleich mit anderen Gruppen ungewöhnlich niedrigen Altersdurchschnitt, und trotzdem sind alle Helfer seit fast zehn Jahren und länger dabei. Die meisten der ehrenamtlichen Helfer sind zwischen Anfang 20 und Mitte 40 Jahre alt. Es handelt sich hierbei um eine Altersgruppe, die eigentlich in dieser Lebensphase mit Studium oder Ausbildung, Karriere und Familiengründung intensiv beschäftigt ist.[23] Und ungewöhnlich ist auch, dass trotz des jungen Alters ein konsequentes Dabeibleiben der

[22] Der ehrenamtlich geprägte Malteser Hilfsdienst e.V. ist entsprechend den Strukturen der katholischen Kirche in Diözesen gegliedert. Seine Helferinnen und Helfer engagieren sich im Katastrophenschutz und Sanitätsdienst genauso wie in der Erste-Hilfe-Ausbildung oder in den ehrenamtlichen Sozialdiensten.
[23] Siehe auch Freiwilligensurvey 2009 (2010, S. 146ff.).

Helfer gegeben ist. Es besteht hier also ein nachhaltiges aktives Engagement, und das, obwohl Ehrenamt in einer traditionellen Organisation nicht unbedingt trendy und bei den Maltesern sogar noch katholisch ist. Das lässt auf eine hohe Motivation schließen. Woran liegt das?

Praxisbeispiel
„Wir sind speziell", sagt Volker G verschmitzt. „Ich glaube, unser Geheimnis ist der persönliche Kontakt miteinander. Irgendjemand hat mal zu mir gesagt, wir sind kein Verein, sondern wir sind eigentlich eine Familie. Und da ist auch was dran. Was ich damit sagen will, ist, dass wir uns natürlich engagieren, aber darüber hinaus, ist es ganz wichtig für uns, am Leben des anderen Anteil zu nehmen. Wir interessieren uns füreinander und wissen auch Bescheid, wie es dem einzelnen geht.

Es kommt mir nicht so vor, also ob ich das bewusst fördere, vielleicht liegt es daran, dass ich es vorlebe. Mir ist es wichtig, einen ganz engen Kontakt zu meinen Helfern zu haben. Daher bin ich bei allen wöchentlichen Gruppenstunden oder Dienstabenden – wie immer man das nennen möchte – dabei. Da treffen wir 45 uns alle gemeinsam, und dieser Termin steht bei mir fest im Kalender. Dabei zu sein, heißt für mich nicht, mich dort nur sehen zu lassen, sondern vor allem auch mit den Leuten persönlich zu reden. Ich behaupte mal, ich weiß von allen, wie es ihnen geht und ob sie gerade etwas Besonderes bewegt. Also zum Beispiel ob sich das Problem im Job erledigt hat oder ob sie was Neues gefunden haben oder Probleme mit dem Freund oder der Freundin. Ich frage einfach. Und das mache ich gerne, das tut auch mir gut, hier in intensivem Austausch und Beziehung zu sein. Manchmal bin ich auch so was wie ein Kummerkasten. Egal, ob das dann mit dem Verein zu tun hat oder private Belange berührt: Ich bekomme es erzählt, und ich nehme mich dem dann aber auch an. Nicht, dass ich alle Probleme der Welt löse, das würde ich gar nicht schaffen, aber es ist mir wichtig, ernsthaft zuzuhören und für denjenigen dann auch tatsächlich da zu sein. Ich nehme mir Zeit für ihn und überlege gegebenenfalls gemeinsam mit ihm, was man in der jeweiligen Angelegenheit tun kann.

Es interessiert mich sehr, wie es meinen Leuten geht – und auf der anderen Seite interessiert es die aber auch, wie es mir geht. Da wird genauso nachgefragt, und genauso erzähle ich, wenn ich krank bin, mal nicht so einen guten Lauf habe, aber natürlich auch, wenn es gut läuft."

Volker G. erzählt mit lebhafter Stimme. Er wirkt ungemein sympathisch, antwortet meist mit einem Lächeln und berichtet mit viel Witz und Charme von den gemeinsamen Aktionen seines Kreisverbandes. Wie macht er das genau, dass er es schafft, die Leute alle so lange bei der Stange zu halten?

Praxisbeispiel
„Es ist wichtig anzuleiten, die Leute mitzunehmen, ihnen Aufgaben zu geben und dann aber auch diese Aufgaben zu koordinieren und letztendlich zu kontrollieren. Mit Kontrolle meine ich im Wesentlichen, ganze Arbeitsprozesse im Blick zu haben, da der Einzelne manchmal nur auf seine eigene Aufgabe schaut. Beispiel: Derjenige, der für den Fuhrpark der Autos (zum Beispiel Rettungswagen) zuständig ist, achtet nicht automatisch auf die TÜV-Termine. Da muss ich dann separat einen Blick drauf haben oder daran erinnern. Das Wort ‚führen' hat für mich persönlich immer den Aspekt von ‚befehlen'. Das ist etwas, was im Ehrenamt überhaupt nicht geht. Ganz wesentlich ist hier, dass die Leute merken, dass sie etwas bewegen können. Und zwar in dem Verein und für den Verein. Dass die Leute das bekommen, was ihnen Befriedigung verschafft, dafür sehe ich mich in der Verantwortung. In dem Sinne, dass ich den anderen auch die Möglichkeiten gebe, etwas zu bewirken. Dafür reicht es nicht, zweimal im Jahr eine Grillfete zu machen, die macht natürlich auch Spaß und ist

schön. Aber entscheidend für mich ist, dass jeder seinen Beitrag leisten kann und dabei auch Erfolg hat. Es ist wichtig, Erfolgserlebnisse zu sehen und zu spüren.

Die Projekte müssen den Leuten Spaß machen, dafür ist ihr Tun freiwillig. Und wenn wir das nicht gewährleisten, sind die Menschen nicht motiviert.

Für mich persönlich ist ehrenamtliche Führung, mitten drin zu sitzen. Ich bin mir für nichts zu schade: Alles, was gemacht werden muss, mache ich auch selbst mit: Wenn ich sehe, dass auf den Dienststellen kein Toilettenpapier mehr da ist, gehe ich welches kaufen. Wenn ein Grillfest zu organisieren ist, organisiere ich mit. Wenn Zelte aufzubauen sind, baue ich mit auf und wühle gegebenenfalls mit den anderen im Schlamm, weil es tagelang geregnet hat. Beigebracht hat mir das niemand. Ich bin hier bei den Maltesern von Anfang an ganz schnell in Verantwortung ‚geschubst' worden und hatte direkt mit Menschenführung zu tun, wenn man das so sagen will. Da habe ich mich so durchgewuselt und mich natürlich auch damit auseinandergesetzt und geguckt, wie gehe ich das an, wie mache ich das, worauf muss ich achten, was ist mir selbst wichtig. Damit habe ich mich schon beschäftigt.

Ich verlange auch nichts oder sage nichts an, wo ich selbst nicht dahinterstehe. Und es ist mir wichtig, dass meine Helfer auch ein ‚normales Leben' führen können. Das heißt für mich, dass nicht jedes Wochenende Einsätze anstehen sollten, sondern es ist auch wichtig, mal was ganz anderes zu machen: sich um die Familie zu kümmern, feiern gehen, andere Hobbys pflegen. Das ist mir wichtig. Da habe ich auch keine Scheu, das den Helfern zu sagen, wenn ich sehe, dass sich jemand für jeden Dienst meldet. Das gehört für mich zur Führung dazu, ihn mir zur Seite zu nehmen, wenn ich feststelle, dass jemand nur noch Dienste schiebt und ihm auch zu sagen, dass es jetzt auch reicht und er mal eine Pause einlegen soll. Ich habe Leute schon zusammengestaucht, weil sie zu viel getan haben. Das hört sich vielleicht komisch an, aber ich finde es eben auch wichtig, dass man die anderen Dinge im Leben nicht aus den Augen verliert. Da mache ich eine klare Ansage. Und daran halte ich mich auch selbst.

Mein persönliches Erfolgsrezept ist, dass ich mich gut um mich selbst kümmere. Also zum Beispiel dass von meinen 30 Tagen Jahresurlaub mindestens 20 Tage für mich übrig bleiben, an denen ich nicht zur Verfügung stehe und komplett abschalte. Dass ich immer wieder schaue, wo ich meine Ressourcen gut auffüllen kann – bei mir kann das zum Beispiel am Meer sein, dass ich lange Strandspaziergänge mache oder auch mit einem Glas Wein in der Hand und vor einem leckeren Essen oder ich gehe eine Runde inlineskaten."

5 Führungskraft als Erfolgsfigur

Wenn man jemandem vertraut, akzeptiert man ihn in seiner Person. Vertrauen ist die Basis für Akzeptanz. Für Führungskräfte im Ehrenamt ist es daher wichtig, dass ihnen von den von ihnen geführten freiwilligen Mitarbeitern oder den Mitgliedern ihrer Organisation Vertrauen entgegengebracht wird. Vertrauen ist meistens nichts, was auf den ersten Blick entsteht, sondern sich erst zwischen den Beteiligten bildet und zwischen ihnen wächst. Bestimmte Faktoren, die im Folgenden erläutert werden, tragen dabei zu einer Vertrauensbildung bei, deren Wegfall im Umkehrschluss zu einem Vertrauensverlust führen kann.

5.1 Glaubwürdigkeit

Vertrauen entsteht durch Glaubwürdigkeit. Eine Person ist dann glaubwürdig, wenn sie dem entspricht, was sie sagt, und so ist, wie sie vorgibt zu sein. In erster Linie heißt das, entsprechend den eigenen Worten zu handeln.

Versprechen halten

Was sich auf den ersten Blick so selbstverständlich und leicht anhört, ist in der Praxis manchmal gar nicht so einfach. Verspricht zum Beispiel jemand, dass er **jederzeit** für alle erreichbar ist, dann bedeutet das, dass er tatsächlich immer verfügbar sein sollte (und sein Handy eingeschaltet hat). Je mehr Hoffnungen andere mit einer Aussage verbinden, desto größer ist die Enttäuschung, wenn Erwartungen nicht erfüllt werden. Spätestens dann, wenn ein Versprechen zum wiederholten Male nicht eingehalten werden kann, wird an der Glaubwürdigkeit gezweifelt. Werden geweckte Erwartungen nicht erfüllt, kann dies bis zum Verlust der Glaubwürdigkeit führen.

B. Redmann, *Erfolgreich führen im Ehrenamt*, DOI 10.1007/978-3-8349-4679-9_5

Erwartungen erfüllen

Glaubwürdigkeit hängt also im Wesentlichen davon ab, dass man die Erwartungen, die man geweckt hat, auch erfüllt. Im Umkehrschluss bedeutet dies, keine Erwartungen zu wecken, die man nicht erfüllen kann.

Keine falschen Erwartungen entstehen zu lassen, ist nicht immer so leicht, weil die Zukunft für jeden von uns ungewiss ist und manche Ereignisse für uns unvorhersehbar sind. Infolgedessen können sich immer wieder Änderungen ergeben, auf die wir keinen Einfluss haben, wie zum Beispiel Änderungen in Gesetzen oder Vorschriften. Was wir beeinflussen können, sind Zugeständnisse über unsere eigene Person. Allerdings gibt es auch hier manchmal besondere Momente und Stimmungen, aus denen wir uns in einer Euphorie zu Aussagen hinreißen lassen, die wir später gar nicht umsetzen können oder die wir vielleicht gar nicht mehr einhalten wollen.

„So ein Vorstandsamt ist manchmal zeitlich ganz schwer abzuschätzen. Es ist wichtig, dass einem das bewusst ist, und was für eine Verantwortung man hiermit übernimmt."[1] (Iris H., ehemaliges Vorstandsmitglied einer Elterninitiative für einen Kindergarten)

Ehrlich sein

Können wir eine Erwartung nicht erfüllen, dann ist es am besten, die Flucht nach vorn anzutreten, also mit der gleichen Offenheit, mit der man ein Versprechen gegeben hat, darauf hinzuweisen, dass dieses nicht gehalten werden kann. Die Gründe hierfür sollten genauso ehrlich genannt werden. Konkret heißt das, die Umstände zu benennen, die eingetreten sind und so nicht planbar waren. Für den Fall, dass aus einer eigenen Überforderung heraus eine Erwartung nicht erfüllt werden kann, sollte das auch gradlinig benannt werden. Wichtig ist hier, dass es die Ausnahme bleibt und nicht immer wieder geschieht. Denn sonst wird auch diese Entschuldigung nicht mehr glaubhaft sein.

Missverständnisse klären

Enttäuschungen können nicht nur dadurch entstehen, dass Versprechen oder Zugeständnisse nicht eingehalten werden, sondern auch dadurch, dass bei Freiwilligen oder Mitgliedern unausgesprochene Erwartungen entstehen. Nehmen wir noch einmal den obigen Fall der ständigen Erreichbarkeit. Vielleicht hat der neue Amtsinhaber gar nichts zu seiner Erreichbarkeit geäußert, aber weil sein Vorgänger immer für alle jederzeit erreichbar war, gehen alle Mitglieder davon aus, dass dies nun bei ihm genauso ist. Der neue Funktionsträger kann oder will dieser Erwartung aber gar nicht gerecht werden. Sobald Mitglieder ihn wiederholt vergeblich erreichen wollen, werden sie enttäuscht sein. Auch in diesem Fall ist es wichtig, bei den geringsten Anzeichen von enttäuschten Erwartungen, diese umgehend anzusprechen und zu klären.

Hilfreich ist hier sicherlich, schon im Vorfeld gegenseitige Erwartungshaltungen abzufragen. Da dies nicht immer umfänglich möglich sein wird, ist es wichtig, sofort zu reagieren, sobald Missverständnisse erkennbar werden.

[1] Interview der Autorin mit Iris H. vom 03.11.2011.

Wann bin ich glaubwürdig?
Um glaubwürdig zu sein, ist es wichtig, Erwartungen, die man weckt, zu erfüllen. Durch enttäuschte Erwartungen kann Glaubwürdigkeit verloren gehen. Damit dies möglichst nicht geschieht, ist es erforderlich, sich bereits im Vorfeld genauestens Gedanken darüber zu machen, welche Versprechen und Zusagen realistisch sind und eingehalten werden können. Ist absehbar, dass Erwartungen nicht eingehalten werden können oder unterschiedliche Erwartungshaltungen bei den Beteiligten bestehen, ist dies schnell und offen anzusprechen und aufzuklären.

5.2 Konsequenz

Vertrauen entsteht durch Konsequenz. Eine Person ist konsequent, wenn ihre Aussagen Beständigkeit haben und sie sich verlässlich danach richtet.

„Das geht natürlich nur, wenn ich tatsächlich vom Konzept überzeugt bin. Wenn ich so etwas mache, dann stehe ich hundertprozentig hinter der Sache bei meinen Klienten. Andernfalls lehne ich den Auftrag ab. Zum Beispiel sage ich den Klienten auch, wenn ich sehe, dass sie zu wenig für ihre Leistung nehmen oder dass sie anders kalkulieren müssen.“[2] (Walter H., ehrenamtlicher Berater)

Konsequentes Handeln heißt, für die anderen vorhersehbar und folgerichtig zu handeln. Oftmals wird der Begriff negativ belegt und nur im Zusammenhang mit negativen Sanktionen wie Strafen gesehen. Natürlich kann auch ein Abstrafen ein konsequentes Handeln darstellen. In erster Linie geht es aber bei der Konsequenz darum, dass ein Verhalten eingeschätzt werden kann und sich nach für andere erkennbaren Maßstäben ausrichtet. Bestehen Regeln oder Vorschriften, ist es konsequent, sich sowohl selbst danach zu verhalten als auch bei anderen ein entsprechendes Verhalten einzufordern.

Das Gegenteil von konsequentem Handeln ist, wenn sich jemand in gleichartigen Situationen anders und unkalkulierbar verhält.

Beispiel
Zum Fußballtraining kommt ein Junge in der ersten Woche zu spät. Der Trainer lässt ihn dafür drei Runden um den Platz laufen. In der nächsten Woche kommt ein anderer Junge zu spät. Er bekommt nur einen mündlichen Verweis vom Trainer. Für die Mannschaft ist nicht erkennbar, welchen Stellenwert es für den Trainer hat, pünktlich beim Training zu erscheinen. Die Sanktionen erscheinen willkürlich.

Verlässlich sein

Konsequent verhält sich auch jemand, der verlässlich handelt. Hier geht es darum, einmal festgelegte Strategien und Beschlüsse nicht direkt wieder über den Haufen zu werfen,

[2] Interview der Autorin vom 20.06.2011.

sondern sie durchzuziehen und zu Ende zu bringen. Für eine Vertrauensbildung ist es wichtig, dass das Gegenüber erkennt, dass man sich auf den anderen verlassen kann. Dies heißt auch, dass Ideen und Planungen in Taten umgesetzt werden. Verlässlich handelt jemand, der die geplanten Dinge anpackt und (erfolgreich) zu Ende bringt.

„In unserem Tun ist uns wichtig, klare Ziele zu setzen und jeweils ein darauf abgestimmtes Konzept zu entwickeln und dieses dann auch wirklich umzusetzen."[3] (Detlef F., Vorstandsmitglied Tennis- und Hockeyverein)

Einen eigenen Standpunkt haben

Eine weitere Form konsequenten Handelns besteht darin, einen eigenen Standpunkt zu haben und diesen anderen gegenüber zu vertreten. Dies birgt immer auch Konfliktpotenzial. Die Kunst liegt darin, den eigenen Standpunkt zu vertreten, aber auch anderen Meinungen Raum zu geben.

„Dabei ist Konsequenz ein großes Thema, wenn wir dann am 15. Juni zusammen sitzen und die Planung ist nicht da. Das ist auch eine große Herausforderung für mich, wenn ich sehe, dass jemand nicht ‚voran macht', obwohl er könnte. Also wenn er nicht ans Laufen kommt, trotz gutem Konzept und obwohl ein Markt dafür da ist. Also wenn es nur noch an ihm liegt, die Dinge dann auch umzusetzen. Wenn ich dann sehe, dass er das nicht tut, dann müsste und muss ich eigentlich die Konsequenz ziehen und ihm sagen, dass ich dann nicht mehr weitermache. Das fällt mir sehr schwer. Bis dahin, dass ich manchmal richtig Angst habe, hier auch für mich die Konsequenz zu ziehen und meinem Klienten zu sagen: ‚O.K. ich kann hier nichts mehr tun, ich höre auf.' Ich finde es auch nicht leicht, einem Klienten zu sagen, dass ich sein Unternehmen nicht für erfolgreich halte. Auch das ist schwer für mich. Aber das gelingt mir immer besser."[4] (Walter H., ehrenamtlicher Berater)

Wie handle ich konsequent?

Konsequent sein heißt, eigenes und das Verhalten von anderen an festen Maßstäben auszurichten. Es bedeutet auch, zuverlässig für Dinge einzustehen und diese umzusetzen und zu Ende zu bringen.

5.3 Authentizität

Authentisch sein bedeutet, stimmig in sich selbst zu sein. Stimmig mit sich selbst ist man dann, wenn man sein Wesen so zeigt, wie man wirklich ist, weder sich selbst noch anderen etwas vorspielt.

Praxisbeispiel

„Kurzum, ich nehme kein Blatt vor den Mund. Ich bin ganz direkt. Ich mache keine Kompromisse. Und das ist unheimlich befreiend. Klare Kante! Auch bei den Klienten, da taktiere ich auch nicht,

[3] Interview der Autorin mit Detlef F. vom 04.08.2011.

[4] Interview der Autorin mit Walter H. vom 20.06.2011.

also kein Ausweichen, keine Schönfärberei. Ich sage ihm frei heraus, was ich davon halte und wie es ist. Und bei den Gesprächen mit Banken, Vermietern oder sonstigen Gläubigern mache ich das genauso."[5] (Walter H., ehrenamtlicher Berater)

Um authentisch sein zu können, muss ich mir Gedanken darüber machen, was in mir selbst vorgeht, wofür ich einstehe, was ich davon preisgeben möchte und wie es vom anderen gehört und aufgefasst wird. Das bedarf einer gewissen Offenheit auf Seiten desjenigen, der sich „ausdrückt", und auch bei seinem Gegenüber.

Offenheit ist nicht von Anfang an zwischen Menschen vorhanden, sondern muss vorsichtig erworben und unter Umständen auch gelernt werden. Außerdem verträgt nicht jede Beziehung das gleiche Ausmaß an Offenheit.

Sich selbst wahrnehmen

Ein ehrlicher Umgang mit sich selbst und mit anderen schafft Vertrauen. Ehrlich mit sich und anderen zu sein, setzt voraus, dass man sich selbst ausreichend kennt und sich wahrnimmt. Das ist dann der Fall, wenn man sich der eigenen Stärken und Schwächen bewusst ist, positiven wie negativen Informationen offen gegenübersteht und gemäß den eigenen Werten und Überzeugungen handelt.

Sich angemessen äußern

Oftmals neigen wir Menschen dazu, Dinge, die uns nicht gefallen, auszublenden oder sie für uns passend zu machen, indem wir sie umdeuten. Das geschieht auch mit Gefühlen oder Impulsen. Authentisch zu sein, heißt, sich diese Gefühle offen einzugestehen und sich angemessen und dementsprechend auszudrücken. Die eigenen Gefühle offen kundzutun, heißt dabei nicht, ungefiltert alles zu sagen, wonach einem gerade der Sinn steht. Das wäre nicht angemessen. Es bedeutet vielmehr, sich seiner Gefühle bewusst zu sein und sich nicht zwanghaft zu verstellen. Verspürt ein Vorstandsmitglied zum Beispiel einen großen Ärger darüber, dass sich die anderen Vorstandsmitglieder nicht an die vereinbarten Termine gehalten haben und nicht wie im Vorfeld abgesprochen ihre Aufgaben vorbereitet haben, wäre es absolut unangebracht, wenn er seinem Missfallen ungefiltert Ausdruck verleihen würde. Genauso falsch wäre es aber, wenn er seinen vorhandenen Groll hinunterschlucken würde und lächelnd zur Tagesordnung übergehen würde.

Sich selbst akzeptieren

Fällt es jemandem schwer, sich in einer Gruppe oder einer Umgebung zu öffnen und sich so zu geben, wie er ist, dann wäre ein authentischer Umgang mit dieser Situation, dies zu akzeptieren und im besten Fall so zu äußern. Ist dies nicht möglich, sollte auf keinen Fall versucht werden, ein Verhalten vorzutäuschen, hinter dem man selbst nicht steht. Zum einen erfordern Verhaltensweisen, die nicht dem eigenen Wesen oder Werten entsprechen, sehr viel Kraft, da man sich zu diesem Verhalten immer überwinden muss. Des Weiteren fühlen sich Menschen von angeblich ehrlich gemeinten Aussagen oder Handlungsweisen

[5] Interview der Autorin mit Walter H. vom 20.06.2011.

getäuscht. Je nach Ausmaß der empfundenen Täuschung führt dies zu einem vollständigen Vertrauensverlust.

Wie bin ich authentisch?
Je authentischer sich Menschen geben und kommunizieren, desto klarer und eindeutiger ist ihre Botschaft zu verstehen. Sie wirken in ihrem Auftreten und in ihren Worten stimmig. Es ist wichtig, authentisch zu sein. Vorgespielte Wesensarten werden auf Dauer fragwürdig erscheinen und sind viel zu anstrengend. Wenn andere merken, dass jemand nur vorgibt, etwas zu sein, was er gar nicht ist, wirkt sich das ausschließlich negativ auf das Vertrauen in seine Person aus.

5.4 Vorbildfunktion

Personen, die als Vorbild angesehen werden, wird Vertrauen geschenkt. Als Vorbilder bezeichnen wir Personen, die wir bewundern und denen wir als Person ähnlich sein möchten. Das kann sich sowohl auf ihr Wesen als auch auf ihr Verhalten beziehen. In der stärksten Ausprägung identifizieren wir uns sogar mit unseren Vorbildern.

Klare eigene Vorstellung haben
Dass jemand als Vorbild angesehen wird, kann nicht erzwungen werden. Hier ist es wie mit der Sympathie: Ob mich jemand mag oder nicht mag, kann ich dem anderen nicht abringen. Es ist zwar möglich, sich vorzunehmen auf einem Gebiet oder in der Art und Weise, die mir wichtig ist, Vorbild zu sein. Der Wille allein ist aber keine Garantie für den Erfolg. Das, was ich tun kann, ist mich damit auseinanderzusetzen, welche Erwartungen im Allgemeinen an ein Vorbild in der Führungssituation gestellt werden und was meine eigenen Erwartungen an eine Führungskraft sind. Das kann je nach Führungsposition oder auch nach Bereich, zum Beispiel ob im Sport oder im sozialen Umfeld, unterschiedlich sein.

Derjenige, der ein Vorbild sein möchte, muss im Vorfeld selbst klare Vorstellungen davon haben, was ein Vorbild in dieser ehrenamtlichen Funktion ausmacht. Diese Maßstäbe dienen zu seiner eigenen Orientierung für sein Verhalten und Auftreten.

Eigene Regeln einhalten
Aus dem Wort Vorbild lässt sich ableiten, dass es bedeutet, ein Beispiel für andere zu geben. Auch wenn ich bewusst gar kein Vorbild sein möchte, bin ich es immer dann, wenn ich selbst so bin oder mich so verhalte, wie ich es von anderen erwarte. Wenn ich beispielsweise Vorschriften aufstelle und mir wünsche, dass diese eingehalten werden, so sollte ich mich selbst an diese Gebote halten. Wenn ich darum bitte, bei einer Aktion mitzuhelfen, weil jede Hand dringend benötigt wird, sollte ich bei dieser Aktion selbst mithelfen.

Unterstützung geben

Vorbildsein heißt, den Erfolg bewusst mit dem eigenen Verhalten zu unterstützen. Um dies zu können, muss ich mich als Vorbild immer auf den positiven Zustand konzentrieren, den ich erreichen will.

Wie agiere ich vorbildlich?

Vorbild zu sein kann man nicht erzwingen. Wenn jemand in einer ehrenamtlichen Führungsrolle Vorbild sein möchte, muss sich derjenige zunächst selbst im Vorfeld Gedanken darüber machen, für was er als Vorbild stehen möchte. An diesen Merkmalen hat er die Ausübung seines Amtes auszurichten. Als ehrenamtliche Führungskraft Vorbild zu sein heißt, so zu sein und sich so zu verhalten, wie man es selbst von anderen erwartet. Mit dem eigenen Verhalten soll der Erfolg der Organisation möglichst immer gefördert werden.

5.5 Charisma

Etwas Charismatisches an sich zu haben, kann es erleichtern vertrauenswürdig zu wirken und damit auch schneller Vertrauen zu bekommen. Menschen mit Charisma üben eine Faszination auf uns aus.

Präsenz ausstrahlen

Sie können einen Raum betreten und sind sofort für alle Anwesenden präsent. Dabei müssen sie noch nicht mal besonders schön aussehen oder etwas sagen: Charismatische Menschen wirken allein durch ihre Ausstrahlung. Mit ihrer Wirkung können sie andere begeistern und für sich einnehmen, was letztendlich dann zu Vertrauen führen kann.

Eine charismatische Ausstrahlung kommt von innen heraus und ist ein Persönlichkeitsmerkmal, über das wir verfügen. Sie ist keine Fähigkeit, die man sich einfach aneignen könnte, auch wenn dies teilweise behauptet wird. Das Wort Charisma kommt aus dem Griechischen und wird mit „Göttergnade" übersetzt. Man hat es oder man hat es eben nicht. Aber auch wenn man nicht mit dieser Eigenschaft geboren wurde, ist es möglich, die eigene Ausstrahlung positiv zu beeinflussen.

Selbstbewusst sein

Eine positive Ausstrahlung gewinnt man mit einem gesunden Selbstbewusstsein. Das geschieht zum einen dadurch, dass man sich mit all seinen Stärken und Schwächen annimmt und akzeptiert. Die Akzeptanz von unseren Stärken zeigt sich darin, dass wir die schönen Momente genießen, in denen wir uns kraftvoll, selbstsicher und gut fühlen. Die Akzeptanz von unseren Schwächen zeigt sich darin, dass wir in den Augenblicken, in denen wir uns ängstlich, unsicher und kraftlos fühlen, gut für uns sorgen und uns auch in diesem Zustand mögen.

Das Leben bejahen

Unsere Lebenseinstellung wird geprägt durch unsere Persönlichkeit, unsere angeborenen Veranlagungen und unsere Lebenserfahrungen. Eine grundsätzlich bejahende Einstellung zum Leben, zu anderen Menschen und zu uns selbst findet immer ein positives Echo. Wichtig ist, dass es hier nicht darum geht, sich Dinge schönzureden sondern ihren Nutzen zu erkennen. Zum Beispiel zu sehen, dass ich zwar ein ungeduldiges Wesen bin, dadurch aber immer viel erledigt bekomme. Oder dass ich mich nicht durch Fehler niedermache, sondern sie als Orientierung dafür nutze, was ich beim nächsten Mal besser machen kann.

Gefühle zeigen

Wer Gefühle offen und ehrlich zeigt, ist für andere Menschen einschätzbar und wirkt viel sympathischer. Seine Gefühle angemessen ausdrücken zu können, vermittelt Lebendigkeit und fördert eine persönliche Beziehung im Umgang miteinander. Menschen, die ihre Gefühle nicht zeigen, wirken eher steif, diszipliniert und bürokratisch. Um die Herzen der Menschen zu gewinnen, ist es wichtig, sich als ganze Person zu zeigen. Dabei geht es darum, positive wie negative Emotionen ehrlich zu äußern. Damit erhalten andere Personen die Chance, auf uns einzugehen.

„Dann ist es für mich wichtig, dass derjenige, der das Sagen hat, auf mich eingeht. Mir fällt es wesentlich leichter, mich von Personen, die eine persönliche und herzliche Ausstrahlung haben, führen zu lassen. Dass jemand auf mich eingeht, das spüre ich einfach, dann fühle ich mich richtig angesprochen und gut aufgehoben." (Karola H., Clubmeisterin in einer internationalen Frauenorganisation)

Körpersprache

Auch unsere Körpersprache unterstützt eine positive Ausstrahlung. So kann eine aufrechte Haltung Selbstvertrauen vermitteln. Eine offene Armhaltung wirkt eher einladend und auch ein offener Blick und ein Lächeln wirken anziehend. Wer anderen freundlich gesinnt ist, sollte dies in seiner Gestik und Mimik zum Ausdruck bringen.

In diesem Zusammenhang ist die Stimme ein wertvolles Ausdrucksmittel. Wie mit unserem Körper können wir auch mit unserer Stimme unsere Persönlichkeit ausdrücken. Eine sympathische und angenehme Stimme und Sprechweise können Menschen gewinnen.

Wie werde ich charismatisch?

Charismatisch zu sein, kann man nicht erlernen. Es ist jedoch immer möglich, die eigene Ausstrahlung so zu verbessern, dass eine positive Wirkung im Außen erzielt wird. Unterstützend wirkt hierbei, sich seiner selbst bewusst zu sein und sich mit allen Stärken und Schwächen anzunehmen. Hilfreich ist weiterhin, dem Leben zuversichtlich gegenüberzustehen und die eigenen Gefühle offen zu zeigen. Dies sollte sich in einer dazu kongruenten offenen Körperhaltung und Stimme widerspiegeln. Faktoren, die eine positive Ausstrahlung beeinflussen können sind:

- gesundes Selbstbewusstsein,
- optimistische Lebenseinstellung,
- ehrliche Gefühle,
- Körperausdruck,
- Stimme.

5.6 Alter und Lebenserfahrung

Menschen, die über Lebenserfahrung verfügen und sich in den in mittleren Jahren oder darüber befinden, vermitteln uns oft Vertrauen.

Aus Erfahrungen schöpfen

Ein bestimmtes Alter impliziert, viele Dinge erlebt und gemeistert zu haben. Ältere Menschen sind fachlich meist gut ausgebildet und versiert. Sie verfügen vielleicht über Führungserfahrung oder haben zumindest schon selbst erfahren, wie es ist, geführt zu werden. Das erzeugt bei anderen Menschen das Gefühl, dort sicher aufgehoben zu sein.

Umgekehrt sind Menschen mit einem großen Wissensschatz gerade wegen ihrer unterschiedlichsten Erlebnisse oft in der Lage, gelassen zu reagieren. Dabei ist es nicht in erster Linie das fachliche Wissen, das relevant ist, sondern eher der Umstand, krisenerprobt zu sein. Aufgrund ihrer Erfahrungen gelingt es reiferen Menschen oftmals, gelassener mit unvorhergesehenen Ereignissen umzugehen.

„Ich bin ich seit meiner Pensionierung am 1. April 2005 ehrenamtlich aktiv. Seitdem bin ich als Berater unterwegs und helfe Unternehmern, die in die Schieflage gekommen sind oder die Unterstützung dabei brauchen, sich selbständig zu machen. Das mache ich zusammen mit anderen Gleichgesinnten, also wenn man so will Kollegen, die alle ab 60 Jahre alt und zwar in Pension gegangen sind, aber nicht in den Ruhestand. Das heißt, wir haben uns entschlossen, uns weiter zu betätigen und mit unserem Know-how andere zu unterstützen. Was vielleicht noch wichtig über uns zu sagen ist: Auch wir haben alle mal die Erfahrung gemacht, irgendwo gescheitert zu sein. Ich selbst bin mindestens zwei- bis dreimal in meinem Leben auf die Schnauze gefallen. Wir wissen alle durchaus, wie das ist. Und es ist uns wichtig, andere von unserer Berufs-, aber auch von unserer Lebenserfahrung profitieren zu lassen."[6] (Walter H., ehrenamtlicher Berater)

Werteorientiert handeln

In bestimmten Lebensphasen, die mit unserem Alter einhergehen, wird es uns zunehmend wichtiger, bei dem, was wir tun, Erfüllung zu finden. So sind beispielsweise die Kinder

[6] Interview der Autorin mit Walter H. vom 20.06.2011.

aus dem Haus, Karriereziele sind erreicht oder lassen sich nicht mehr erreichen und das reine Geldverdienen verschafft nicht mehr unbedingt die rechte Befriedigung. Je älter wir werden, auf desto mehr Erlebnisse – positiver wie negativer Art – können wir zurückblicken. Diese Ereignisse haben uns geprägt und lassen uns in der Regel erkennen, was für uns im Leben wirklich wichtig ist und worauf es uns ankommt. Die Frage nach einem sinnvollen Tun rückt damit in den Vordergrund. Es kann mit zunehmendem Alter wichtiger werden, sich werteorientiert und nach den eigenen Bedürfnissen weiterzuentwickeln. Das zeigt sich auch im Handeln nach außen und gibt anderen eine Orientierung bis hin zu einem Gefühl der Sicherheit.

Weisheit weitergeben

Gerne fragen wir Menschen mit Lebenserfahrung um Rat. Gerade wegen ihrer vielseitigen Erlebnisse traut man ihnen eine bessere Einschätzung zu. Aus einem ähnlichen Grund gelingt es ihnen auch besser, Mut zu machen: Durch ihren eigenen Hintergrund bekommt ihre Aussage mehr Gewicht.

Anhand der folgenden Aussage zeigt sich, dass mehrere Komponenten zusammenkommen können:

Praxisbeispiel

„Zum einen kam uns sicherlich zugute, dass Ringen schon eine Tradition bei uns in Dettingen hat. Der SRV war zudem der erste Verein von Alexander Leipold, der mehrmals Weltmeister und Europameister war, und ich war sein allererster Trainer. Das hat schon für viel positive Resonanz gegenüber dem Ringersport, aber natürlich auch für den Verein gesorgt. Ein weiterer Vorteil ist sicherlich, dass das Engagement für diesen Verein mir mehr oder weniger in die Wiege gelegt ist: Ich komme aus einer traditionellen Ringerfamilie, war im Alter von 14 Jahren selbst Landesmeister, da bin ich reingewachsen und habe mich eigentlich immer schon sehr in diesem Sport und speziell für den Verein bemüht: Ich war über 27 Jahre Jugendleiter und Jugendtrainer, und dann war es irgendwann selbstverständlich, dass ich in den Vorstand gegangen bin. Der Verein und ich – wir sind schon sehr zusammengewachsen und vielleicht fällt es mir dadurch auch leichter, andere hierfür zu begeistern.“[7] (Benno S., Vorstandsvorsitzender eines Stemm- und Ringvereins)

Wie vermittle ich Lebenserfahrung?

Lebenserfahrung entwickelt sich mit der Zeit und zunehmendem Alter. Sie ist daher nichts, was beschleunigt oder erzwungen werden kann. Wenn ich aus den eigenen Erlebnissen gelernt habe und an der hieraus gewonnenen Klugheit andere teilhaben lasse, gebe ich meine Lebenserfahrung weiter. Weil ich Situationen bereits wiederholte Male erlebt und überstanden habe, kann ich gelassen mit ihnen umgehen. Durch das Durchleben positiver Geschehnisse und auch von Verlusten wird sinnvolles Tun für mich immer wichtiger.

[7] Interview der Autorin mit Benno S. vom 23.07.2011.

5.7 Kompetenz

Eine hohe Kompetenz ist neben der Persönlichkeit des Führenden der zweite wesentliche Erfolgsfaktor für eine gelungene Führung im Ehrenamt. Kompetenz ist der Sammelbegriff für Fertigkeiten, Fähigkeiten und spezielle Erfahrungen, über die eine Person verfügt.

Im Berufsleben finden sich die notwendigen Kompetenzen für eine Führungsposition in der Stellenbeschreibung einer Position oder werden zumindest im Profil einer Stellenausschreibung aufgeführt. Bei erforderlichen Kompetenzen sprechen wir daher auch von Anforderungen an eine Person oder Aufgabe. Hinweise zu Kompetenzen lassen sich in den Zeugnissen eines Arbeitnehmers finden.

Dass Arbeitszeugnisse im Ehrenamt verlangt oder überprüft werden, gibt es – wenn überhaupt – nur sehr selten. Genauso selten werden bisher Stellenbeschreibungen und Ausschreibungen verfasst. Klassische Kompetenzen für eine ehrenamtliche Führungsposition haben sich daher bislang nicht manifestiert.

Aus diesem Grund soll dieser Faktor im Folgenden näher hinsichtlich seiner Bedeutung im Ehrenamt betrachtet werden.

Fachliche Anforderungen

Fachliche Anforderungen beziehen sich auf ein besonderes Wissen, Fähigkeiten oder Erfahrungen auf einem Gebiet. Bei gegebenen Anforderungen sollte es möglich sein, typische Aufgaben und Sachverhalte selbständig und eigenverantwortlich zu lösen.

Fachwissen erlangt man meist durch eine Ausbildung und durch die Erfahrung, die man auf diesem Fachgebiet sammelt. Wissen und Erfahrungen können bereits im Vorfeld zum Beispiel durch den ausgeübten Beruf gewonnen worden sein. Genauso gut kann man sich Erfahrungen aber während der Ausübung einer Tätigkeit sozusagen durch „learning by doing“ aneignen.

Fachwissen umfasst neben besonderen Kenntnissen und Methoden auch Fähigkeiten wie beispielsweise Themen zu analysieren, zu strukturieren und zu koordinieren und auch Lösungen zuzuführen. Diese Kompetenzen befähigen Personen, in einer zielgerichteten Weise vorzugehen und ihr Wissen einzusetzen.

Alle fachlichen Anforderungen sind im Ehrenamt – genauso wie im Berufsleben – immer von der jeweiligen Aufgabe und dem Betätigungsfeld der Organisation abhängig. Wie bereits ausgeführt, sind die Einsatzbereiche im Ehrenamt sehr vielfältig. Es gibt daher nicht die eine fachliche Kompetenz für ein freiwilliges Engagement. Ob derjenige, der eine Führungsfunktion im Ehrenamt bekleidet, über einen besonderen Abschluss, Methoden, Erfahrungen oder fachliche Eigenschaften verfügen soll, hängt ganz entscheidend von seiner Aufgabe ab.

So sollte zum Beispiel jemand, der in einem Verein für das Thema Finanzen zuständig ist, Ahnung von Bilanzen, Buchführung und gegebenenfalls auch von Controlling haben. Jemand, der sich als Sportwart engagiert, sollte über das erforderliche sportliche Know-how verfügen. Jemand, der im Rechtsausschuss tätig ist, sollte über Rechtskenntnisse verfügen. Jemand, der ein Projekt leitet, sollte sich im Projektmanagement auskennen.

Jemand, der mit dem Aufbau, der Organisation und Koordination von Teams befasst ist, sollte wissen, wie erfolgreiche Teams zusammengestellt und geleitet werden.

Auch wenn die spezifischen fachlichen Kompetenzen immer von der speziellen Aufgabe abhängen, gibt es aufgrund der besonderen Führungsfunktion im freiwilligen Engagement einige dieser genannten Befähigungen, die in den meisten Organisationen erforderlich sein dürften.

Wichtig ist, sich bereits im Vorfeld genau zu überlegen, welche besonderen fachlichen Kenntnisse und Fähigkeiten für die Aufgabe benötigt werden. Je nach Führungsaufgabe erfordert dies andere Methoden oder Wissen. In einem weiteren Schritt ist dann zu überlegen, ob ein besonders Fachwissen schon vorhanden sein sollte oder wie sich dieses alternativ angeeignet werden kann.

Wie erlange ich fachliche Kompetenz?
Fachliche Kompetenz basiert im Wesentlichen auf Fachwissen und Erfahrungen. Diese erlangt man durch Lernen und Tun.

Soziale Anforderungen
Die sozialen Anforderungen sind im Vergleich zu den fachlichen Fertigkeiten die rein individuellen Begabungen eines Menschen.[8]

Soziale Kompetenz ist die Fähigkeit, die eigene Person im Umgang mit sich selbst und im Umgang mit anderen bewusst weiterzuentwickeln. Damit dies gelingt, bedarf es eines reflektierten persönlichen Wachstums. Durch soziale Kompetenz werden die Beziehungen von Menschen geprägt.

Genauso wie bei der Fachlichkeit ist auch soziale Intelligenz in unterschiedlichen Ausprägungen vorhanden. Im Rahmen von Führungskompetenz zeigt sich das daran, die eigenen Fähigkeiten flexibel einsetzen zu können, so dass sie genau auf die jeweilige Situation und das Gegenüber passen. Das kann zum Beispiel bedeuten, dem einen klare Aufgabenbeschreibungen und Fristen zu setzen und einem anderen lediglich ein Ziel vorzugeben und ihm den Weg dorthin selbst zu überlassen. Anders ausgedrückt: in der einen Situation eher fordernd zu sein und in der anderen Freiraum zu geben.

Es gibt vielerlei soziale Kompetenzen. Studiert man einmal Stellenanzeigen für Führungspositionen, wird man auf ganz verschiedene Eigenschaften treffen: Jede Führungsposition hat ihre besonderen persönlichen Anforderungen. Entsprechend unterschiedliche Erwartungen werden an die Persönlichkeit der Führungskraft gestellt. Das gilt im Ehrenamt genauso. Ist jemand als Projektleiter eingesetzt und muss er hierfür Beteiligte gewinnen und sie zur Übernahme bestimmter Aufgaben bringen, kann es wichtig sein, dass er über ausgeprägte kommunikative Fähigkeiten und Begeisterungsfähigkeit verfügt. Übernimmt jemand ein Vorstandsamt bei einem Verein, der sich in einer Krise befindet, ist es eher notwendig, durchgreifen zu können und eine klare Linie vorzugeben. Schwinden in

[8] Siehe hierzu auch Faix und Laier (1996).

einer Organisation die Mitglieder und freiwilligen Helfer, bedarf es, um Änderungen herbeizuführen, vor allem einer innovativen und kreativen Führungskraft. In einer Situation, in der eine Organisation erst aufgebaut wird, benötigt man sehr zielorientierte Führungskräfte mit hoher Entscheidungsfähigkeit.

Es ist daher unmöglich, dass in einer Person alle denkbaren Führungseigenschaften in der gleichen Ausprägung vereint sind. Darum geht es auch gar nicht: Wichtig ist, für die jeweilige Führungsrolle die passende Führungspersönlichkeit zu finden.

Von der jeweiligen Führungsaufgabe hängen die erforderlichen sozialen Eigenschaften ab. Je nach Führungsaufgabe ist eine andere Persönlichkeit gefordert. Es geht darum, im Vorfeld zu ermitteln, welche besonderen sozialen Kompetenzen für die Führungsaufgabe vorhanden sein sollen.

Wann bin ich sozial kompetent?
Soziale Kompetenz umfasst die persönlichen Fähigkeiten eines Menschen. Diese sind individuell verschieden und liegen in unterschiedlicher Ausprägung vor. Gute soziale Führungsqualität zeigt sich daran, das richtige Maß einzusetzen und situativ zu handeln.

5.8 Persönliche Selbstreflexion

Aus den Ausführungen der letzten Abschnitte ist zu entnehmen, dass erfolgreiche Führung insbesondere im Ehrenamt eines verantwortungsvollen Umgangs mit sich als Person und mit den eigenen Kompetenzen bedarf.

Selbsterkenntnis
Wer andere führen will, muss bei sich selbst beginnen, so die Auffassung des Management-Papstes Peter Drucker, der sich insbesondere auch intensiv mit Führung in Non-Profit-Organisationen beschäftigt. Seiner Meinung nach ist Selbsterkenntnis die erste Voraussetzung einer jeden Führungskraft, um überhaupt erfolgreich führen zu können.[9] Um aus Aktionen zu lernen und um sich zu verbessern, ist es wichtig, sein Handeln zu hinterfragen. Dies gelingt mit der Fähigkeit zur Reflexion.

Praxisbeispiel
„Das Thema, uns immer wieder selbst in unserem Tun zu reflektieren, ist uns sehr wichtig. Wir haben zu diesem Zweck ein Mitglied auserkoren, dass speziell die Aufgabe einer Feedbackgeberin von den Mitgliedern an uns als Vorstand hat. Ihre Nähe zu den Mitgliedern soll verhindern, dass wir als Vorstand zu spät mitbekommen, was die Basis bewegt oder wo an der einen oder anderen Stelle vielleicht etwas querliegt. Es ist unser Anliegen, das jedes Mitglied konstruktive Kritik einbringen kann, und wir sehen es als unsere Vorstandsaufgabe an, damit offen umzugehen und gemeinsam zu

[9] Drucker (2005, S. 191).

einer für alle tragbaren Lösung zu kommen. (...) Alle Karnevalssitzungen haben wir beispielsweise entsprechend reflektiert. Da gehen wir durch, wie die Sitzung aus unserer Sicht gelaufen ist, ob es Probleme gab, welche Reaktionen wir erhalten haben und was wir im nächsten Jahr anders machen würden. Das besprechen wir alles in einer Feedbackrunde und beziehen unsere Mitglieder aktiv mit ein."[10] (Cornelia B., Präsidentin Karnevalsverein)

Persönlichkeitsentwicklung
Selbstreflexion und die Entwicklung der eigenen Persönlichkeit sind entscheidende Voraussetzungen für eine wirksame Führung.

Unsere Persönlichkeit beinhaltet alles, was uns als Menschen einzigartig macht: unseren Charakter, unser Temperament und unsere individuellen Eigenschaften. Sie entsteht aus einer Wechselwirkung unserer genetischen Anlagen mit den prägenden Einflüssen unserer Umwelt. Unsere Persönlichkeit ist unser Wesenskern, sie sagt aus, ob wir beispielsweise eher schüchtern oder extrovertiert sind oder ob wir eher organisiert oder flexibel handeln oder ob wir eher streitsüchtig oder kooperativ sind. Diese persönlichen Ausprägungen bleiben uns unser Leben lang erhalten, sie gehören fest zu unserer Persönlichkeit. Das bedeutet nicht, dass wir diesen Eigenschaften hilflos ausgeliefert sind und keine Wahl in unserem Verhalten haben. Zum einen können wir uns weiterentwickeln und lernen, mit unseren Eigenschaften umzugehen. Zum anderen muss unser Verhalten nicht zwingend unseren persönlichen Eigenschaften entsprechen. So kann sich zum Beispiel ein streitsüchtiger Mensch kooperativ verhalten. Unser Verhalten ist nicht zwingend an unsere Persönlichkeit gebunden.

Allerdings kostest es uns in der Regel Kraft, uns entgegen unserer Persönlichkeit zu verhalten. Und je nachdem, wie stark die persönliche Eigenschaft bei uns ausgeprägt ist, kostet uns ein entgegenstehendes Verhalten mehr oder weniger starke Überwindung und damit Energie. So wird es einem extrovertierten Menschen weniger Mühe bereiten, mit Kunden zu sprechen, Produkte zu vertreiben und in Kontakt mit vielen Menschen zu sein.

Auf die Aufgabe Führung bezogen bedeutet das: Jemandem, der Interesse an Menschen hat, diese gerne begeistert, Entscheidungen trifft und Themen gestaltet wird es wahrscheinlich leichter fallen, eine Führungsaufgabe wahrzunehmen, als jemandem, der lieber Aufgaben ausführt, nicht gerne kommuniziert und der sich nur ungern durchsetzt (siehe Abb. 5.1).

Wie handle ich selbstreflektiert?
Selbstreflexion bedeutet, sich selbst zu kennen und sich immer wieder persönlich weiterzuentwickeln. Dafür ist notwendig, das eigene Handeln immer wieder zu hinterfragen, daraus zu lernen und sich gegebenenfalls zukünftig anders zu verhalten.

[10] Interview der Autorin mit Cornelia B. vom 02.11.2011.

Abb. 5.1 Vertrauen schaffen

Reflexion
Selbsterkenntnis und ein reifer Umgang mit der eigenen Persönlichkeit sind die Basis für die aufgezeigten Führungskriterien „Akzeptanz und Kompetenz". Um zu wissen, was uns entspricht, was uns Kraft kostet und wo wir Probleme haben, müssen wir uns mit unserem eigenen Wesenskern beschäftigen.

Denn nur persönliche Reife und ein Bewusstsein über die eigene Wirkung können verhindern, dass Menschen mit einem unreflektiertes Führungsverhalten konfrontiert und im schlimmsten Fall demotiviert und frustriert werden.

Im Rahmen des freiwilligen Engagements wäre dieses Ergebnis fatal, denn ohne motivierte Freiwillige gibt es kein gut funktionierendes Ehrenamt.

Kernaufgaben von Führungskräften im Ehrenamt 6

Im vorangegangenen Kapitel wurde die Auswirkung von Führung auf ehrenamtliche Organisationen und Projekte ausführlich beschrieben. Dieses Kapitel befasst sich mit konkreter Führungsarbeit im Ehrenamt.

Vorweg ist zu sagen, dass es keine allgemein gültigen Rezepte für eine erfolgreiche Führung gibt: Es kommt auf die richtige Mischung verschiedener Zutaten an. Führung bedeutet immer, in Kontakt mit Menschen zu sein, und jeder Mensch ist ein einzigartiges Wesen. Diese Individualität ist entscheidend und muss bei jeglicher Art von Führung berücksichtigt werden. Eine generelle Gebrauchsanweisung, wie wir sie im Zusammenhang mit dem Bedienen von Maschinen kennen, gibt es für Menschen nicht. Zudem ist insbesondere dadurch, dass Ehrenamtliche aus eigenem Antrieb tätig werden, jeder Ehrenamtliche durch sein Agieren und Reagieren an der Führung beteiligt. Es entstehen wechselseitige Einflüsse auf das Verhalten von ehrenamtlichen Führungskräften und freiwilligen Helfern. Und nicht nur das: Wie bereits ausgeführt, gibt es im ehrenamtlichen Engagement die verschiedensten Bereiche und Organisationsformen, in denen man sich engagieren kann. Insofern gibt es keine homogene Struktur. Vielmehr gibt es Unterscheidungen in der Rechtsform, der Organisationsgröße, der inhaltlichen Tätigkeit oder der Kultur. So sind Umweltschutzorganisationen anders aufgestellt als ein Sportverein, und eine große traditionelle Einrichtung ist anders geregelt als ein zeitlich begrenztes Projekt.

Trotz der unterschiedlichen Strukturen im Ehrenamt und trotz der Individualität von Menschen gibt es einige typische Aufgaben, Kenntnisse und Handhabungen, die überall vorkommen. Diese können als Kernaufgaben und Kernkompetenzen angesehen werden. Als eine Art Kompass sollen diese Grundlagen im Folgenden dargestellt werden und zur Orientierung in der praktischen Führungsarbeit dienen. Wie ein Kompass, dessen Nadel sich immer nach Norden ausrichtet, so sind die folgenden Aufgaben und Kompetenzen immer an der speziellen Organisation und am einzelnen Menschen auszurichten.

B. Redmann, *Erfolgreich führen im Ehrenamt*, DOI 10.1007/978-3-8349-4679-9_6

Beziehungsmanagement
Es gibt keine allgemein verbindliche Handlungsanweisung für Führung, da es hier immer um die Wirkung und Beziehung zwischen individuellen Menschen geht. Zudem beinhalten im Ehrenamt die unterschiedlichen Bereiche Organisationsstrukturen heterogene Umfelder.

Bei allen Unterschieden finden sich allerdings bestimmte Aufgaben und Kompetenzen wieder, die daher als grundlegend bezeichnet werden können.

Die folgenden Ausführungen geben eine Orientierung über die wesentlichen Aufgabenbereiche.

Als Kernaufgaben haben sich herauskristallisiert:

- funktionierende Organisationsformen schaffen und steuern,
- Freiwillige gewinnen,
- Freiwillige motivieren und binden,
- Nachfolge sichern,
- Erfolg gemeinsam erreichen.

6.1 Funktionierende Organisationsformen[1] schaffen und zukunftsfähig steuern

Es gibt im Ehrenamt die unterschiedlichsten Rechts- und Organisationsformen, von ganz strukturierten bis zu sehr offenen Gestaltungen. Im Aufbau einer Organisation ist anfangs immer über den Zweck, die Ausrichtung und die Einheiten der Organisation zu entscheiden.

Ausrichtung
Für die Führung bedeutet das, sich über die zentralen Werte und den Charakter einer Einrichtung im Vorfeld Klarheit zu verschaffen und die Organisation daran auszurichten.

Sofern noch keine Organisationsform existiert oder vorgegeben ist, ist eine der ersten Aufgaben zu erkennen, welche Form sich für die Zweckerreichung am besten eignet. Handelt es sich also beispielsweise um ein Vorhaben, welches sich eher in Vereinsform verwirklichen lässt, oder ist eine informelle Gruppeninitiative sinnvoll? Beide weisen unterschiedliche Strukturen auf: So sind Gruppen zum Beispiel durch direkte Kommunikation und Personen geprägt, die besondere Aufgaben wahrnehmen. Organisationen hingegen verfügen über ein hierarchisches Ordnungsprinzip mit Aufgabenteilung und

[1] Der Begriff „Organisationsform" bezieht sich auf alle Formen von strukturierten Zusammenschlüssen.

besonderen Funktionen sowie einer indirekten Kommunikation. Die Führungsaufgabe besteht nun darin, ein Umfeld zu schaffen und aufrechtzuerhalten, in dem Menschen sich voll und ganz für die Erreichung der Ziele der Organisation einsetzen können.

Anordnung und Abläufe

Dabei sind Strukturen und Prozesse innerhalb der Organisationsform in angemessener Weise aufzustellen und zu definieren. Dazu gehört die Überlegung, welche Tätigkeiten in welcher Form erbracht werden sollen, wie sich Kompetenzen in der Aufgabenerfüllung darstellen und welche Verantwortlichkeiten es hierbei gibt. Die Tätigkeiten müssen sich sinnvoll in die Organisation einfügen lassen. Im Rahmen der Aufgaben müssen Zuständigkeiten entschieden und klar beschrieben werden. Weiterhin beinhaltet ein Organisationsaufbau jeglicher Art, dass die darin stattfindenden Verrichtungen gut aufeinander abgestimmt sind. Es müssen hier also Arbeitsschritte, Abläufe und Schnittstellen durchdacht und festgelegt werden, so dass ein effizientes Zusammenwirken sichergestellt ist.

Wie so etwas beispielsweise umgesetzt werden, schildert die folgende Aussage:

Praxisbeispiel

„Grundsätzlich halte ich viel von einem strukturierten Vorgehen. Ich mache mir immer Pläne vorab. Bei den größeren Veranstaltungen, die ich plane, erstelle ich vorher ein Konzept. Da gibt es dann auch immer den Punkt ‚Bildung eines Teams'auf der To-do-Liste. (...) In der Regel reicht es hier, wenn ich frage, wer Lust hat, dabei mitzumachen. Innerhalb des Teams werden die Aufgaben verteilt und jeder weiß, wofür er zuständig ist. (...) Führung und Steuerung finde ich sehr wichtig. Bei Führung ist mir wichtig, dass sie nicht von oben herab geschieht, denn es geht bei uns um die Gemeinschaft und weniger um Hierarchie. Aber eine saubere Abgrenzung und Regelung sind ungemein wichtig für das Gelingen eines Projektes. Schon allein die Tatsache, dass klar ist, wer was macht und für was der Einzelne zuständig ist, trägt nach meinen Erfahrungen entscheidend zum Erfolg bei."[2] (Jürgen H., ehemaliges Vorstandsmitglied bei den Rotariern)

Steuerung

Ist eine Organisationsform entstanden oder besteht sie schon, geht es darum, diese so zu steuern, dass die geschaffenen Strukturen, Aufgaben und Abläufe zielgerichtet gelebt werden. Hier geht es also weniger um die Planung und Entwicklung als um einen produktiven Erhalt der bereits geschaffenen Aufbau- oder Aufgabenorganisation. Es geht um die Steuerung der Organisation. Dies bedeutet, die Aufgaben zu verteilen und für die Einhaltung der bestehenden Prozesse und Regeln zu sorgen. Zu all dem gehört es auch, die bestehenden Strukturen, Aufgaben und Abläufe regelmäßig dahingehend zu hinterfragen, ob sie die Zielrichtung des Engagements noch unterstützen. Haben sich innere oder äußere Umstände verändert (zum Beispiel Mitgliederschwund oder neue gesetzliche Auflagen), muss hierauf rechtzeitig reagiert und Anpassungen müssen vorgenommen werden.

Wie sich die Gestaltung und Steuerung einer (Neu-)Organisation darstellen können, beschreibt dieser Praxisbericht:

Im Frühjahr des Jahres 2011 lief der Club Gefahr, einer Zwangsverwaltung unterstellt zu werden. Anfang des Jahres hatte der bisherige langjährige Vorstand erklärt, dass vier

[2] Interview der Autorin mit Jürgen H. vom 20.06.2011.

der fünf Vorstandsmitglieder ihr Amt aufgeben. Erschwerend fiel hierbei ins Gewicht, dass binnen der nächsten zwölf Monate weitreichende wirtschaftliche und vertragliche Entscheidungen für den Verein zu treffen waren. Eine weitere Herausforderung war die konstante Bindung von mindestens 500 Mitgliedern, die der Verein benötigt, um dauerhaft wirtschaftlich tragfähig zu sein.

Sowohl die zu treffenden Entscheidungen als auch die wirtschaftliche Thematik schreckten wahrscheinlich viele Mitglieder von der Besetzung des Vorstandspostens ab. Trotz mehrerer Mitgliederversammlungen, die im Frühjahr des Jahres abgehalten wurden, fanden sich anfänglich keine Nachfolger.

Knapp fünf Monate später zieht Arno M. als neuer Zweiter Vorsitzender Resümee, wie bis dato die „Krise" erfolgreich bewältigt wurde.

Praxisbeispiel
„Eigentlich sind wir wie bei einer Turnaroundsituation[3] eines Unternehmens vorgegangen.

Als Allererstes haben wir Vorstandsressorts mit klaren Verantwortlichkeiten gebildet. Hierfür haben wir die Aufgaben beschrieben und einen Kompetenzrahmen für jedes Vorstandsmitglied festgelegt. Bei der Festlegung der Kompetenzen haben wir eindeutige und relativ große Entscheidungsrahmen festgelegt, innerhalb derer jedes Vorstandsmitglied ohne Rücksprache entscheiden kann.

Die Vergabe der Posten hat sich dabei fast automatisch ergeben. Wir haben uns die Aufgaben angeschaut und dann untereinander gefragt, wer wozu Lust hat. Dabei hat sich schnell herausgestellt, dass die einzelnen Stärken von uns Fünfen genau mit dem korrespondierten, was jeder gerne machen wollte. Wir haben uns ganz stärkenkonform organisiert.

Relativ zügig haben wir uns dann zusammengesetzt und eine Strategie aufgesetzt. Dabei hatten wir die klare Zielsetzung, eine möglichst hohe persönliche Identifizierung bei den Mitgliedern zu erreichen. Jeder soll von ‚seinem' Verein sprechen.

Ganz klassisch haben wir zunächst eine Bestandsaufnahme durchgeführt und bewusst zusammengetragen, was unser Verein zu bieten hat und wo es Verbesserungsbedarf gibt. Auf diese Stärken-Schwächen-Analyse aufbauend haben wir dann strategische Eckpfeiler entwickelt, was Priorität hat. Ergebnis war, dass wir als wichtigstes Handlungsfeld die Steigerung der Attraktivität unseres Vereins und die Bindung von Mitgliedern deklariert haben. Daraus leiteten sich alle weiteren Aktivitäten ab. Neben der wirtschaftlichen Zukunftsfähigkeit haben wir für uns folgende Aufgaben erkannt:

- die Fluktuationsrate verringern,
- die Zufriedenheit der Mitglieder steigern,
- durch Kommunikation Mitglieder binden,
- durch Bindung eine Identifikation mit dem Club erreichen.

Bei fast allen Aufgaben geht es insbesondere darum, die Mitglieder emotional zu erreichen. Dabei wollen wir unsere Aufmerksamkeit vor allem auf die bereits vorhandenen Mitglieder richten. Denn hier haben wir bereits großes Potenzial, auf das wir zugehen können, im Vergleich zu potenziellen Mitgliedern, die wir erst gewinnen müssten. Wir haben uns daher intensiv mit unserer Fluktuationsrate beschäftigt. Dabei haben wir festgestellt, dass ein Teil des Mitgliederschwundes

[3] Situation, in der ein Unternehmen kurz vor der Insolvenz steht.

daraus resultiert, dass Menschen umziehen oder sich die Lebenssituation durch Berufseinstieg oder Familiengründung ändert. Aber größtenteils fehlt es nach unserer Einschätzung an einer ausreichenden emotionalen Bindung der Mitglieder. Hier wollen wir ansetzen und aufbauen.

In einer regelmäßigen Ansprache unserer Mitglieder und einer nach innen wie nach außen orientierten Kommunikation sehen wir einen wichtigen Ansatzpunkt. Zum Beispiel versorgen wir unsere Homepage mit aktuellen Informationen und haben auch begonnen, kurze Informations-E-Mails an die Mitglieder zu verschicken. Darin geben wir kurz und prägnant die wesentlichen Ergebnisse unserer Vorstandsarbeit wieder und beschreiben anstehende Aktivitäten. Diese Form der Kommunikation insbesondere in dieser Regelmäßigkeit war in unserem Verein bisher nicht üblich. Die hierauf erfolgte positive Resonanz hat uns aber gezeigt, dass konstante Information ein ganz wichtiger Erfolgsfaktor ist.

Um die interne Verbundenheit zu stärken, haben wir ein Leitbild erarbeitet, das wir auf unserer Homepage verankert haben. Neben der internen Kommunikation halte ich es für genauso wichtig, nach außen zu kommunizieren. Als zuständiger Vorstand für den Bereich Marketing versuche ich, mindestens einmal im Monat einen Bericht für die örtlichen Zeitungen zu verfassen. Es ist mir wichtig, dass wir auch nach außen als Verein ein starkes Bild abgeben."[4] (Arno M., Vorstandsmitglied eines Tennisvereins)

Zukunftsfähigkeit

Ehrenamtliche Unternehmungen, die darin vorhandenen Führungskräfte als auch gerade die Freiwilligen selber profitieren davon, wenn das vorhandene Potenzial bestmöglich gehoben wird. Um ein Engagement auch gut und kontinuierlich für die Zukunft gerüstet aufzustellen, bedarf es daher einer immer währenden ganzheitlichen Planung und Steuerung von Leistung und Leistungsfähigkeit dieser Unternehmung. Die persönlichen Bedürfnisse von Freiwilligen, als auch die sich stetig und schnell verändernden gesellschaftlichen Rahmenbedingungen, stellen immer wieder neue Anforderungen an die Organisationsstrukturen von bürgerschaftlichem Engagement. Es gilt daher zukünftige erforderliche Fähigkeiten einer Organisation mit den Bedürfnissen der Mitarbeiter zu verbinden und damit auch Erfolg zu sichern. Die Planung und Steuerung des ehrenamtlichen Handelns im Sinne eines der Sache dienenden kompetenten Leistungsmanagements wird daher immer wichtiger. Die Veränderung der gesellschaftlichen Altersstruktur hat einen unmittelbaren Einfluss auf das Ehrenamt. Zunehmend älter werdende Freiwillige und gleichzeitig der drohende Mangel an nicht genügend qualifizierten oder motivierten jüngeren Nachwuchs fordern die Organisationen – insbesondere Vereine – auf, sich aktiv der Frage der Demografie Festigkeit zu stellen. Zum Beispiel wirkt sich das Bedürfnis ein Engagement auch im fortgeschrittenen Alter wahrzunehmen – mit eingeschränkter körperlicher Belastbarkeit – auf vorhandene Aufgaben und deren Abwicklung aus. Hier gilt es, zukunftsorientierte und machbare Abläufe zu kreieren. Gleiches gilt für das gesellschaftliche Phänomen der zunehmenden beruflichen Mobilität, Globalität und die damit eingeschränkten zeitlichen Verfügbarkeiten von Ehrenamtlichen. Hierarchische Abstimmungsvorgänge mit mehreren Menschen werden somit immer schwieriger. Um Abläufe nicht zu behindern, sind daher bestehende Kompetenzen zeitgemäß anzupassen, um dem Einzelnen mehr Zeit und einen größeren Verantwortungsspielraum zu verschaffen. Im

[4] Interview der Autorin mit Arno M. vom 10.08.2011.

Abb. 6.1 Kreislauf von Organisationen

Rahmen des demografischen Wandels und der jüngeren Generationen gilt es stärker als bisher den Diversity-Gedanken auch in ehrenamtliche Unternehmungen zu integrieren. Sich verändernde Werte innerhalb von unterschiedlichen Generationen als auch die Individualisierung und Pluralisierung von Lebensstilen von Engagierten führt zu veränderten Ansprüchen an die Strukturen von ehrenamtlichen Organisationen und Projekten. Für die Führung einer Organisation bedeutet dass, sich diesen veränderten Ansprüchen zu stellen, sie aktiv aufzugreifen und sich in der Struktur und den Prozessen und letztendlich auch in der Kultur immer wieder entsprechend anzupassen. Ehrenamtliches Engagement steht hier vor der Herausforderung, sich Veränderungen dynamisch anzupassen und zu lernen, mit stetigen Veränderungen systematisch umzugehen.

Die Führung einer zukunftstauglichen Organisation unterliegt daher einem Kreislauf von Planungs-, Entwicklungs- und Umsetzungsstadien (siehe Abb. 6.1).

Unterstützende Führungsinstrumente

Für die Erfüllung von Steuerungsaufgaben ist es wichtig, sich bewusst zu machen, in welchem Stadium sich die Organisation befindet. So hilft ein Leitbild einer Organisation, sich immer wieder auf die eigene Ausrichtung und die eigenen Werte zu fokussieren und sich daran zu orientieren zu. Organigramme und Aufgabenbeschreibungen machen Abläufe und Strukturen transparent. Hier gilt das Prinzip, die Aufgaben von oben nach unten zu definieren. Je klarer beispielsweise die Vorstandsaufgaben verteilt sind, desto einfacher wird es, Tätigkeiten nach unten aufzugliedern. Strategische Maßnahmenpläne, über die im Rahmen einer regelmäßigen Kommunikationsrunde informiert wird, erleichtern es, Menschen einen Überblick zu verschaffen, und geben Klarheit, wo man wie steht.[5]

[5] Siehe Kap. 10.

Funktionierende Organisationsformen zu schaffen und zu steuern, bedeutet

- aus einer Idee eine konkrete Planung zu erstellen und diese gezielt umzusetzen,
- die Organisation oder das Vorhaben so aufzustellen, dass es sich an den zentralen Werten und Zielen ausrichtet,
- innerhalb dieses Rahmens Aufgaben, Verantwortlichkeiten und Prozesse eindeutig und klar zu definieren,
- die festgelegten Strukturen zu leben und für deren Einhaltung zu sorgen,
- sich ändernde persönliche Umstände der sich einsetzenden Menschen als äußere Einflüsse wahrzunehmen und vorhandene Organisationsstrukturen immer wieder ausgewogen daran anzupassen.

6.2 Freiwillige gewinnen

Ehrenamtliches Engagement funktioniert nur durch die Mitwirkung von anderen Menschen. Eine ganz entscheidende Aufgabe von ehrenamtlicher Führung ist es daher, Freiwillige für einen ehrenamtlichen Einsatz zu gewinnen. Dies kann sich auf eine bestimmte Aufgabe (zum Beispiel als Platzwart im Sportclub) oder auf das grundsätzliche Engagement in einer Organisation beziehen (zum Beispiel Mitglied zu werden).

Bekanntmachung

Bei der Gewinnung von Freiwilligen geht es zum einen um die Anwerbung an sich und zum anderen auch darum, die richtigen Personen zu finden, die genau zu der Aufgabe, zu der Organisation beziehungsweise zum Engagement passen. In den meisten Fällen bedarf es einer längeren Vorlaufzeit, um neue und auch genügend Ehrenamtliche zu finden.

Freiwillige zu finden, gelingt nur über ein gutes und aktives Personalmarketing. Gut ist das Personalmarketing dann, wenn in der Öffentlichkeit genügend bekannt ist, dass sich Freiwillige engagieren können und willkommen sind. Das zu erreichen, erfordert die richtige Aktivität mit einer vorher überlegten Strategie. Hierzu gehört zum Beispiel, eine klare Vorstellung von der Zielgruppe zu haben: Welche und wie viele Personen mit welchen Anforderungen werden gesucht?

Praxisbeispiel

„Wir haben hier in Köln 10.000 junge Studenten. Die sind nicht unbedingt in Köln geboren, die meisten kommen von außerhalb und bleiben vielleicht auch nicht für immer in Köln, aber sie sind für uns eine Zielgruppe. Diesen jungen Menschen möchten wir die Gelegenheit geben, Karneval nicht nur in der Kneipe zu feiern, sondern sich hier auch selbst engagieren zu können. Da überlegen wir uns jetzt, wie wir hier einen intelligenten studentischen Karneval erfinden können. Das ist eine völlig neue Idee, und es bedarf einfallsreicher Gedanken, um das unter den Studenten aufzubauen.

Hier entwickeln wir richtiggehend eine Strategie: Wen sprechen wir an, wen holen wir uns ins Boot, was bieten wir hier an? In dem konkreten Fall haben wir mit einem Kontakt zur Sporthochschule begonnen, da die Sportstudenten in der Regel sehr feierfreudig sind. Als die Sportler dann dabei waren, haben wir die Musikhochschule dazu geholt, denn Sportler und Musiker, das geht immer ganz gut. Und jetzt gucken wir gerade, welche Fakultät für uns weiter interessant ist. So kann zum Beispiel die philosophische oder die pädagogische Fakultät hier sehr interessant sein, so dass dann vielleicht ein Redebeitrag kommt, der alle vom Hocker haut. (...) Plötzlich kann das Ganze ja auch ganz neue Dimensionen für den Karneval haben."[6] (Christoph K., Vizepräsidenten eines Karnevalvereins)

Auch bedarf es Überlegungen, wie eine sinnvolle Ansprache mit welchen Mitteln erfolgen sollte. So kann Marketing über verschiedene Kanäle gesteuert werden. Angefangen bei den eigenen, bereits vorhandenen Freiwilligen über Mund-zu-Mund-Propaganda bis hin zu gezielten Multiplikatoren wie Städte und Gemeinden, Firmen oder Agenturen.

Für ein Personalmarketing können auch Maßnahmen gut genutzt werden, die die Organisation als solche bekannt machen: Denn je größer der Bekanntheitsgrad einer Einrichtung, desto stärker ist die Aufmerksamkeit in der Öffentlichkeit über Mitwirkungsmöglichkeiten. Umso einfacher ist es, Interessierte zu erreichen oder es ihnen damit zu ermöglichen, selbst den Weg zu der Organisation zu finden.

Beispielhafte Maßnahmen zeigt der folgende Bericht eines Sportvereins:

Praxisbeispiel

„Für uns ist eine zumindest konstante Mitgliederanzahl ein wichtiges Kriterium für die Zukunftssicherung. Um das zu gewährleisten, führen wir beispielsweise zwei- bis dreimal im Jahr Aktionen wie einen Tag der offenen Tür mit entsprechenden Schnupperkursen durch. Das wird vorher hier im Viertel beworben. Diese Maßnahmen, speziell die Schnupperkurse, werden sehr positiv aufgenommen. Wir haben eine Tennisschule, die als selbstständiges Unternehmen agiert und mit professionellen Trainern arbeitet. Damit können wir ein hohes Trainingsniveau erreichen, welches einen Anreiz für Mitglieder bietet. Im Bereich der Jugendarbeit bieten wir spezielle Ausbildungsprogramme für Jugendliche im Tennis und Hockey an, wir sind zum Beispiel Partner des Landesprogrammes Talentsichtung/Talentförderung in Zusammenarbeit von Schule und Verein. In diesem Rahmen besuchen wir regelmäßig die nahe gelegenen Schulen und stellen den Verein und die Sportmöglichkeiten bei uns vor. Außerdem bieten wir in den Ferien Jugendcamps mit vielseitigen Freizeit- und Sportprogrammen für Kinder und Jugendliche an. Traditionell nimmt bei uns die Jugendarbeit in den beiden Sportarten Hockey und Tennis einen großen Stellenwert ein. Dies lässt sich auch an der Struktur der Mitglieder deutlich ablesen: Über 40 Prozent sind Jugendliche unter 18 Jahren. Der Vorstand sieht es als eine seiner wichtigsten Aufgaben an, unseren jungen Clubmitgliedern eine umfassende und nach modernen Gesichtspunkten konzipierte sportliche Ausbildung zu ermöglichen.

Mittlerweile sind wir mit unserer Mitgliederwerbung so erfolgreich, dass wir die Programme sogar ein wenig zurückfahren. Unsere natürliche Fluktuation durch Austritt, Umzug oder Tod eines Mitglieds hält sich bei ca. zehn bis 15 Prozent. Diese Fluktuation können wir mit unserem jährlichen Mitgliederzuwachs abdecken. Heute stoßen wir bezüglich Auslastung der Sportanlagen an die Kapazitätsgrenze.

Unser oberstes Ziel ist es, zufriedene Mitglieder zu haben. Denn nur zufriedene Mitglieder sind bleibende Mitglieder."[7] (Detlef F., Vorstandsmitglied eines Tennis- und Hockeyvereins)

[6] Interview der Autorin mit Christoph K. vom 19.10.2011.

[7] Interview der Autorin mit Detlef F. vom 04.08.2011.

Neben der Bekanntheit der Organisation selbst ist es auf jeden Fall wichtig, nach innen und außen zu informieren, dass Freiwillige gesucht und gebraucht werden. Hierfür sind alle gängigen Werbemittel nutzbar, zum Beispiel Gesuche über die eigene Homepage, Aushänge und Flyer, Artikel in Zeitungen, Vorträge oder sogar Spots im lokalen Bürgerradio. Jede Chance sollte genutzt werden, der Öffentlichkeit zu sagen, dass ehrenamtliche Mitarbeiter willkommen sind und benötigt werden. Sinnvoll ist, vorab die Aktionen auf den unterschiedlichen Bedarf und die Zielgruppe abzustimmen. Unter Umständen kann es auch hilfreich sein, mehrere Medien gleichzeitig zu nutzen.

Kontakte

Gut ist, persönliche Kontakte zu knüpfen und zu nutzen. Zum Beispiel gibt es im sozialen Engagement die Möglichkeit, sich auf Messen zu präsentieren und sich dort zu vernetzen.

Praktikabel kann es sein, sich der Unterstützung von Vermittlungsagenturen zu bedienen. Zum einen können Freiwilligenagenturen genutzt werden, die es mittlerweile in vielen Städten Deutschlands gibt. Sie bringen Freiwillige und Organisationen zusammen und initiieren teilweise auch eigene Projekte. Als Vermittlungsbörse für Interessierte beraten sie Menschen, die sich gerne engagieren möchten und eine freiwillige Tätigkeit suchen. Um Menschen und Organisationen zusammenzubringen, nehmen sie von der suchenden Organisation eine Art Stellenausschreibung auf, die dann mit dem persönlichen Profil des Interessierten abgeglichen wird. Das geschieht meist über Datenbanken. Gesuch und Profil werden dann miteinander abgeglichen und wenn diese zueinander passen, wird ein Kontakt vermittelt. Die letztendliche Auswahl und Entscheidung, ob man miteinander arbeiten möchte, bleibt jedoch immer der Organisation beziehungsweise dem Interessenten vorbehalten.

Nach dem gleichen Prinzip gehen die Bürgerstiftungen vor. Eine Bürgerstiftung ist eine Form der gesellschaftlichen Selbstorganisation von Bürgern für Bürger. Sie sind als Stiftung organisiert und setzen sich speziell für das lokale Gemeinwohl ein. Bei den Bürgerstiftungen steht im Gegensatz zu den Freiwilligenagenturen eher die eigene Projektdurchführung im Vordergrund als die reine Vermittlungsaufgabe. Trotzdem können potenzielle Freiwillige, die sich für ein Engagement interessieren, auch an Organisationen und Initiativen vermittelt werden. Es kann daher nützlich sein, an der einen oder anderen Stelle miteinander zu kooperieren.

Ohne den Weg über eine Vermittlung ist es auch möglich, direkt Kontakt zu Firmen zu suchen, die ehrenamtliches Engagement unterstützen. Firmeninterne Bekanntmachungen bieten eine weitere Plattform, Freiwillige zu suchen.

Nicht zu unterschätzen und von der Überzeugung wahrscheinlich am besten geeignet ist die persönliche Empfehlung: Jemand, der sich irgendwo engagiert und darüber positiv berichtet, wirbt damit indirekt für „seine" Organisation. So haben Aussagen von Personen, die wir bereits als Freund oder Bekannter oder Nachbarn schätzen, eine stärkere Gewichtung als eine Aussage eines Fremden bzw. eine unpersönliche Werbung. Mitgliedergewinnung, die über einen bereits im Vorfeld bestehenden Kontakt zwischen Engagierten und Interessierten zustande kommt, hat zudem den Vorteil, dass die Chemie bei diesen Menschen schon vorher stimmt und sie in der Regel gut in die Organisation passen.

„Ein wichtiges Führungsthema für uns, das gleichzeitig sehr viel Feingefühl erfordert, ist zum Beispiel die Mitgliedergewinnung. Hier geht es darum herauszufinden, wer zu uns passt und wie wir denjenigen dann auch für uns gewinnen können. Das ist insgesamt bei uns ein sehr sensibles Thema, da bei einer Neuaufnahme mehr oder weniger alle Mitglieder zustimmen müssen."[8] (Jürgen H., ehemaliges Vorstandsmitglied bei den Rotariern)

Bei einigen Organisationen ist es wichtig, nicht nur Interessierte zu finden, sondern diese müssen auch genau zu der zu erfüllenden Aufgabe und der Organisation passen. Um hier eine möglichst hohe Übereinstimmung zu bekommen, ist es wichtig, die Aufgaben und Anforderungen, die man an diese Personen stellt, vorher genau zu definieren und transparent zu machen. Ähnlich wie bei Stellengesuchen auf dem Arbeitsmarkt bedarf es hier einer klaren Vorstellung davon, was derjenige an Fähigkeiten und persönlichen Kompetenzen mitbringen sollte. Ein Stellenprofil kann hierfür sehr hilfreich sein und macht dem Interessenten die Anforderungen transparent. Sofern der Interessierte nicht persönlich bekannt ist, sollte genau ermittelt werden, ob und wie weit eine Übereinstimmung vorliegt. Auch hier gilt es, sich im Vorfeld genau zu überlegen, wie eine solche Entscheidung treffsicher und vom Aufwand her vertretbar vorzunehmen ist. Beispielsweise kann das über eine strukturierte Befragung oder einen Probeeinsatz möglich sein.

Im Vordergrund sollte stehen, ein möglichst genaues Ergebnis für die eigene Entscheidung zu bekommen, zugleich aber den Interessenten mit der Auswahl nicht zu frustrieren. Es ist wichtig, ihn bereits im Verfahren in seinem Interesse und als Person wertzuschätzen. Dafür ist eine transparente und offen kommunizierte Gestaltung des Auswahlverfahrens wichtig.

Verabschiedung. Auch wennl es paradox klingen mag, gehört zu einer guten Personalauswahl auch die Ansprache des Themas Ausstieg. Auch ehrenamtliches Engagement ist endlich, und das sollte thematisiert und nicht tabuisiert werden. Unschöne Austritte und nicht erfolgte Verabschiedungen wirken lange auf die Verbleibenden nach und prägen damit die Kultur in einer Organisation. Ausstiege sollten daher eher als Chance für ein gutes Miteinander genutzt werden.

Anders als im Arbeitsverhältnis, gibt es im bürgerschaftlichen Engagement weder Regeln für einen Austritt noch gibt es so etwas wie eine Kündigung des Freiwilligen. Im schlimmsten Fall bleibt dieser einfach von einer auf die andere Minute weg.

Motive für Austritte können sein:

- mangelnde Motivation,
- Änderung der Lebenssituation,
- Neuorientierung in der Interessenlage,
- gesundheitliche Einschränkungen,
- Überforderung/Unterforderung.

[8] Interview der Autorin mit Jürgen H. vom 20.06.2011.

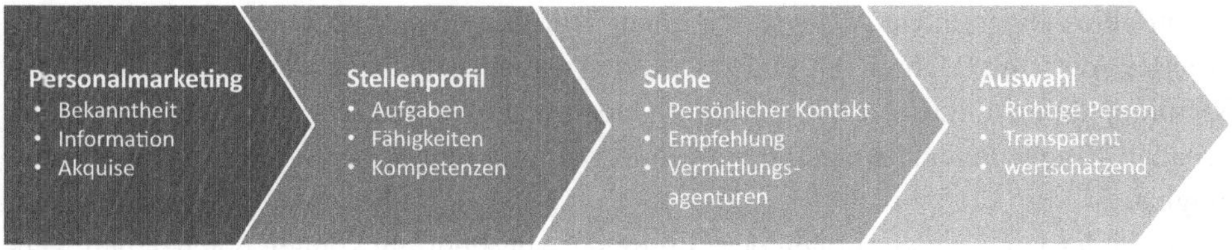

Abb. 6.2 Gewinnung von Freiwilligen

Deswegen ist es besonders wichtig, diesen Punkt gleich zu Beginn einer Zusammenarbeit zumindest aber auch immer wieder von Zeit zu Zeit anzusprechen und sich auf eine Vorgehensweise zu verständigen. Auch wenn es für den Freiwilligen keine Bindungswirkung gibt, sollte ihm nachvollziehbar vermittelt werden, dass seinen Austritt so früh wie möglich ankündigen sollte, damit die Einrichtung eine Planungssicherheit bekommt. Des Weiteren bietet ein offener Umgang mit dem eigenen Ausstieg auch die Möglichkeit, sich in angemessener Art und Weise von dem Ehrenamtlichen zu verabschieden. Das kann je nach Dauer der Zugehörigkeit unterschiedlich sein. Wichtig ist, dass die Verabschiedungszeremonie im Sinne des Freiwilligen stattfindet, ihm also in seinem Persönlichkeitstyp und seinem Geschmack entspricht. Können beide Seiten im Guten auseinandergehen, ist das ein gutes Signal nach innen und nach außen und fällt letztendlich positiv auf die Organisation zurück.

Vorteile eines geplanten Ausstiegs sind:

- Freiwillige hat kein schlechtes Gewissen,
- Planungssicherheit,
- angemessene und gewünschte Verabschiedung ist möglich,
- Abschiede gehören zum Leben.

Besetzung von Führungspositionen

Für die Suche und die erfolgreiche Besetzung von ehrenamtlichen Führungspositionen gilt nichts anderes: Neben einem frühzeitigem Personalmarketing ist es wesentlich, die Führungsaufgabe und die Anforderungen im Vorfeld zu definieren. Erst anhand dessen kann zielgerichtet gesucht und ausgewählt werden (siehe Abb. 6.2).

Unterstützende Führungsinstrumente

Ein hilfreiches Führungsinstrument für eine kontinuierliche und umfangreiche Personalgewinnung ist ein strategischer Planungsprozess. In diesem Prozess wird genau bestimmt, welches Ziel erreicht werden soll, mit welchem zeitlichen Aufwand und gegebenenfalls finanziellen Werbeetat, wer daran zu beteiligen ist und wer hierbei welche Aufgaben wahrnimmt. Dies hilft vor allem, regelmäßige Personalkapazitäten frühzeitig zu planen und rechtzeitig abzudecken.

Für eine zielgerichtete Auswahl mit hoher Treffsicherheit empfiehlt es sich, ein strukturiertes Auswahlverfahren mit klaren Kriterien und einer transparenten, wertschätzenden Kommunikation aufzusetzen. Unabhängig hiervon sind klare Stellenprofile, in denen die genauen Tätigkeiten und die daran geknüpften Anforderungen beschrieben werden, unabdingbar.

Leitbilder von Organisationen oder Leitbilder von Führung können potenziellen Kandidaten dabei hilfreiche Informationen über die Ausrichtung vermitteln und dienen intern gleichzeitig als Orientierungsstütze.[9]

Engagierte Menschen zu finden, die sich ehrenamtlich betätigen wollen, gelingt insbesondere durch

- eine aktive strategische Suche, bei der man genau weiß, wen, wo und mit welchen Maßnahmen man sucht,
- einen hohen Bekanntheitsgrad oder ein gutes Image der Organisation,
- das Knüpfen und Nutzen vieler Kontakte,
- Die persönliche Einbindung bereits vorhandener Mitglieder,
- eine gezielte und transparente Auswahl von Interessenten.

6.3 Freiwillige motivieren und begeistern

Ehrenamtliche sind das Herzstück für freiwilliges Engagement, denn ohne sie könnte es gar nicht stattfinden. Neben der Gewinnung ist es also **die** zentrale Führungsaufgabe, Freiwillige zum Mitwirken zu motivieren und nachhaltig in ihrem Engagement zu begeistern. In Kap. 3 ist ausführlich dargestellt worden, dass ehrenamtliche Leistung allein aus der Motivation erfolgt, die eigenen persönlichen Bedürfnisse zu erfüllen. Motivation ist daher der wichtigste Antreiber für Leistung im ehrenamtlichen Engagement. Um Freiwillige dahingehend zu führen, bestimmte Dinge zu tun und Leistung zu erbringen, ist es zunächst ganz entscheidend, ihre Bedürfnisse und deren inneren Stellenwert zu kennen. Das erfordert zum einen ein Auseinandersetzen und Kennenlernen der unterschiedlichen Motivstrukturen, die es gibt. Zum anderen ist es wichtig, die Menschen kennenzulernen, die man motivieren will. Hierfür ist es nötig, in Kontakt sein, sich für sie zu interessieren und mit ihnen zu sprechen.

„In der Führung von Ehrenamtlern muss man enorm kreativ sein. Da muss man sich überlegen, was macht ihnen Spaß, wie motiviere ich sie und was ist etwas für sie, was ihnen gut tut. Und das ganz weit weg von den eigenen Wünschen betrachten: Denn was mir gefällt und mir Spaß macht, muss noch lange nicht für andere gelten. Hier ist es ganz entscheidend, dass ich mich von meinen

[9] Siehe Kap. 10.

eigenen Mustern löse und mich wirklich auf die andern einlasse und mich so für sie interessiere, dass ich weiß, was ihnen gefällt."[10] (Christoph K., Vizepräsident und Alfred K., Vorstandsmitglied Karnevalsverein)

Motivation funktioniert nur im persönlichen Kontakt. Führung im Ehrenamt bedarf der besonderen Nähe zu den Engagierten, um sie motivieren zu können. Nur so kann der Führende erkennen, ob beispielsweise der andere wirklich einen seinen Fähigkeiten und Bedürfnissen entsprechenden Verantwortungs- und Tätigkeitsbereich hat. Und nur durch eine persönliche Nähe kann er zu dessen individuellem Wohlbefinden beitragen.

Dabei geht es nicht nur um ausführliche Gespräche. Besonders wichtig sind ein aufmerksamer Umgang mit und ein ehrliches Interesse an den Bedürfnissen der Mitarbeiter im Ehrenamt. Sofern Unsicherheiten bestehen, kann es auch hilfreich sein, einfach nachzufragen, was für den Einzelnen wichtig ist und warum ihm seine Tätigkeit Spaß macht. Denn jeder Mensch ist in seinen Motiven und Bedürfnissen ganz individuell ausgerichtet.

„Die Motivationen sind vollkommen unterschiedlich. Ein Teil der Motivation geht in Richtung Status was sich darin zeigt, dass ein bestimmtes Ambiente wichtig ist. Manche sind einfach gesellig und freuen sich an dem Team, dass sie dort vor Ort haben, und wollen sich mit Menschen in der Region vernetzen. Manche haben vor allem Lust an den Themen und kommen über die Schiene, dass sie gerne was ausprobieren wollen."[11] (Axel R., ehrenamtliche Führungskraft in einem Berufsverband)

Um herauszufinden, wie andere Menschen ticken und welche Motivationen sie antreiben, ist der erste Schritt, selbst ganz genau die eigenen Motivstrukturen zu kennen. Das Wissen um die eigenen Motive hilft, andere besser einzuschätzen und nicht so leicht von eigenen Bedürfnissen auf die der anderen zu schließen. Das Risiko von blinden Flecken wird damit minimiert.

Eine optische Darstellung kann helfen, sich die Motive der Freiwilligen bewusst zu machen und Ideen zur Motivation zu entwickeln.

In Abb. 6.3 gibt es eine sehr starke Ausprägung in den Motiven „Anerkennung" und „Wissenserweiterung" und eine verstärkte Ausprägung in den Motiven „persönliche Beziehungen" und „sich kümmern". Für die Motivation ist es daher wichtig, vor allem diese Bedürfnisse zu erfüllen.

Sowohl für den Freiwilligen selbst, als auch für die ehrenamtliche Führungskraft ist ein Motivprofil eine wertvolle Unterstützung, um die (eigenen) Antreiber zu erkennen. Es empfiehlt sich daher immer, dass sich die Führungskraft vorab Gedanken über ihr eigenes Motivprofil macht und ein solches auch für sich entwickelt.

Motivprofile von Freiwilligen sollten im Zuge einer vertrauensvollen und transparenten Zusammenarbeit gemeinsam erstellt werden. In diesem Rahmen sollte die Führungskraft auch ihr eigenes Profil offenlegen, um mit dem anderen auf gleicher Augenhöhe zu sein.

[10] Interview der Autorin mit Christoph K. und Alfred K. vom 19.10.2011.

[11] Interview der Autorin mit Axel R. vom 14.06.2011.

Abb. 6.3 Beispiel Motivausprägung

Sind die unterschiedlichen Bedürfnisse herausgefunden oder bekannt, geht es darum, diese möglichst umfänglich zu erfüllen. Das beginnt mit der Auswahl der passenden Aufgabe bis hin zur Schaffung der besonderen Anreize, die sich aus jedem Motiv bedingen und die auf das jeweilige Motiv abgestimmt sein sollten.[12]

Wirksame Anreize zu schaffen, ist eine der entscheidenden Aufgaben in der ehrenamtlichen Führung. Die einzelnen Motive sind dabei individuell zu berücksichtigen.

Praxisbeispiel
„Wir gehen durch die persönlichen Gespräche intensiv auf den Einzelnen ein und versuchen, durch unterschiedliche Veranstaltungen viele Anreize zu bieten, so dass wir möglichst alle mitnehmen. Es ist uns klar, dass uns das nicht immer gelingt, aber es ist trotzdem unser Anspruch an unsere Führungsarbeit. Dabei geht es immer um ganz individuelle Führung: Manche brauchen eine ganz lange Leine, die lasse ich über das Schützenfest völlig in Ruhe. Wieder andere hole ich mir dreimal am Tag und gebe ihnen klare Aufgaben und Orientierung. Einige brauchen viel Lob und Bestätigung von außen, bei wieder anderen ist es wichtig, dass die Anerkennung in der Öffentlichkeit erfolgt. Es geht immer darum zu sehen, was jeder Einzelne braucht. Deswegen beschäftige ich mich auch damit: Ich schaue hin, ich nehme wahr, wie die Leute reagieren, ich rede mit ihnen … und da sehe ich dann schon eine ganze Menge. Sicherlich ist da auch ein bisschen Führungserfahrung dabei, und sicherlich hilft mir auch mein beruflicher Background. Es ist wichtig, Dinge auszuprobieren, nicht im Sinne einer Laborsituation, sondern eher zu spüren, was funktioniert."[13] (Stephan G., Vorstandsmitglied Schützenverein)

Für die in Kap. 3 beispielhaft geschilderten Motive bedeutet dies im Einzelnen:

Anerkennung

Unabhängig davon, ob jemand viel Aufmerksamkeit benötigt oder welche Art der Anerkennung (persönlich oder in öffentlicher Runde) ihm zuteilwird, gibt es zwei Dinge, die zwingend zu beachten sind: die Aufrichtigkeit der Wertschätzung und die Nähe zum

[12] Siehe hier auch Kap. 3.
[13] Interview der Autorin mit Stephan G. vom 07.06.2011.

Ereignis beziehungsweise zum erbrachten Engagement. Ist das Lob oder die erbrachte Würdigung nicht ehrlich gemeint oder wird nicht als ernst gemeint empfunden, ist das so, als wären sie gar nicht erfolgt. Es kann sogar geschehen, dass sich derjenige dann besonders verletzt und getroffen fühlt. Genauso von Bedeutung ist es, dass die Beachtung und der Dank zeitnah zum Ereignis ausgesprochen werden. Für jemanden, der sich über Anerkennung freut, und für den diese ein Leistungsanreiz ist, ist es wichtig, dass diese auch möglichst im Anschluss an seine Leistung erfolgt. Verstreicht zu viel Zeit zwischen guter Tat und Lob, können Frust und Enttäuschung entstehen, da dann die Anerkennung für das eigene Tun fehlt. Um diesen Frust im Nachhinein wieder aufzufangen, bedarf es dann wiederum eines erhöhten Maßes an Anerkennung.

Um das Motiv „Anerkennung" zu erfüllen, geht es also nicht allein um die Würdigung der Leistung oder der Person. Genauso wichtig ist, in welcher Form diese erfolgt. Deswegen ist es wichtig herauszufinden, was genau und wie der Einzelne Anerkennung braucht. Nur dann entsteht bei demjenigen, für den Anerkennung ein wichtiges Motiv ist, ein Gefühl des Sich-wertvoll-Fühlens. Erst dann entstehen positive Glücksgefühle wie Freude oder Stolz, die zu weiterem Handeln motivieren.

Persönliche Beziehung

Menschen, denen soziale Beziehungen wichtig sind, geht es darum, Projekte und Ziele gemeinsam zu gestalten und gemeinsam zu erreichen. Für einige kann es dabei wesentlich sein, Entscheidungen zu diskutieren und möglichst im Konsens zu entscheiden. Bei diesen Menschen kommt es darauf an, sie direkt in Ideen, Planungen und Entscheidungen einzubeziehen.

Auch der Rahmen, innerhalb dessen sich das Gruppenleben gestaltet, wirkt sich auf die Zufriedenheit des Einzelnen aus. Menschen, denen soziale Beziehungen wichtig sind, haben meistens Spaß an Kommunikation und legen viel Wert darauf, sich auszutauschen. Das bedeutet, dass sie gerne mit anderen reden und selbst kontaktfreudig sind. Aus diesem Grund sind sie offen, Zeit miteinander zu verbringen. Ebenso kann es motivierend für sie sein, gemeinschaftliche Unternehmungen und Ausflüge zu machen. Hier kann für einige durchaus der Spaßfaktor im Vordergrund stehen. Für diese ist es wichtig, eine lockere, offene, vergnügliche Atmosphäre zu schaffen, in der Geselligkeit gefördert wird. Dabei muss Geselligkeit nicht bedeuten, eine Feier nach der anderen zu organisieren. Vielmehr kann es auch bedeuten, ein ansprechendes und unterhaltsames Programm anzubieten, das zu gemeinsamen Vorhaben einlädt. Ein solches könnte zum Beispiel sein, wenn ein Tennisclub auch Tanzkurse anbietet, der Dorfverein einen Lauftreff organisiert oder im Schützenverein auch mal zusammen gekocht wird. Entscheidend ist, dass durch das Erleben gemeinsamer schöner Dinge derjenige, den soziale Beziehungen motivieren, sich mit anderen wohlfühlt.

Damit sind also die Art und der Umfang des Kontakts für Menschen mit dem Motiv „persönliche Beziehung" entscheidend für die Motiverfüllung. Viele ehrenamtliche Betätigungen haben in unterschiedlichster Art und Weise mit Menschen zu tun. Zudem gibt es auch im Zusammenwirken vielfältige Möglichkeiten, den Kontakt auszugestalten. Deswegen ist es wichtig herauszufinden, welche Art von Kontakten und welche dazugehörige Atmosphäre der Einzelne für seine Motiverfüllung benötigt, damit er sich wohlfühlt. Je nach Typ und Ausprägung braucht er mehr einzelne Kontakte oder einen Gruppenzusammenhalt. Je nach Typ und Ausprägung bedarf es eher eines geselligen und konsensorientierten Gruppenlebens. Wenn alle Faktoren zueinander passen, wird sich derjenige in diesen sozialen Beziehungen sehr wohlfühlen, gerne in diesen Beziehungen und Strukturen bleiben wollen und seinen Beitrag hierfür leisten.

Soziale Gerechtigkeit

Damit bei Personen mit der Motivstruktur, etwas Gutes zu tun, ein gutes Gefühl oder Zufriedenheit entsteht, ist es wichtig, dass zwischen ihrem Tun und der tatsächlichen positiven Veränderung ein Zusammenhang erkennbar oder spürbar ist. Die Wirkung seines Tuns muss für ihn nachvollziehbar sein.

Dabei kann es für einige wichtig sein, sich an Regelungen oder festgelegten Werten orientieren zu können. Das gibt ihnen das Gefühl, etwas Richtiges zu tun, wenn diese Regeln und Werte eingehalten werden. Solche Werte und Regeln können sich zum Beispiel aus Gesetzen, Richtlinien, aus religiösen Weltanschauungen, aus Vereinsregeln oder bestimmten (Ehren-)Kodexen ergeben.

Je nachdem, wie stark das Motiv ausgeprägt ist, reicht bei einigen schon die Vorstellung aus, etwas bewirken zu können. Bei anderen kann es dagegen eine Rolle spielen, dass auch tatsächlich ein positives Resultat erzielt wird. Das bedeutet, dass Letzteren regelmäßige Erfolgserlebnisse helfen und sie diese teilweise auch brauchen, um ihren Beitrag am erbrachen Engagement zu erkennen. Durch die Erfolge sehen und erleben sie, dass ihre Leistung ankommt und etwas nützt.

Beim Motiv „Gutes tun“ ist daher unter anderem zu beachten, dass das Tun eine unmittelbare oder mittelbare Wirkung hat.

Organisieren

Derjenige, der gerne organisiert, übernimmt auch gerne Aufgaben und Tätigkeiten, bei denen er seinem Ordnungsbedürfnis gerecht wird. Es ist für ihn wichtig, Pläne zu machen und Dinge vorzubereiten. Er fühlt sich in einer geordneten Struktur wohl, in der er weiß, was von ihm erwartet wird und was genau seine Rolle ist.

Diese Menschen fühlen sich in einem klar umrissenen Gefüge gut aufgehoben. Spontane Aktionen oder eine sehr flexible Gestaltung geben ihnen keine Zufriedenheit. Sie benötigen einen fest umrissenen Rahmen, der ihnen vorgibt, was auf sie zukommt und wie dies bewältigt werden soll. Menschen mit dieser Motivausprägung suchen tendenziell ein kalkulierbares Umfeld. Müssen oder sollen Ziele oder Organisationsformen des ehrenamtlichen Engagements verändert werden, ist es wichtig, ihnen die Möglichkeit zu geben, sich darauf einzustellen, so dass die dafür maßgeblichen Schritte für sie planbar gemacht werden können. Hierbei sollten sie frühzeitig über Neuerungen oder Planungen in Kenntnis gesetzt werden. Aus diesem Grund ist es auch sehr wichtig, ihnen immer die erforderlichen Informationen zu geben. Erforderlich ist alles, was ihnen hilft, sich darauf einzustellen. Also beispielsweise Auskünfte über Vorhaben, Ziele, den aktuellen Stand, bestehende Regelungen, Rangordnungen, feste Tagesordnungspunkte etc.

Für Menschen mit diesem Motiv ist Verbindlichkeit der entscheidende Faktor. Das geschieht zum einen, indem Gestaltungsraum zum Organisieren eingeräumt wird, und zum anderen mit einer transparenten und kontinuierlichen Informationsweitergabe.

Sich kümmern

Für denjenigen, der sich mit dem Motiv des Kümmerns und der Fürsorge engagiert, ist es wichtig, etwas zu tun, was der andere wirklich braucht. Es geht nicht darum, Lob oder Dank zu erhalten. In erster Linie geht es darum, dass er sein Tun als für den anderen wichtig empfindet oder als wichtig erkennen kann. In diesem Zusammenhang ist es maßgebend, dass derjenige, der sich einbringt, auch eine Aufgabe erhält, die diese Anforderung tatsächlich erfüllt. Kontraproduktiv und eher demotivierend wäre es, wenn er Tätigkeiten ausführen sollte, die für den anderen überhaupt nicht zählen oder keine Relevanz haben.

Menschen mit Fürsorge als Motiv mögen Menschen und lassen sich emotional auf andere Menschen ein. Hierfür ist persönliche und direkte Nähe eine wichtige Grundlage. Entsprechend wichtig im Umgang miteinander ist ihnen auch eine emotionale und nicht nur rein sachliche Ebene.

Weiterhin ist wichtig, dass sie sich verantwortlich für eine personenbezogene Aufgabe fühlen und diese Verantwortung auch wahrnehmen können. Meistens machen sie sich aus ihrer Verantwortung heraus auch viele Gedanken oder sorgen sich gegebenenfalls um andere. Hierbei ist es wichtig, dies nicht als übertrieben abzutun, sondern sie damit ernst zu nehmen und ihnen zuzuhören und sich mit ihnen auszutauschen.

Ansehen

Bezieht jemand seine Motivation aus dem äußeren Ansehen, ist es wichtig, ihm eine besondere Rolle oder auch immer wieder eine Aufgabe zu geben, die bedeutsam ist und die gesehen wird. Das kann in einer hierarchischen Zuordnung geschehen oder dadurch, dass derjenige wesentliche, unentbehrliche oder in irgendeiner Art spezielle Aufgaben übernimmt. Entscheidend für die Erfüllung dieses Motivs ist es, herauszufinden, was derjenige selbst als besonders ansieht und was vom Umfeld entsprechend anerkannt wird. Wertschätzung fühlt er nur dann, wenn ihm beides gegeben wird. Insofern kann es wichtig sein, die Bedeutung seiner Funktion zumindest innerhalb der Organisation explizit hervorzuheben. Insbesondere dann, wenn sich diese Bedeutung nicht unmittelbar aus der Funktion ergibt.

Erforderlich ist es, ihm ein Gefühl zu vermitteln, einer besonderen Gruppe anzugehören oder ein wichtiges Amt auszuüben. Dies ist dann der Fall, wenn diese nicht für jedermann zugänglich ist oder das Amt nur mit bestimmten Voraussetzungen ausgefüllt werden kann.

Hinsichtlich der Motivation gilt es herauszufinden, ob es dabei allein auf Zugehörigkeit zu einer bestimmten Gruppe ankommt oder ob es genauso wichtig ist, eine angesehene Funktion wahrzunehmen.

Einfluss nehmen
Für Menschen, deren Motivation sich stark aus der Möglichkeit ableitet, Einfluss zu nehmen, ist es wichtig, Verantwortung zu tragen. Dafür benötigen sie einen entsprechenden Gestaltungsrahmen. In diesem sollte ihnen die Freiheit gegeben sein, bestimmen zu können – entweder über die eigenen Tätigkeiten oder über die anderer. Hierbei ist es wichtig, ihre Entscheidungen auch ernst zu nehmen. Oftmals ist der größte Gestaltungsspielraum innerhalb von Führungspositionen gegeben. Insofern kann es denjenigen sehr motivieren, ein solches Amt auszuüben.

Des Weiteren ist es wichtig, ihnen Aufgaben zu geben, deren Verwirklichung ihnen eine Leistung abverlangt. Dabei macht ihnen das Erreichen von Zielvorgaben oder auch das Bewältigen von Herausforderungen besonders viel Spaß. Ziele und Herausforderungen können also für diesen Motivationstyp unterstützend sein.

Menschen mit einer starken Ausprägung des Motivs Einflussnahme gewinnen Befriedigung aus einer möglichst dominanten Funktion, die sie in ihrem Engagement ausüben. Dies bedeutet nicht, dass sie darauf fixiert sind, Macht auszuüben. Ihnen geht es vielmehr darum, durch ihre Stellung etwas erreichen zu können. Der Kern liegt also im Machen-Lassen.

Wissenserweiterung
Wie sich die Wissenserweiterung im Einzelfall ausgestaltet, ist vom jeweiligen Motivationstyp abhängig. Hier ist es wichtig, erst einmal zu erkennen, ob jemand per se gern lernt oder ob das Lernen für ihn nur ein Mittel zum Zweck ist. So wird es für denjenigen, der wenig Spaß am Lernen hat, darauf ankommen, dass er das Gelernte möglichst schnell umsetzen kann.

Weiter ist wichtig zu erkennen, dass demjenigen, der sich gerne immer wieder mit neuen Sachen beschäftigt, genügend Abwechslung geboten wird. Menschen, die sich eher in Dinge vertiefen, müssen sich immer wieder intensiv mit Neuem beschäftigen, um als Experte unterwegs sein zu können.

Genauso wesentlich ist es herauszufinden, wer sich lieber kognitiven Herausforderungen stellt oder wem es um die Erweiterung seines Erfahrungsschatzes geht. Wenn Tätigkeiten hierauf abgestimmt werden oder dies bei Einsatzmöglichkeiten berücksichtig wird, kann dies zu mehr Freude und Erfolg und damit auch zu einer längerfristigen Bindung führen.

Wetteifern
Wichtig zu beachten ist, dass Personen mit diesem Motiv auch gewinnen wollen. Dafür benötigen sie Erfolge. Vorhaben, bei denen man nur verlieren kann, werden sie auf Dauer frustrieren.

Da sie gerne gewinnen, werden sie bei einer Niederlage eine Revanche suchen. Sie geben sich selten geschlagen.

Im persönlichen Umgang ist es für diese Personen wichtig, dass man sich überhaupt mit ihnen und ihrer Position auseinandersetzt. Für sie ist es schlimm, bei Meinungsverschiedenheiten oder Disputen keine Möglichkeit der Aussprache zu bekommen. Sie sind Kämpfernaturen, und diese Natur will gelebt und beachtet werden.

Unterstützende Führungsinstrumente

Nachhaltig zu motivieren, ist ein Prozess, der dauerhaft stattfinden muss, wenn eine langfristige Bindung von Freiwilligen angestrebt wird. Dies hat zur Konsequenz, dass Motivation ein fester Bestandteil der Führung sein sollte.

Unterstützen können hierbei Motivationsprofile, die Kenntnis über die eigene Motivation geben, und regelmäßige Gesprächsrunden, die dem persönlichen Kennenlernen dienen.[14]

Um Menschen dauerhaft und wirksam zu motivieren, ist es wichtig

- sowohl die eigenen Motive als auch die von den Menschen zu kennen, die man durch Motivation unterstützen möchte,
- in persönlichem Kontakt mit ihnen zu sein,
- persönliche Bedürfnisse zu erfüllen,
- vertrauensvoll und transparent mit Motiven umzugehen.

6.4 Nachfolge sichern

Genauso wichtig wie der Aufbau ehrenamtlichen Engagements ist es, dafür zu sorgen, dass Organisationen kompetent und handlungsfähig bleiben. Aufgrund der Freiwilligkeit besteht jederzeit für jeden Engagierten die Möglichkeit, von einem Augenblick auf den nächsten seine Tätigkeit einzustellen. Das birgt für jede Einrichtung das besondere Risiko, plötzlich über nicht genügend Ressourcen zu verfügen und gegebenenfalls das Engagement einstellen zu müssen. Findet sich beispielsweise niemand, der einen Betreuungsdienst übernimmt, ist dieser aufzugeben und kann nicht mehr angeboten werden. Tritt ein Vereinsvorstand komplett zurück (oder muss aus Altersgründen sein Amt aufgeben) und findet sich nicht rechtzeitig ein neuer Vorstand, kommt es zur Zwangsverwaltung durch das Amtsgericht, was dann zur Stilllegung des Vereins führt. Gibt es zum Beispiel keinen geeigneten Nachfolger für die Aufgabe Presse- und Öffentlichkeitsarbeit wird die öffentliche Wahrnehmung zurückgehen und damit auch Wirkung und Reputation der Initiative abnehmen.

Das Risiko fehlender Nachfolgesicherung bezieht sich durchgehend auf alle Aufgaben, von rein operativen Diensten bis hin zu bestimmten Schlüsselpositionen. Dem gilt es mit einer strategischen Planung für kurz- und mittelfristigen Nachwuchs vorzubeugen.

[14] Siehe Kap. 10.

Praxisbeispiel

„Wir versuchen jetzt, aus den eigenen Reihen unter den Sportlern uns den Nachwuchs aufzubauen. Die meisten sind ja noch jünger, insofern setze ich auf diese Leute. Hier schaue ich schon, wer sich für ein solches Amt eignen würde und wer welche Stärken mitbringen könnte. Die Auswahl der Nachfolger halte ich für extrem wichtig. Und da halte ich auch besonders meine Augen offen und schaue mir alle genau an.

Mir ist es sehr wichtig, den Verein irgendwann in der Zukunft in guten Händen zu wissen. Mein Wunsch ist es, einen guten Nachfolger zu finden, dem ich guten Gewissens und Herzens mein Amt dann gerne übergebe.“[15] (Benno S., Vorstandsvorsitzender Stemm- und Ringverein)

Chancen und Fallstricke

Die Übergabe einer neuen Verantwortlichkeit kann Menschen inspirieren und dadurch motivieren und binden. Ähnlich wie im Arbeitsleben kann die Wahrnehmung unterschiedlicher Funktionen oder sogar ein Aufstieg in ein Amt eine Form von Karriere darstellen. Indem eine gezielte Nachfolgeplanung betrieben wird, bietet man damit gleichzeitig Interessierten die Chance, sich persönlich durch neue Aufgaben weiterzuentwickeln.

Die Suche von Nachfolgern führt meistens nicht zu einer Vielzahl von sich drängelnden Bewerbern. Wahrscheinlicher sind hier eher Zurückhaltung und mäßige Beteiligung.

„Als die Nachfolgeproblematik auf der Mitgliederversammlung angesprochen wurde, habe ich mich zunächst überhaupt nicht angesprochen gefühlt – zumal ich mit meiner fünfjährigen Mitgliedschaft erst kurz dabei war und mich eher als Jung-Mitglied sehe im Vergleich zu den Mitgliedern, die bereits seit 20 Jahren dabei sind. Meine spontanen Gedanken waren zunächst, den Ball flach zu halten und diejenigen vorzulassen, die dem Verein schon viel länger angehören. Und irgendwie dachte ich auch, dass sich das alles bestimmt noch regeln würde. Letzteres erwies sich dann aber als Trugschluss. Erst als es eine weitere außerordentliche Mitgliederversammlung gab, in der angekündigt wurde, dass der Club dann in Zukunft durch das Amtsgericht zwangsverwaltet werden würde, wenn sich keine Nachfolger für den Vorstand finden ließe, und dies wohl zu einer Abwicklung des Vereins führen würde, kam Bewegung in die Sache. Angetrieben von dem Gedanken, zumindest erst noch mal alles zu versuchen und den Club zu erhalten, habe ich mich mit einigen anderen Mitstreitern zur Rettung zusammengetan. So entstand bei uns ein überwiegend neues Vorstandsteam.“[16] (Arno M., Vorstandsmitglied Tennisverein)

Fallstricke bei Führungspositionen

Das Interesse bei Menschen für eine Nachfolge zu wecken, gestaltet sich manchmal zäh, was unterschiedliche Gründe haben kann.

Zum Teil liegt dies an einer zu späten oder zu wenig gezielten Planung der Nachfolgersuche. Gerade wenn Aufgaben gut funktionieren, wird das Thema Nachfolge gerne vernachlässigt. Akuter Handlungsbedarf entsteht erst dann, wenn eine Not- oder Drucksituation vorliegt. In der Regel wird dann von jetzt auf gleich ein Nachfolger benötigt, was eine strategische und kompetenzorientierte Suche stark einschränkt. Diese Situationen führen dann dazu, dass irgendwer genommen wird, und die Frage, ob derjenige für die Aufgabe überhaupt geeignet ist, in den Hintergrund tritt.

[15] Interview der Autorin mit Benno S. vom 23.07.2011.

[16] Interview der Autorin mit Arno M. vom 10.08.2011.

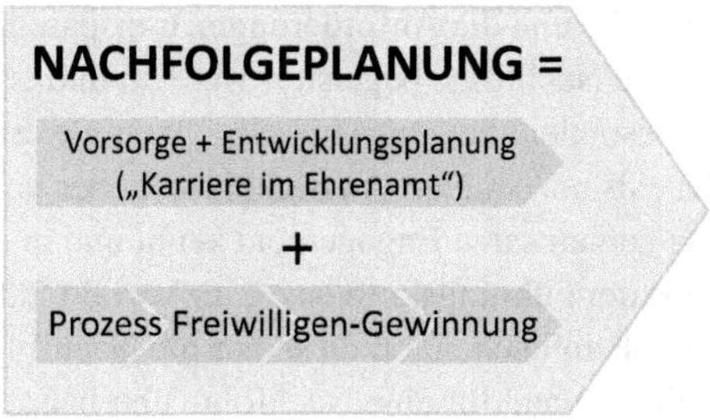

Abb. 6.4 Nachfolgeplanung

Beim Thema Führungsnachfolge geht es darum, dass die amtierende Führungskraft einen Nachfolger für sich selbst sucht. Hier kann es vorkommen, dass kein passender Nachfolger gefunden wird, weil er gar nicht ernsthaft gesucht wird. Die Führungskraft ist gezwungen, sich damit auseinanderzusetzen, was nach der Amtsaufgabe kommt. Gerade bei Positionen, die einem viel Spaß machen und aus denen man selbst viel mitgenommen hat, ist es schwer, sich zu verabschieden oder sogar noch einmal neue Aufgaben zu übernehmen. Zum anderen bedeutet es aber auch, sich einzugestehen, dass jemand anders die Position genauso gut wahrnehmen kann wie man selbst. Es gehören hier eine gewisse Selbstreflexion und Souveränität dazu, diese Kompetenz einem anderem zuzugestehen und ihm sogar zuzutrauen, die Tätigkeit mindestens genauso gut auszuführen. Das ist nicht immer einfach und erfordert manchmal auch viel Mut. Nachfolger zu suchen und zu finden, ist daher insbesondere bei Führungsnachwuchs auch ein heikles Thema.

Verhaltenes Interesse ergibt sich manchmal aus der Beschränkung, Familie, Beruf und Ehrenamt unter einen Hut zu bringen. Im sportlichen Bereich kommt oft noch dazu, dass man selbst gerne auch noch aktiv Sport treiben möchte. Dann wird die Zeit für ein Ehrenamt natürlich knapp. Eine Überzeugung und Begeisterung werden hier nur gelingen, wenn der andere durch die Übernahme der Aufgabe etwas gewinnt. Insofern gilt das Gleiche, was bei der Gewinnung von Freiwilligen ausgeführt wurde: derjenige muss auf die Position passen und sie machen wollen.

Geplante Übergabe

Die Führungsaufgabe „Nachfolgesicherung" baut daher auf vorherige Aufgaben auf: Nur wenn genügend ehrenamtlich Tätige in einer Organisation vorhanden sind und sich dafür einsetzen möchten, kann eine Nachfolge der Organisation gesichert werden. Das Vorhandensein ausreichend motivierter Mitglieder ist eine Grundvoraussetzung (siehe Abb. 6.4).

Sind motivierte Mitglieder gefunden, die bereit sind, eine verantwortungsvolle Aufgabe zu übernehmen, sind sie so einzubinden, dass sie in die Lage versetzt werden, kurzfristig die Ausübung zu übernehmen.

Dies erfordert zunächst Wissen über die Aufgabenstellung und über die notwendigen Fähigkeiten, die bei der Ausübung der Position vorhanden sein sollten. Erst danach können mögliche Kandidaten ermittelt und überzeugt werden. Hierbei gilt es, das Gleiche zu beachten wie bei der Gewinnung und Auswahl von Freiwilligen: Zunächst müssen die

Aufgabe und die Anforderungen transparent dargestellt werden. Dann müssen Aspiranten für die Nachfolge begeistert werden, und schließlich erfolgt die Auswahl. Auch hierbei – insbesondere bei der Auswahl – ist ein wertschätzender Umgang ganz entscheidend. Anders als bei der Neu-Auswahl besteht der Vorteil, dass man sich untereinander schon durch das gemeinsame Engagement kennt und in der Regel eine persönliche Nähe besteht. Aufgabe der Führungskraft ist es, im Vorfeld Stärken und Schwächen des anderen zu erkennen und abzugleichen, ob diese auf die Nachfolgeposition passen. Nur wenn dies der Fall ist, sollte jemand für eine Nachfolge überhaupt angesprochen werden.

„Neben den positiven Dingen in unserem Verein wie Finanzlage und Mitgliederzufriedenheit gibt es bei uns auch eine große Herausforderung: Ein Problem ist die Sicherung der Nachfolge im Vorstand. Das gestaltet sich schwierig. Wir haben kein Auswahl- oder Bewerbungsverfahren, um herauszufinden, ob jemand auf das Amt passt, so wie man das aus der Unternehmenswelt kennt. Diese Möglichkeiten des strukturierten Abprüfens eines Vorstandskandidaten haben wir in unserem Verein nicht. Wir wären froh, wenn überhaupt jemand sagt: ‚Ich mache das.' Meine Vorstandskollegen und ich sind bereits seit vielen Jahren im Amt. Da die meisten von uns zwischen 65 und 75 Jahren sind, ist es klar, dass wir das Amt nicht noch zehn Jahre weitermachen werden. Wir brauchen also in absehbarer Zeit Nachfolger. Möglichst auch Nachfolger, die wiederum eine bestimmte Zeit lang dabei bleiben. Was wir zurzeit tun, ist, aktiv Leute ansprechen. Das sind Leute, die wir kennen und bei denen wir uns das vorstellen können."[17] (Detlef F., Vorstandsmitglied Tennis- und Hockeyverein)

Bei einigen Ämtern kommt es vor, dass sie neben einer ausreichenden Erfahrung auch ein besonderes Wissen abverlangen. Sofern der ausgesuchte Nachfolger noch nicht über diese Fachkenntnisse verfügt, muss er dahin gebracht werden, sich diese Kenntnisse anzueignen.

Unterstützende Führungsinstrumente

Sowohl für eine Risikovorsorge eines plötzlichen oder absehbaren Wegfalls einer Person als auch für eine persönliche Entwicklungsplanung ist eine Nachfolgeplanung mit entsprechenden Stellenprofilen hilfreich.

Für eine strukturierte Amtsübergabe, insbesondere bei Führungspositionen, sind Einarbeitungspläne eine gute Unterstützung, um einen Wechsel für alle Beteiligten gewinnbringend zu gestalten.[18]

Sich um Nachfolger zu kümmern, ist Risikovorsorge. Diese wird sichergestellt durch

- eine strukturierte Planung und ein Konzept
- Thematisierung,

[17] Interview der Autorin mit Detlef F. vom 04.08.2011.

[18] Siehe Kap. 10.

- die Verbindung mit der persönlicher Weiterentwicklung von Einzelnen,
- das Vorhandensein genügend motivierter Freiwilliger.

6.5 Erfolg gemeinsam erreichen

Um Erfolg zu haben, benötigt man ein klare Ausrichtung: Nur wer weiß, wohin er will, kann sein Handeln danach ausrichten. Insofern ist es erforderlich, Orientierung zu geben. Alles andere ist reine Glückssache und bleibt dem Zufall überlassen.

Ziele

Orientierung kann zum einen mit Zielen gegeben werden. Das Erreichen von Zielen bedeutet Erfolg. Damit Erfolg im ehrenamtlichen Engagement durch Führung unterstützt werden kann, müssen klare Ziele geplant und definiert werden.

„Insgesamt spielt Führung eine wichtige Rolle bei meinem Engagement. Eigentlich ist es kein Unterschied, ob ich im Unternehmen eine Einheit, beispielsweise eine Abteilung, führe oder ob ich dort im Verein die Menschen führe. Alle wollen letztendlich ein klares Ziel vor Augen, und es geht darum, alle an der für sie richtigen Stelle abzuholen. Und das zu tun, ist für den Weiterbestand unseres Vereins ganz entscheidend.“[19] (Stephan G., Vorstandsmitglied Schützenverein)

Ziele sind realistische, konkrete Beschreibungen und auf einen geplanten, konkreten Zustand ausgerichtet. Damit unterscheiden sie sich von unrealistischen Wünschen, unscharfen Visionen und rein zur Orientierung dienenden Leitbildern. Zielfindung und Zielsetzung sind daher wichtige Führungsgrößen. Ziele gibt es im Kleinen wie im Großen, beispielsweise gibt es übergeordnete Organisationsziele genauso wie eine Zielerreichung für einzelne Aufgabenstellungen. Im ehrenamtlichen Engagement ist ferner zu beachten, dass alle Ziele am Zweck des Engagements ausgerichtet sein sollten.

Wichtig bei der Festlegung von allen Zielen ist, dass sie dem Qualitätskriterium SMART entsprechen und folgende Merkmale aufweisen:

- **S**pezifisch konkret
- **M**essbar
- **A**ktiv beeinflussbar
- **R**ealistisch
- **T**erminiert

Spezifisch bedeutet, dass Ziele eindeutig sein sollen. Messbar heißt, dass sie klare Kriterien aufweisen und kontrolliert werden können. Aktiv beeinflussbar besagt, dass sich

[19] Interview der Autorin mit Stephan G. vom 07.06.2011.

das eigene Handeln auswirken kann. Realistisch beinhaltet, dass sie erreichbar sind. Und terminiert steht für einen festen Endzeitpunkt.

Überzeugung

Neben der Formulierung von Zielen ist eine weitere Aufgabe, diese zu kommunizieren und die Menschen von einer gemeinsamen Zielerreichung zu überzeugen. Aufgrund der im Ehrenamt fehlenden Leitungsmacht muss hier immer ein Konsens über die gemeinsamen Ziele erreicht werden: Der Freiwillige muss mit den Zielen einverstanden sein und sich mit diesen identifizieren können und mitgestalten können. Es geht nicht um eine reine Vorgabe sondern Partizipation, sonst wird er nicht bereit sein, sich danach ausrichten und an der Umsetzung mitzumachen. Hierin liegt eine große Herausforderung in der ehrenamtlichen Führung. Einerseits geht es darum, die freiwilligen Helfer anzuerkennen und auf ihre spezifischen Bedürfnisse einzugehen. Andererseits ist es für den Leistungserfolg einer Organisation wichtig, klare Ziele zu entwickeln, aufzuzeigen und deren Notwendigkeit und Nutzen deutlich zu machen. Die Konsequenz daraus ist ein Orientierungsrahmen in dem es darum geht, klare Ansagen zu treffen, wohin es gehen soll, und die Mitarbeiter im Sinne einer Mitverantwortung und Mitwirkung daran partizipieren zu lassen. Dabei sind Werte, ein Commitment und Beteiligung gleichermaßen bei der Zielorientierung zu berücksichtigen. Entscheidend für den Erfolg ist die Verbundenheit der Ehrenamtlichen mit dem Ziel.

Steuerung von Aufgaben

Besteht ein Konsens über die Zielfestlegung, sind die Aufgaben des Einzelnen oder der Organisation darauf abzustimmen. Das bedeutet, eindeutige Aufgaben zu formulieren und zu verteilen. Auch hier ist Einigkeit über die zu erbringenden Aufgaben zwingend erforderlich. Dafür kann es nötig sein, konkret aufzuzeigen, warum diese Aufgaben wichtig sind und warum der Freiwillige zur Erfüllung dieser Aufgabe gebraucht wird.

Es zeigt sich, dass die Führungsaufgaben teilweise immer wieder ineinandergreifen: So spielen bei der Aufgabenverteilung wieder die Aspekte der Motivation eine große Rolle. Zielfestlegung und die Steuerung von Aufgaben hängen eng miteinander zusammen. Hier muss die Führung dem stetigen Wechsel von Zielen in der Steuerung der Aufgaben Rechnung tragen.

Erfolge würdigen

Es ist für alle Beteiligten wichtig zu wissen, wenn ein Erfolg eingetreten ist. Werden Ziele angegangen, muss über den Zielerreichungsgrad oder sogar den eingetretenen Erfolg bei vollständiger Erreichung informiert werden.

Um erfolgreich zu leisten, gehört es neben der Vorgabe von Zielen genauso dazu, durch klare Standpunkte Orientierung zu geben. Das kann auch mal bedeuten, Nein zu sagen, wenn ein Vorhaben sich nicht mit dem Zweck der Einrichtung vereinbaren lässt.

Und sind Ziele erreicht worden und ist damit erfolgreich gehandelt worden, ist es wichtig, das zu würdigen und diesen Erfolg auch gemeinsam zu feiern.

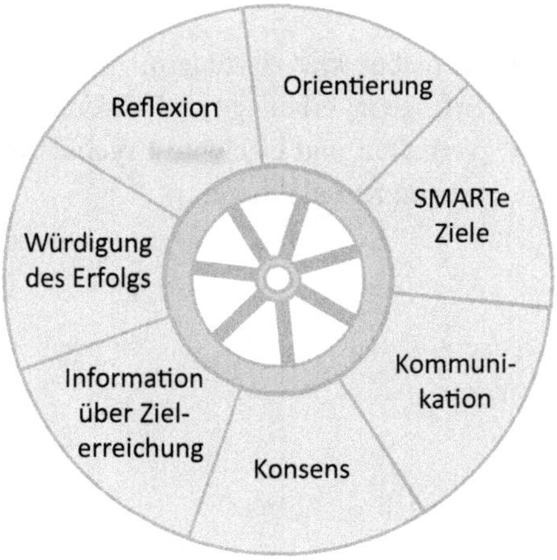

Abb. 6.5 Erfolgsrad

Reflexion

Ist ein Ziel besonders gut oder eher nicht zufriedenstellend erreicht worden, ist es für zukünftige Aktionen wichtig, sich den Prozess der Zielerreichung näher anzuschauen und zu reflektieren. Hier ist eine Aufgabe zu analysieren, was besonders gut oder eben nicht so gut gelaufen ist und was daraus für die Zukunft und ähnliche Unternehmungen gelernt werden kann. Ähnlich dem fußballerischen Grundsatz: „Nach dem Spiel ist vor dem Spiel." So unterscheiden sich erfolgreiche Organisationen von nicht erfolgreichen dadurch, dass sie sich neben der Planung und Steuerung ihres Handels auch immer wieder damit auseinandersetzen, *wie* sie etwas getan haben, um dies dann in der Zukunft zu nutzen oder eben zu vermeiden (siehe Abb. 6.5).

Unterstützende Führungsinstrumente

Hilfreiche Führungsinstrumente bei der Gestaltung von Erfolg sind eine fundierte Zielplanung und eine gute Kommunikation. Dafür sind festgelegte Kommunikationsrunden wichtig. Über geplanten und auch erreichten Erfolg sollte regelmäßig berichtet werden.[20] Das Commitment zu Zielen wird dadurch gesteigert, dass sich die ehrenamtlichen Mitarbeiter intensiv mit den Zielen und Werten der Organisation auseinandersetzen. Auch hierfür ist ein transparentes Leitbild hilfreich, da es zu gemeinsam formulierten, übergeordneten Werten und Zielen Orientierung schafft.

Gemeinsam Erfolg zu haben, setzt voraus

- Ziele zu planen, zu definieren und zu erreichen,
- jeden Einzelnen von seinem Tun und Mitwirken zu überzeugen,

[20] Siehe Kap. 10.

- Aufgaben klar zu steuern,
- Erfolge zu erkennen und angemessen zu würdigen und zu feiern,
- Verhalten und erreichte Ergebnisse immer auch bezogen auf zukünftige Handlungen zu reflektieren.

Kernkompetenzen 7

Der Erfolg von Führung im ehrenamtlichen Bereich hängt entscheidend von der Person des Führenden ab. Dies bezieht sich auf seine Akzeptanz und seine fachlichen und sozialen Kompetenzen. Die einzelnen Kompetenzen variieren je nach der zu bewältigenden Führungsaufgabe. Genauso, wie es generelle Aufgaben im Ehrenamt gibt, finden sich auf den unterschiedlichsten Gebieten auch persönliche Kernkompetenzen, die für sehr viele Führungsaufgaben im ehrenamtlichen Engagement notwendig sind.

Hierbei handelt es sich um

- Begeisterungsfähigkeit,
- strategisches Denken,
- Zielorientierung,
- Organisationsfähigkeit,
- Kontaktfähigkeit,
- Kommunikationsfähigkeit (siehe Abb. 7.1).

> Diese Kernkompetenzen müssen nicht alle gemeinsam oder in gleicher Ausprägung vorliegen. Auch hier kommt es entscheidend auf die konkrete Situation und den Führungsumfang an. Auf den folgenden Seiten soll eine nähere Beschreibung der einzelnen Eigenschaften dabei unterstützen, eine mögliche Erforderlichkeit besser einschätzen zu können.

B. Redmann, *Erfolgreich führen im Ehrenamt*, DOI 10.1007/978-3-8349-4679-9_7

Abb. 7.1 Persönliche Kernkompetenzen

7.1 Begeisterungsfähigkeit

Begeistert ist man, wenn man sich mitreißen lassen kann, voll und ganz hinter einer Sache steht und man mit dem, was man macht, am liebsten nicht mehr aufhören möchte. Wenn man für etwas brennt, dann zeigt sich das im ganzen Ausdruck: In der Art und Weise, wie man davon erzählt, wie die Stimme dabei klingt, wie die Augen leuchten und das Gesicht strahlt. Dass man begeistert ist, erkennt man am Spaß und an der Leidenschaft, die man dann entwickelt.

Begeisterte Menschen strahlen Kraft und Freude aus, und diese Gefühle wirken in ihrem Umfeld. Begeisterungsfähigkeit ist daher die Anlage, sich selbst zu begeistern und andere mit der eigenen Leidenschaft und dem eigenen Interesse anzustecken.

Praxisbeispiel

„Für mich bedeutet das, mit dem Herzen, mit meiner Leidenschaft dabei sein. Für mich geht es darum, dabei zu sein, nah an meinem Klienten zu sein und ihn ganzheitlich zu begleiten und unbedingt auch Erfolg zu haben. Nicht nur auf Teufel komm raus jemanden zu fördern, sondern vor allem diejenigen zu unterstützen, die mitmachen, und bei denen sich das dann auch im Geschäftserfolg zeigt. Oder eben ihn dann auch zu unterstützen, etwas anderes zu finden, wenn wir feststellen, dass die ursprüngliche Sache doch nicht sein Ding ist.

Ich glaube, es ist wichtig, das, wofür ich mich engagiere, mit Leidenschaft zu machen. Und es ernst zu nehmen."[1] (Walter H., ehrenamtlicher Berater)

Tätigkeiten, die wir mit Herzblut ausführen und die wir mit Liebe zur Sache oder zu den beteiligten Personen tun, mobilisieren ganz besondere Energien in uns selbst und bei

[1] Interview der Autorin mit Walter H. vom 20.06.2011.

den anderen, die wir begeistern. Das steigert die Motivation und damit auch die Leistungsfähigkeit. Mit Begeisterungsfähigkeit gelingt es, Menschen zu motivieren.

„Meines Erachtens hängt der Gesamterfolg eines ehrenamtlichen Projekts sehr stark davon ab, wie engagiert die Einzelnen sind und wie motivierend die Führungscrew – insbesondere der Kopf des Ganzen – agiert. Gelingt es, diese bunt zusammengewürfelte Mannschaft von Freiwilligen immer wieder zu begeistern, die Zusammenarbeit im Team zu fördern und konkrete Aufgaben erfolgreich zu Ende zu bringen? Bei Innocence in Danger geschieht dies durch direkte Ansprache und vor allem durch den engagierten und sehr persönlichen Einsatz unserer Präsidentin. Dadurch, dass sie uns ihr Engagement für eine gute Sache vorlebt, begeistert sie uns immer wieder neu für das Thema: Es kommt rüber, dass Stephanie zu Guttenberg sich aus vollem Herzen für den Schutz von Kindern einsetzt. Das prägt unser gesamtes Team!“[2] (Karl S., Vorstandsmitglied einer internationalen Kinderschutzorganisation)

Begeisterungsfähigkeit heißt, die Sehnsucht bei anderen für etwas Besonderes zu wecken. Antoine de Saint-Exupéry sagte: „Willst Du ein Schiff bauen, lehre die Männer die Sehnsucht nach dem Meer.“ Um glaubhaft Sehnsucht zu vermitteln, muss ich selbst sehnsüchtig sein.

Begeisterung lässt sich auch wecken, indem Überzeugungsarbeit geleistet wird, ohne dabei Druck auszuüben. Das bedeutet, die eigene Meinung beharrlich und trotzdem diplomatisch zu vertreten und andere für Ideen und Ziele zu mobilisieren. Dies bedarf überzeugender Argumente, die nachvollziehbar und anschaulich dargestellt werden. Hierzu gehört auch, sich mit möglichen Einwänden auseinanderzusetzen und diese entkräften zu können.

Bedeutung für Kernaufgaben

Begeisterungsfähigkeit ist eine wichtige Schlüsselkompetenz für Führungskräfte im ehrenamtlichen Engagement.

Um Menschen für die Planung einer Organisation oder die Umsetzung von Vorhaben zu gewinnen, ist es wichtig, sie zu begeistern. Sowohl beim Aufbau einer Organisation als auch bei deren Steuerung ist es wichtig, andere Menschen zu erreichen und sie für die Sache und die Idee begeistern zu können. Das erfordert ein hohes Maß an Begeisterungsfähigkeit. Gleiches gilt für den direkten Umgang mit Menschen bei der Nachfolgesicherung. Auch hier kommt es darauf an, jemanden für die Aufgabe zu begeistern und sie ihm nahebringen zu können.

Egal, um welche Aufgaben es geht (Organisationsformen schaffen, Freiwillige gewinnen, Motivation, Sicherung der Nachfolge, erfolgreich sein), wird es immer wichtig sein, andere Menschen für diese Sache oder diese Aufgabe zu gewinnen und davon zu überzeugen. Für alles, was im freiwilligen Bereich geleistet wird, ist es erforderlich, Menschen genau dafür zu begeistern (siehe Abb. 7.2).

[2] Interview der Autorin mit Karl S. vom 02.08.2011.

Abb. 7.2 Begeisterungsfähigkeit

> **Begeisterungsfähigkeit**
> Begeisterungsfähigkeit ist eine wichtige Schlüsselkompetenz für die Führung im ehrenamtlichen Engagement.
>
> Wie zeigt sich Begeisterungsfähigkeit und woran erkenne ich sie?
>
> Indem ich
>
> - mit Leidenschaft und Spaß bei der Sache bin,
> - Freude und Kraft ausstrahle,
> - die eigene Begeisterung auf andere Menschen übertrage,
> - ohne Druck mit sachlichen Argumenten überzeuge,
> - Motivation und Leistungsfähigkeit steigere.

7.2 Strategisches Denken

Strategisches Denken ist die Fähigkeit, Entwicklungen frühzeitig zu antizipieren und zukünftige Trends aufzuzeigen. Dazu gehört es, Sachverhalte zu analysieren und Abläufe und Prozesse in einzelne Teile zerlegen und vernetzen zu können. Beim strategischen Denken werden Themen ganzheitlich aufgegriffen, systematisch geplant und reflektiert. Beginn einer jeden Analyse ist es, die eigene Ausgangsposition zu bestimmen. Das kann beispielsweise durch die Bewertung des Umfelds, der Geschäftsfelder, der Zielgruppen oder auch der Mitbewerber erfolgen. Gängige Analysen sind hier die strukturierte Marktanalyse, Stärken-Schwächen-Analyse und die Kosten-Nutzen-Analyse. Nachdem die Ist-Situation bestimmt ist, erfolgt die Festlegung des Soll-Zustands. Eine hohe strategische

Abb. 7.3 Strategisches Denken

Kompetenz ist nötig, um Ergebnisse, mögliche Erfolgsaussichten und Entwicklungen einschätzen und ableiten zu können und letztendlich einen Weg vom Ist zum Soll herzuleiten.

Strategisch zu denken, heißt auch, ganzheitlich zu denken. Eine Vision (oder gegebenenfalls auch die Mission) eines Vorhabens wird genau betrachtet und mit den richtigen Interessengruppen unter Beachtung von kritischen Erfolgsfaktoren und vorhandenen Ressourcen einer konkreten Lösung zugeführt. Dabei liegt immer die Kernfrage zugrunde: Welche Aktionen müssen in welche Richtung betrieben werden, um die gesetzten Ziele zu erreichen?

Strategisches Handeln fokussiert sich dabei auf die Aspekte, die mittel- und langfristig der Erreichung des geplanten Erfolgs dienen. In Abgrenzung zu ziellosem Aktivismus erfolgt somit eine Konzentration auf bestimmte Kernaktivitäten (siehe Abb. 7.3).

Bedeutung für Kernaufgaben

Ein strategisches und konzeptionelles Denken ist hilfreich, wenn es darum geht, Planungen und Entwicklungen lang- und mittelfristig auszurichten. Das ist erforderlich, wenn es darum geht, Organisationen aufzubauen, zu steuern und um ein gezieltes Marketing zu betreiben. Kompetenzen auf diesem Gebiet erleichtern die Entwicklung von gezielt aufgestellten Maßnahmen oder Verfahren (zum Beispiel treffsichere Auswahlverfahren bei der Gewinnung von Freiwilligen).

„Wir haben die Erfahrung gemacht, dass während und nach der Gründungsphase viele Interessierte da waren, denen wir leider gar nicht gerecht werden konnten. Dieses verschenkte Potenzial ist jetzt im Nachhinein für uns sehr schade. Andererseits haben uns die Aufgaben der Vereinsgründung und die damals heiße politische Einsatzphase dermaßen überrollt, dass wir uns überhaupt nicht gescheit um die potenziellen Helfer kümmern konnten. Uns ist dabei klar geworden, dass es wichtig ist, vernünftige Strukturen so aufzubauen, dass, wenn jemand kommt und uns fragt, ob er etwas tun kann, wir ihm dann auch eine passende Aufgabe anbieten können. Hier ist es für Interessierte, aber auch für uns wichtig zu wissen, was der Inhalt der Tätigkeit sein soll, welchen Aufwand sie umfasst, welche Erwartungen damit verbunden sind und welche Fähigkeiten jemand mitbringen sollte."[3] (Ulla C., Vorstandsmitglied einer gesellschaftlichen Initiative)

Auch bei der Nachfolgeplanung ist es wichtig – neben den planerischen Aspekten – gut analysieren zu können, um Schlüsselpositionen oder Risiken im Vorfeld zu erkennen und gezielt Konzepte oder Stellenprofile entwickeln zu können.

Strategische Fähigkeiten erleichtern zudem die Definition von Erfolgszielen.

Woran mache ich strategisches Denken fest?
Strategisches Denken leitet sich daraus ab,

- eine Situation schnell analysieren zu können,
- eine Vorstellung über eine Lösung entwickeln zu können,
- maßgebliche Einflussfaktoren zu erkennen,
- die vorhandenen Ressourcen zu kennen,
- Handlungen auf die wesentlichen Kernaktivitäten zu lenken.

7.3 Zielorientierung

Es ist wichtig zu wissen, wohin man will, um dort auch ankommen zu können. Das gilt insbesondere im freiwilligen Engagement, denn bei diesem geht es im Wesentlichen darum, eine Idee zur Umsetzung und damit an ihr Ziel zu bringen. Zielorientierung ergänzt sich gut mit der Fähigkeit zu strategischem Denken, denn das, was die Strategie vorgibt, gelangt mit einer gehörigen Portion Zielorientierung in die Umsetzung.

Letztendlich ist das Ziel die Messlatte, an der der Erfolg des Unterfangens ablesbar ist. Damit dies gelingt, ist es wichtig, ein Ziel zu definieren und den Weg dorthin zu planen.

Praxisbeispiel
„Und ganz wichtig auch, klare Ansagen zu machen, Zielorientierung zu geben, wohin soll es gehen. Ich sage allen immer wieder ‚Planung ist die geistige Vorwegnahme zukünftiger Ereignisse'. Natürlich sind und müssen auch Planungen angepasst werden, aber wichtig ist, dass überhaupt die wesentlichen Schritte geplant werden. Das mache ich mit meinen Klienten erst mal ganz einfach und bitte sie, auf einem weißen Blatt Papier aufzuschreiben, was sie wollen und wohin sie wollen. Und dann ist es mir auch wichtig, dass das Ganze auf Plausibilität geprüft wird, also ist der Plan stimmig, realistisch und wo sind vielleicht Stolperfallen. Das dann richtig zu beurteilen, dabei helfen mir vor allem meine beruflichen Erfahrungen. Mich holen sehr oft, wenn ich Leute berate, meine eigenen Fehler ein. Und dann hilft es mir natürlich sehr, genau an diesen Stellen bei meinen Klienten genau hinzugucken, so dass sich diese Fehler eben nicht bei ihnen wiederholen."[4] (Walter H., ehrenamtlicher Berater)

[3] Interview der Autorin mit Ulla C. vom 21.09.2011.
[4] Interview der Autorin mit Walter H. vom 20.06.2011.

Zielorientiert zu handeln, setzt voraus, selbst Orientierung zu haben. Man muss selbst wissen, wohin man will, um andere führen zu können. Ziele können sich aus mehreren Umständen ergeben. So ist die Zweckerreichung einer Organisation immer auch ein Ziel. Weiterhin können sich Ziele in Organisationen oder Zusammenschlüssen auch aus einer festgelegten Strategie ergeben. Hier gibt es keinen Unterschied zu strategischen Vorgaben in Unternehmen: Die Strategie zeigt den Weg auf, wie langfristig ausgerichtete Ziele oder Erfolge unter Berücksichtigung der verfügbaren Mittel und Ressourcen erreicht werden sollen. Des Weiteren können sich Ziele aus besonderen Situationen wie zum Beispiel aus Krisen ergeben, bei denen es dann darum geht, möglichst schnell aus der Notlage herauszukommen.

Zielorientierung bedeutet, dass ich mein Denken und Handeln auf diesen gewünschten Zustand hin ausrichte. Eine gute Zielorientierung ist, wenn ich mein Handeln so effizient in die Tat umsetze, dass ich den gewünschten Zustand möglichst direkt erreiche.

Stabilität und Beständigkeit sind umso wichtiger, je größer die Zahl der mitwirkenden Personen ist und je eigenständiger sie arbeiten sollen. In einem sozialen Projekt, bei dem beispielsweise eine Gruppe von fünf Personen eine Veranstaltung vorbereitet, um mit den Eintrittsgeldern einen Erlös für einen gemeinnützigen Zweck zu generieren, reicht es aus, auf Zuruf zu führen. Das heißt, die Reihenfolge der Aufgaben festzulegen oder Änderungen vorzunehmen, die sich spontan ergeben haben. Handelt es sich dagegen um eine Aktion, bei der mehrere Personen beteiligt sind, wie bei einem Einsatz im Rettungsdienst oder im Katastrophenschutz, ist es wichtig, eine klare und vorher abgesprochene Linie für alle Einheiten beizubehalten. Spontane Handlungsanweisungen sind hier schwerlich möglich und führen zu Desorientierung und Frustration unter den Beteiligten.

Für eine hohe Zielorientierung ist es also nicht nur wichtig, das Ziel zu kennen, sondern auch zu wissen, wie und auf welchem Weg das Ziel erreicht werden kann und wie es gelingt, diese Orientierung überzeugend auf andere zu übertragen. Zielorientierte Menschen sind in der Lage, anderen verständlich zu machen, wie durch ein gemeinsames Erreichen von Zielen der Erfolg aller beziehungsweise der Erfolg der Organisation unterstützt werden kann.

Der wichtige Schritt der Vermittlung von Zielen und Vorgehen besteht zunächst darin, einen Handlungsbedarf deutlich zu machen. Nur wenn unter Beteiligten diese Notwendigkeit gesehen wird, werden sie zur Unterstützung zu bewegen sein.

Krisen haben diesbezüglich einen großen Vorteil: Sie begründen aus sich heraus einen Handlungsbedarf zu ihrer Bewältigung. Schwieriger gestaltet sich dies in verhältnismäßig normalen Zeiten, in denen keine großen Herausforderungen anstehen. Da in solchen Phasen kein Druck besteht, ist es entscheidend, zunächst das Bewusstsein für ein Ziel beziehungsweise ein bestimmtes Vorgehen zu wecken. Hierfür bedarf es Kreativität und gegebenenfalls auch Geduld. Die Begeisterung für eine Idee, die Überzeugung für ein bestimmtes Tun und ein Bewusstsein für ein Thema entstehen nicht durch einen einzigen Vortrag. Es bedarf mindestens einer intensiven Auseinandersetzung mit der Angelegenheit, einer schlüssigen Argumentationskette und letztendlich ganz entscheidend: vieler persönlicher Gespräche.

Ein weiteres Merkmal zielorientierten Handelns zeigt sich in der Umsetzung des Handelns. Zielorientierte Menschen sorgen für eine zügige Umsetzung von Zielen und treffen konsequente Entscheidungen. So können manche Vorhaben und Projekte daran scheitern, dass sie zu langatmig durchgeführt werden oder Entscheidungen nur halbherzig getroffen werden. Beides kann Beteiligte entmutigen und frustrieren: Es fehlt dann insgesamt an der notwendigen Durchhaltekraft.

Im Rahmen der Umsetzung zeigt sich eine weitere Ausprägung von Zielorientierung darin, die übermittelten und definierten Ziele und Planungen im Blick zu behalten. Hierfür sind eine stetige Kontrolle und ein Abgleich vorzunehmen, inwieweit man mit den eigenen Handlungen und inwieweit die Organisation auf Kurs ist. Letztendlich geht es darum sicherzustellen, dass die Organisation und die Beteiligten sich auf dem richtigen Weg befinden. Sollte dies nicht der Fall sein, muss eine Korrektur vorgenommen werden.

„Unter Führung verstehe ich, im Sinne des Vereins und im Sinne des Zwecks des Vereins zu agieren und die Diskussionen zu diesem Zielpunkt zu führen. (...) Für mich gehört zur Führung, eine Meinung zu vertreten, genauso wie Dinge abzuwenden, von denen ich überzeugt bin, dass sie falsch sind, und von denen ich meine, dass sie nicht zum Verein passen. In diesem Zusammenhang ist es mir wichtig, den Zweck des Vereins immer im Auge zu behalten. Wenn ich es nicht für sinnvoll halte, etwas zu machen, dann votiere ich dagegen. (...) Und dann leite ich die Vorstandssitzung. Das ist ja auch Führung. Da gibt es verschiedene Meinungen zu verschiedensten Themen, und manche Leute hören sich auch gerne reden, und ich versuche immer, eine bestimmte Zeit einzuhalten. Die Sitzungen sollten nicht über zwei Stunden gehen. Dann unterbreche ich oder hole manche wieder zurück, wenn sie abschweifen. Ich fühle mich schon als der Lenker und Leiter dieser Sitzung.“[5]
(Gerhard H., Vorstandsvorsitzender eines Kulturfördervereins)

Bedeutung für Kernaufgaben

Zur Planung und Steuerung von Organisationen bedarf es des Willens zur Umsetzung.

Auch die Gewinnung von Freiwilligen erfordert einen zielorientierten Umgang mit Kreativität und medialen Einsatzmitteln, damit eine Personalstrategie zum gewünschten Erfolg führt.

Eine hinreichende Ziel- und Umsetzungsorientierung unterstützen vor allem bei der Zielerreichung und damit insbesondere die Aufgabe, Erfolge gemeinsam zu erreichen. Für ein gemeinsames Kommittent über die Ziele ist es notwendig, diese klar und eindeutig zu formulieren und sie entsprechend zu vermitteln (siehe Abb. 7.4).

[5] Interview der Autorin mit Gerhard H. vom 08.07.2011.

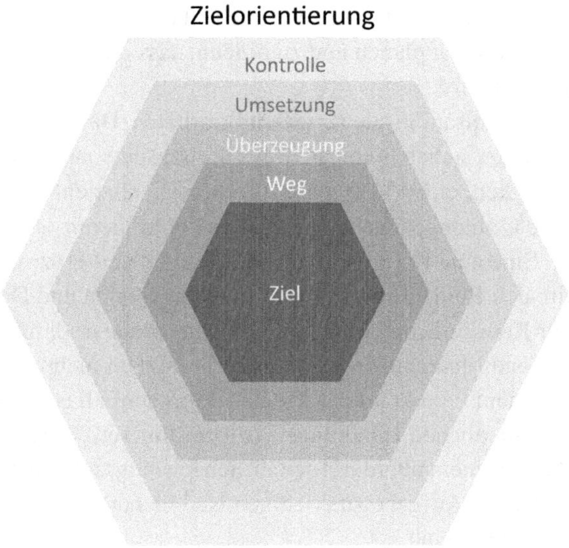

Abb. 7.4 Grafik Zielorientierung

An welchen Faktoren kann ich Zielorientierung bestimmen?

- Zielorientierte Menschen richten ihr Verhalten an Zielen aus. Sind keine Ziele vorhanden, so setzen sie sich und anderen Ziele.
- Damit die Ziele erfolgreich erreicht werden können, entwickeln zielorientierte Menschen Wege und Maßnahmen zur Umsetzung.
- Zielorientierten Menschen ist es wichtig, Beteiligten und Mitstreitern Handlungsbedarf nachvollziehbar zu vermitteln und sie vom Mitmachen zu überzeugen.
- Zielorientierte Menschen reagieren schnell und konsequent, wenn Maßnahmen zur Zielerreichung umzusetzen sind.
- Zielorientierte Menschen behalten das Ziel und den definierten Weg stetig im Blick und korrigieren Abweichungen, wenn erforderlich.

7.4 Organisationsfähigkeit

Organisieren bedeutet, eine funktionierende Struktur zu schaffen. Diese Struktur kann sich auf unterschiedliche Bereiche beziehen: Zum Beispiel auf das Vermerken und Einhalten von Terminen, auf eine funktionierende Ablage, in der man schnell und direkt die benötigten Vorgänge findet, oder auch das Planen von Abläufen bestimmter Ereignisse wie Veranstaltungen oder Projektaktionen.

Organisationsfähigkeit ist die Gabe, für sich und auch für andere Termine und Arbeitsabläufe so zu planen und zu ordnen, dass die eigene Leistungsfähigkeit möglichst optimal genutzt wird.

Organisationstalente setzen Prioritäten. Das Wichtigste wird zuerst erledigt, unwichtige Arbeiten stehen hintenan. Bei Führungspersonen bezieht sich dieses insbesondere auf die Fähigkeit, einen Verantwortungsbereich effizient zu strukturieren. Das bedeutet, Abläufen eine Ordnung zu geben und sie zu koordinieren.

Eine gute Koordination von Abläufen und Prozessen führt dazu, dass diese in einer optimalen Reihenfolge realisiert werden können und Doppelarbeit vermieden wird.[6] Anlass zur Koordination besteht immer dann, wenn es darum geht, ein Ziel in bestimmten Schritten und Maßnahmen zu realisieren. Wirken mehrere Personen in einer Organisation oder an einem Projekt mit, was in der Regel der Fall ist, so sind dabei alle Beteiligte mit den unterschiedlichen Handlungen zu koordinieren. Untersuchungen von Teams haben gezeigt, dass in einem überdurchschnittlich leistungsstarken Team jedes Teammitglied genau weiß, wie seine Aufgabe zu erledigen ist.[7] Es herrscht Klarheit darüber, wer was wann und mit wem zu tun hat.

Gerade im ehrenamtlichen Bereich ist es wichtig, die verschiedenen Aufgaben, die sich aus den Organisationszielen ableiten, zu verteilen und Freiwilligen zuzuordnen. Oftmals findet eine Zusammenarbeit auch in Teamarbeit statt. Eine gute Organisation und Koordination unterstützen die Leistungsfähigkeit eines Teams. So sollten Aufgaben und Aufgabenschritte für die Ausführenden nachvollziehbar beschrieben und verständlich vermittelt werden. Die zu erledigenden Tätigkeiten sind im Vorfeld genau zu planen und mit den vorhandenen Ressourcen abzugleichen. Treten Engpässe auf, kann man rechtzeitig reagieren und gegensteuern. Gleichzeitig mindert man das Risiko, dass Aufgaben gar nicht ausgeführt werden.

Die Fähigkeit, andere Menschen und Aufgaben zu organisieren, verschafft Klarheit unter den Beteiligten und damit auch in den Organisationen. Das wiederum gibt Orientierung. Da jeder weiß, was seine Aufgabe ist, werden Wissensunterschiede zwischen den Organisationsmitgliedern oder auch unterschiedlichen Einheiten ausgeglichen. Eine gute Abstimmung und Einteilung führen dazu, dass Unternehmensziele stets bewusst gemacht, in der täglichen Arbeit einheitlich angewandt und auf Verbesserungs- und Änderungsmöglichkeiten hin überprüft werden.[8]

Eine hohe Organisationsfähigkeit lässt sich daran erkennen, dass es gelingt, mehrere Dinge gleichzeitig zu bearbeiten, ohne den Überblick zu verlieren. Alle Tätigkeiten werden planmäßig in Gang gesetzt und kontrolliert zu Ende geführt. Nicht nur aktuelle Ereignisse, sondern auch mittel- und langfristige Vorhaben werden vorausschauend geplant und durchgeführt (siehe Abb. 7.5).

[6] http://wirtschaftslexikon.gabler.de/Archiv/4540/koordination-v6.html
[7] Sattler et al. (2011, S. 160ff.).
[8] http://wirtschaftslexikon.gabler.de/Archiv/4540/koordination-v6.html

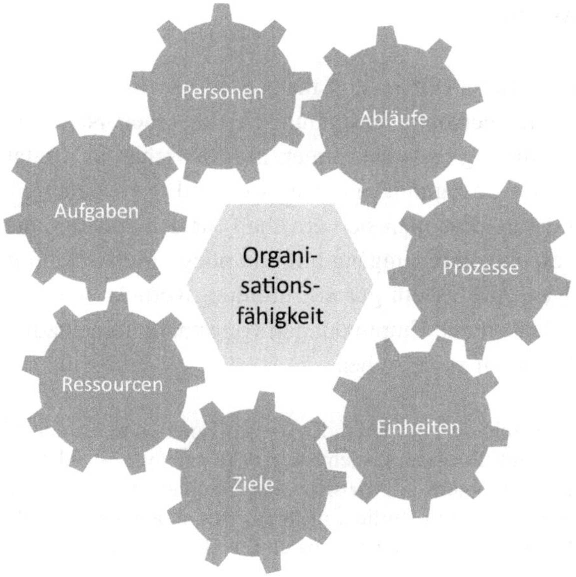

Abb. 7.5 Organisationsfähigkeit

Bedeutung für Kernaufgaben

Die Fähigkeit, Strukturen aufzusetzen und darin enthaltene Abläufe effektiv zu gestalten, gelingt Personen in der Regel besser, die gut strukturieren können und ein Talent zur Organisationsgestaltung haben. Ihnen ist es meist ein Anliegen, Aufgaben und Zuständigkeiten festzulegen und klar zu beschreiben.

Organisationsfähigkeit

Da jegliche Führung von Menschen grundsätzlich ein ganzes Bündel von Aufgaben beinhaltet, handelt es sich hierbei ebenfalls um eine Schlüsselkompetenz, die sich im Rahmen von Führung auf alle zu bewältigenden Aufgaben auswirkt.

Woran erkenne ich eine gute Organisationsfähigkeit?

Organisationsfähigkeit drückt sich darin aus,

- die Ziele der Organisation im Blick zu haben und anhand dieser
- Aufgaben, Abläufe, Prozesse und Ressourcen gut zu planen,
- Termine zu setzen und einzuhalten,
- Aufgaben zu beschreiben und eindeutig zu verteilen,
- gerne festzulegen, wer, was mit wem, wann macht,
- gut Prioritäten setzen können.

7.5 Kontaktfähigkeit

Über eine gute Kontaktfähigkeit verfügt man, wenn es einem leicht fällt, zu bekannten sowie auch unbekannten Personen Verbindung aufzunehmen, Nähe aufzubauen und diese aufrechtzuerhalten. Führung bedeutet immer, mit Menschen in Kontakt zu sein. Hierbei geht es darum, sich auf Begegnungen einzulassen und in Beziehung zu treten. „Echter" Kontakt zeigt sich daran, dass man sich ernsthaft für den anderen interessiert und einen wertschätzenden, respektvollen Umgang mit ihm pflegt. Menschen mit einer hohen Kontaktfähigkeit verfügen oft über ein gutes Einfühlungsvermögen, so dass sie in der Lage sind, sich in die Gedanken und Empfindungen von anderen hineinzuversetzen, sie richtig einzuschätzen und letztlich zu verstehen.

> „Mittlerweile merke ich sehr schnell durch die starken Emotionen bei den Menschen, was ihnen wichtig ist. Ich merke zum Beispiel, ob jemand ein Teamplayer ist oder jemand, der viel Wert auf Struktur legt. Oder ist das jemand, der sich gerne mit anderen auseinandersetzt und auch mal gerne streitet? Das hilft mir dann natürlich, mich auf den anderen einzustellen und ihn besser zu erreichen."[9] (Sylke S., Projektleiterin einer sozialen Projektinitiative)

Kontaktfähigkeit kann gefördert werden, indem man sich aufrichtig für sein Gegenüber interessiert. Dies kann sich in Kleinigkeiten zeigen, wie in interessiertem Nachfragen, aber auch durch aktives und empathisches Zuhören. Neben dem rein akustischen Verstehen geht es darum zu begreifen, was der Gesprächspartner mit seinen Worten tatsächlich gemeint hat. Wichtig hierfür ist, dem Gegenüber Wertschätzung, Aufmerksamkeit und Interesse entgegenzubringen sowie beim Gespräch mitzudenken. Das macht sich daran bemerkbar, dass man den anderen ermuntert weiterzureden oder Aussagen oder Ausdrücke von ihm aufgreift. Beim sogenannten empathischen Zuhören geht es darum, den anderen in seinen Gefühlen zu verstehen. Hierfür muss man die Beziehungsebene im Gespräch erkennen und richtig darauf reagieren. Tatsächlich bemühen sich viele Menschen gar nicht, wirklich zuzuhören und zu verstehen. Die meisten bereiten sich auf die eigene Antwort vor und wollen selbst verstanden werden. Menschen mit hoher Kontaktfähigkeit können die Position des anderen einnehmen und verstehen die Bedürfnisse des anderen. Dadurch entsteht eine vertrauensvolle Atmosphäre, in der ein offenes Gesprächsklima möglich ist und sich das Gegenüber wertgeschätzt fühlt.[10]

Bedeutung für Kernaufgaben

Mittels der Fähigkeit, sich in andere Menschen hineinzuversetzen und mit ihnen in Kontakt zu treten, ist es leichter herauszufinden, wann sich andere besser und wann schlechter fühlen. Dies wiederum ist ein wichtiger Indikator, um zu erkennen, welche Bedürfnisse erfüllt sein müssen, um sich gut und zufrieden zu fühlen. Empathie entfaltet sich im persönlichen Kontakt. Dieser ist auch wichtig, um sich auf andere einzustellen und ihnen

[9] Interview der Autorin mit Sylke S. vom 14.06.2011.

[10] Siehe Kap. 10.

Abb. 7.6 Kontaktfähigkeit

möglichst das zu geben, was sie mögen. Für einen wertschätzenden Umgang miteinander und eine achtsame Beziehung zueinander ist es erforderlich, sich auf den anderen einzulassen. Kontaktfähigkeit ist eine notwendige Eigenschaft, um Freiwillige zu gewinnen und zu motivieren (siehe Abb. 7.6).

„Führung heißt für mich, an jedem Einzelnen dranbleiben und im Dialog bleiben. Sonst bewegt sich nichts. (...) Daran zeigt sich auch die Hauptschwierigkeit: Wir steuern ehrenamtliches Engagement, das dann aber bei Menschen stattfindet, zu denen wir wenig oder kaum körperlichen Kontakt haben. Diese Menschen sehen wir nicht, die bekommen wir nicht direkt mit. Insofern ist es immer wieder wichtig, auch hier zu gucken, dass wir Möglichkeiten nutzen, uns mit den Mitgliedern zu treffen, wie beispielsweise auf Messen oder Veranstaltungen. (...) Im direkten Kontakt versuchen wir, die unterschiedlichen Motivationen, insbesondere von den Regionalleitern, im Umgang miteinander zu berücksichtigen. Auch im negativen Sinne, dass ich merke, wenn ich mit der Motivation eines Menschen überhaupt nicht klarkomme und einfach keinen Weg mehr finde, wie ich ihn gut erreichen kann."[11] (Axel R., ehrenamtliche Führungskraft in einem Berufsverband)

Kontaktfähigkeit

Bei fast allen Führungsaufgaben ist es notwendig, sich auf die einzelnen Gesprächspartner einzustellen, ihnen Vorteile und Nutzen offen darzulegen und sich mit ihnen auszutauschen. Bevor ich mit jemandem in Kontakt getreten bin, kann ich ihn schwerlich begeistern oder ihn überzeugen.

Kontaktfähigkeit ist daher eine wesentliche Voraussetzung für die meisten Führungsaufgaben.

Wann bin ich kontaktfähig?

[11] Interview der Autorin mit Axel R. vom 14.06.2011.

Wenn ich

- offen und schnell auf Fremde zugehen kann,
- leicht mit anderen Menschen in eine Beziehung trete,
- mich in die Lage und Empfindungen von anderen Personen hineinversetzen kann,
- die Perspektive des anderen einnehmen kann,
- mich aufrichtig für den anderen interessiere,
- aktiv und empathisch zuhöre.

7.6 Kommunikationsfähigkeit

Kommunikationsfähigkeit zeigt sich darin, andere durch eine sprachgewandte Redetechnik zu erreichen, indem Botschaften und Informationen nachvollziehbar und verständlich vermittelt werden.

„Insgesamt ist meine größte Herausforderung, dass ich so kommuniziere und mich so ausdrücke, dass die Menschen genau verstehen, was ich meine. Und hier gibt es auch in der Regel eine direkte Rückmeldung, nämlich dann, wenn nicht getan wird, was ich gesagt habe. Dann weiß ich, ich habe etwas falsch gemacht in meiner Kommunikation. Natürlich gibt es auch verbale Rückmeldung, zum Beispiel über Unmut: ‚Das kann ich so nicht machen, weil ... ' oder ‚Warum soll ich das jetzt machen?' oder ‚Das habe ich nicht verstanden, erklär mir das nochmal, warum soll ich das denn so tun und nicht anders.' Hier ist es dann wirklich wichtig, jeden richtig zu erreichen."[12] (Sylke S., Projektleiterin in einer sozialen Projektinitiative)

Ob das, was wir sagen, auch so bei unserem Gesprächspartner ankommt, hängt zu weniger als 10 % von den Inhalten ab, über 90 % werden nonverbal beeinflusst, also durch Gestik, Mimik, Stimmmodulation und sogar unsere Körperhaltung. Den eigenen Sprachstil im Hinblick auf Wortwahl, Komplexität und Sprechgeschwindigkeit dem Niveau des Gesprächspartners anzugleichen und sich auf das einzulassen, was der andere sagt, macht eine hohe Kommunikationsfähigkeit aus.

Kommunikation ist dann erfolgreich, wenn das, was gesendet wurde, auch genauso beim Empfänger ankommt und verstanden werden kann.

Durch unsere subjektive Wahrnehmung können Inhalte gefiltert und anders verstanden werden. Das Gesagte und Gehörte ist nicht immer identisch mit dem Gemeinten. Fehlt es an Übereinstimmungen zwischen dem Gesagten und dem Verstandenen, liegt eine Kommunikationsstörung vor.

Kommunikation beinhaltet persönliche Gespräche, die Weitergabe von Fakten und die Moderation von Themen. Für bildliche Darstellungen und Vorträge gelten die gleichen Prinzipien einer möglichst einfachen und klaren Formulierung.

[12] Interview der Autorin mit Sylke S. vom 14.06.2011.

Praxisbeispiel
„Ansonsten ist es für uns extrem wichtig, alle Medien zu nutzen, über die wir kommunizieren können, also meistens Telefon und Internet. Und soweit es geht persönliche Kontaktmöglichkeiten nutzen, sofern sie sich ergeben. Wie die bereits erwähnten Messen, Veranstaltungen oder sonstige Treffen, die auf Einzelanfrage initiiert werden. Wir fragen auch immer nach, was noch an Informationen oder Unterstützung gebraucht wird. Das nutzten wir als Dauerfrage. Das bedeutet auch, hinterherzutelefonieren, wenn keine Antwort auf diese Frage kommt, was meistens der Fall ist. Wir achten auch darauf, dass wir unsere Inforationen interessant und gut lesbar gestalten. Gezielt und strukturiert Informationen aufzusetzen und die Mitglieder nicht zu überfrachten. Wir geben uns bei der Gestaltung sehr viel Mühe, dass immer ein roter Faden erkennbar ist, damit beim Empfänger auch möglichst viel ankommt.“[13] (Axel R., ehrenamtliche Führungskraft in einem Berufsverband)

Eine klare Gliederung und Ordnung hinsichtlich der Informationen erleichtern dem Zuhörer die Orientierung und den Überblick über die Zusammenhänge. Kurze und prägnante Sätze sind immer verständlicher. Eine bildhafte Sprache sowie Bilder oder Grafiken veranschaulichen das Gesagte. Um die Aufmerksamkeit des Publikums zu sichern, empfiehlt es sich, unterschiedliche Sinne wie Hören, Sehen und Fühlen anzusprechen. Dies kann dramaturgisch durch Intonation der Stimme (laut, leise, Betonungen) unterstützt werden.

Bedeutung für die Kernaufgaben
Gut zu kommunizieren, ist für alle Führungsaufgaben im Ehrenamt relevant, denn bei allen Aufgaben geht es darum, andere zu überzeugen.

Kommunikation ist nicht nur Sprache, sondern auch, wie ich mich nonverbal ausdrücke. Um Menschen zu erreichen, ist es wichtig, mich und die Sache nach außen gut zu präsentieren.

Einen besonders hohen Stellenwert nimmt die Kommunikation bei der Motivation von Menschen ein. Andere Menschen zu motivieren, erfordert neben einer Begeisterungskraft und Kreativität ein hohes Maß an Kommunikation. Hier geht es darum, dass ich den richtigen Kommunikationskanal finde und immer wieder bediene. Dazu muss ich immer wieder neue Wege finden, den anderen zu erreichen. Das macht ein hohes Maß an Flexibilität notwendig, um meinem Gegenüber gerecht zu werden (siehe Abb. 7.7).

„Da ist mal jemand krank oder jemand kommt nicht mehr so regelmäßig, da frage ich dann nach. Oder ich weiß von jemandem, dass er andere Sorgen hat, da kümmere ich mich dann auch und rede mit ihm. Oder einer von den Jungen will austreten, dann versuche ich natürlich, den ‚wieder einzufangen‘. Insgesamt sind es viele, viele Gespräche die ich persönlich – teilweise auch telefonisch – führe. Letztendlich geht es um das miteinander reden, reden, reden.“[14] (Stephan G., Vorstandsmitglied Schützenverein)

[13] Interview der Autorin mit Axel R. vom 14.06.2011.
[14] Interview der Autorin mit Stephan G. vom 07.06.2011.

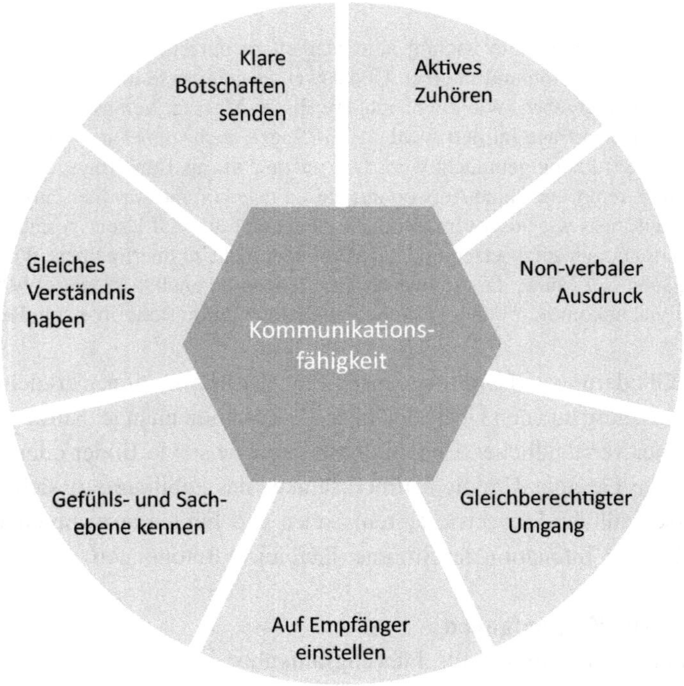

Abb. 7.7 Kommunikationsfähigkeit

Kommunikationsfähigkeit

Erfolgreiche ehrenamtliche Führung wird durch eine hohe Kommunikationsfähigkeit begünstigt. Gute Kommunikation ist im Ehrenamt daher extrem wichtig.

Woran erkenne ich eine hohe Kommunikationsfähigkeit?

Daran,

- dass die Aufmerksamkeit des Gesprächspartners erlangt wird,
- dass Sender und Empfänger über die gleiche Information reden,
- dass beide gleichberechtigt miteinander umgehen.

8 Herausforderungen und Grenzen ehrenamtlicher Führung

Die Führung von Menschen gestaltet sich als eine herausfordernde Aufgabe, die viel Verantwortung des Führenden bedarf. Neben den in Kap. 6 und 7 beschriebenen Führungsaufgaben und Kompetenzen beinhalten die spezifischen ehrenamtlichen Strukturen besondere Herausforderungen an Führungskräfte. Ehrenamtliche Strukturen unterscheiden sich stark hinsichtlich der Betätigungsfelder, der Organisation, in der Größe und Zielsetzung. Dieses weite, bunt gemischte Feld wird geprägt vom Aufeinandertreffen unterschiedlichster Menschen und deren Persönlichkeiten.

Ehrenamtliches Engagement befindet sich immer in einem Spannungsfeld zwischen ideellem Anspruch und erfolgreichem Handeln. In diesem Spannungsfeld müssen sich Führungskräfte bewegen. Führung ist dabei eine Dienstleistung an den zu führenden Menschen und an der Organisation. Das bedeutet auch immer wieder, sich schwierigen Situationen zu stellen, wenn es der Sache dient.

Eine der größten Herausforderungen in der ehrenamtlichen Führung ist, im Umgang mit Menschen scheinbare Gegensätze zu vereinen

Um erfolgreich im Sinne der Menschen und der Organisation zu agieren, ist es notwendig, reflektiert an die eigenen Führungsaufgaben heranzugehen und Führungsaufgaben professionell wahrzunehmen.

Für die ehrenamtliche Führungspraxis ist es hilfreich, die potenziellen Schwierigkeiten zu kennen, sich mit ihnen auseinanderzusetzen und sich darauf einstellen zu können.

Wesentliche Herausforderungen sind:

- eine hohe Werteorientierung in den Organisationen,
- persönliche Beziehungen untereinander,
- heterogene Gruppen,

B. Redmann, *Erfolgreich führen im Ehrenamt*, DOI 10.1007/978-3-8349-4679-9_8

- zeitliche Ressourcen,
- Führungskräftequalifizierung.

8.1 Hohe Werteorientierung

Im ehrenamtlichen Engagement stehen die Erreichung eines gemeinsamen Zwecks und die freiwillige Aktivität im Vordergrund. Handlungen sind nicht auf privatwirtschaftliche Gewinnerzielung ausgerichtet, sondern primär stehen Werte, Moral und ideelles Anliegen im Vordergrund.

In der Öffentlichkeit wirkt eine hohe Werteorientierung oftmals sympathisch. Durch das dadurch entstehende positive Image wird das Einnehmen einer Führungsrolle erleichtert. So fördern Werte und Ideale die Motivation und das Engagement von Menschen und schaffen eine gemeinsame Basis (siehe Abb. 8.1).

Führungsentscheidungen
Zugleich stellt gerade die hohe Werteorientierung für Führungskräfte eine Herausforderung dar. Organisationen, die sich stark an Werten ausrichten, vermitteln nach außen den Eindruck einer heilen Welt. An Führungskräfte wird die Erwartung gestellt, immer nett zu sein. Dass es auch in werteorientierten Organisationen zu Fehlverhalten kommen kann, wird gerne verdrängt.

Abb. 8.1 Einfluss von Werten

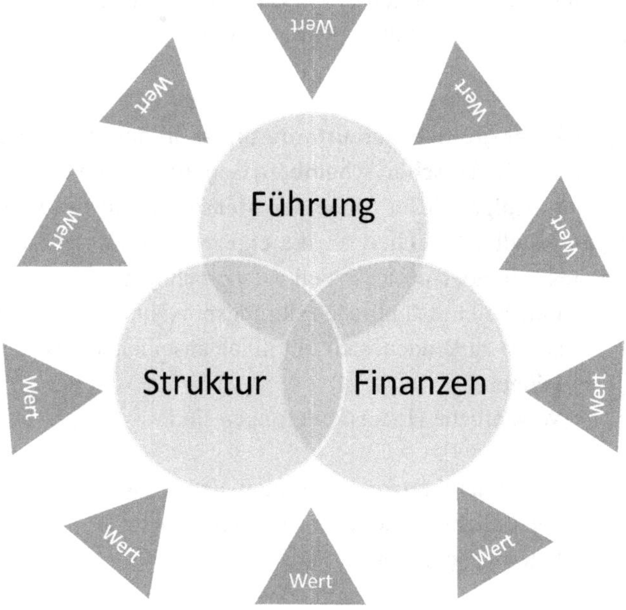

Wenn Führungskräfte klare Entscheidungen treffen, in ihrem Verhalten konsequent sind oder Missstände und Fehlverhalten ansprechen, findet das nicht unbedingt immer die Zustimmung von allen. Je größer eine Organisation ist und je mehr Mitglieder sie umfasst, desto häufiger müssen Entscheidungen vom Führungsgremium allein getroffen werden. Was bedeutet es nun in einem meist stark werteorientierten Umfeld, gut zu führen?

Fokussiert sich ein Führungsverhalten ausschließlich auf Werte, kann sich das auf den Erfolg der Organisation kontraproduktiv auswirken. Richtig ist es, in der Führung immer den Zweck eines Engagements zu berücksichtigten. Auch ideelle Ansprüche einer Organisation sollten sich im Verhalten, also so wie man führt, niederschlagen. Falsch wäre es aber, Entscheidungen nicht nach objektiven, wie zum Beispiel wirtschaftlichen, Kriterien zu treffen, sondern nur mit dem Ziel, immer als „nett" beurteilt zu werden.

Die ideelle Motivation des Engagements (zum Beispiel Gutes tun, gesellschaftlicher Nutzen, Wohl der Gemeinschaft) und damit der Anspruch an das Verhalten untereinander (wie anständig, fair oder tolerant zu sein) schließt konsequentes Führungshandeln nicht aus. Freiwillige, die sich in einer Gruppe oder in ihrem Engagement nicht gemeinschaftskonform verhalten, gefährden den Erfolg des Engagements insgesamt. Nicht korrektes Verhalten muss in letzter Konsequenz unterbunden werden. Gleiches gilt für Konflikte: Diese müssen unter Beteiligung aller Betroffenen bereinigt werden. Wenn dies nicht gelingt, ist es wichtig, den Konflikt gegebenenfalls auch streitig zu entscheiden.

Im freiwilligen Engagement ist die hohe Werteorientierung kein Garant für ein jederzeit einwandfreies Verhalten der Beteiligten. Ehrenamtliche Führungskräfte dürfen erst recht nichts durchgehen lassen, was das Miteinander gefährdet. Das würde den Erfolg des Engagements gefährden.

Führungskräfte müssen sich darüber im Klaren sein, dass auch im freiwilligen Engagement sozialwidrigem Verhalten und Konflikten konsequent zu begegnen ist. Allerdings sind bei der Art und Weise die jeweiligen Werte zu berücksichtigen. Für Führungskräfte gilt es, die richtige Balance zwischen den Werten einer Organisation und den notwendigen Führungsentscheidungen zu finden.

Beispiel

In einer sozial karitativen Organisation ist Nächstenliebe ein hoher Wert. Ein freiwilliges Mitglied stört und strapaziert nun die Gemeinschaft über alle Maßen. Der übergeordnete Gedanke der Nächstenliebe kann für die Führungskraft nicht bedeuten, jegliches Missverhalten des störenden Mitglieds hinzunehmen. Im Sinne der Gemeinschaft ist es notwendig, den Konflikt zu lösen bzw. das Verhalten zu unterbinden. Tritt keine positive Verhaltensänderung ein, kann dies bis zum Ausschluss des Mitglieds führen.

Aufgabe der Führungskraft ist es, sowohl den Konfliktlösungsprozess als auch den dann gegebenenfalls erforderlichen Ausschluss entsprechend den Grundsätzen von Nächstenliebe angemessen zu gestalten. Das kann durch ein offenes, faires Verfahren (zum Beispiel durch eine Mediation), direkte Kommunikation und respektvolle Einbindung der Betroffenen geschehen.

Führung ist in diesem Sinne nicht fair, sondern stützt die gemeinschaftlichen Werte.

Werte und Effizienz

Die Ausrichtung an Werten macht es schwer, effiziente Prozesse für ehrenamtliches Engagement aufzubauen, aufrechtzuerhalten und weiterzuentwickeln. Aufgrund der hohen ideellen Orientierung wird häufig darauf vertraut, dass es schon irgendwie läuft. Häufig wird angenommen, eine große Begeisterung für die Idee reiche für ein erfolgreiches Engagement aus. Sobald es dann an die konkrete Umsetzung des Vorhabens geht, insbesondere um die Machbarkeit von (Teil-)Zielen, wirkt dies sehr ernüchternd.

Teilweise werden diese konzeptionellen Überlegungen als Relativierung des gemeinsamen Ziels und als Trennung von der eigentlichen Idee empfunden. Für andere Engagierte sind strukturierte Vorgehensweisen wichtig, da sie sicher sein möchten, dass nicht nur hehre Ziele benannt, sondern diese auch realisiert werden.

Diese gegensätzlichen Herangehensweisen können dazu führen, dass formale Abläufe bereits zu Anfang unklar formuliert, nicht ausreichend bekannt gemacht oder im Nachhinein unterlaufen werden. Viele Führungskräfte tun sich schwer, auf die Einhaltung von Strukturen und Regeln zu bestehen. Dies geschieht dann zu Lasten eines professionellen und erfolgreichen Handelns.

Für Führungskräfte ist es eine große Herausforderung, eine Organisation zu strukturieren und trotzdem ihre Lebendigkeit zu erhalten. Führung im Ehrenamt muss daher zwei Ziele zusammenführen: Zum einen den Einzelnen respektvoll zu berücksichtigen und zum anderen die Anforderungen an die Organisation zu gestalten. Erwartungen an ehrenamtliche Leistung wie die Einhaltung von verbindlichen Zusagen und eine hohe Qualität der Diensterbringung können nur mittels strukturierter inhaltlicher Vorgaben erreicht werden.

Wirtschaftliche Professionalität

Häufig wird in ehrenamtlichen Organisationen den finanziellen Ressourcen zu wenig Beachtung geschenkt. Zwischen dem, was man tun will, und dem, was aufgrund der wirtschaftlichen Situation machbar ist, bestehen oft große Diskrepanzen.

Auch wenn ehrenamtliches Handeln keine Bezahlung erfordert, kosten die Unternehmungen Geld. Vereine benötigen Mitgliedsbeiträge, Spenden und andere finanzielle Mittel, um ihre Anliegen finanzieren zu können. Nur durch professionelles wirtschaftliches Handeln lässt sich die Existenz ehrenamtlicher Organisationen langfristig sichern.

„Neben der ganzen Ideologie und Tradition müssen wir auch wirtschaftlich handeln. Nicht nur, dass wir unsere hauptamtlichen Mitarbeiter bezahlen müssen und hier Einzelschicksale und Familien dranhängen, sondern wir haben hier auch eine Verantwortung unseren Mitgliedern gegenüber. (...) Die Führungskraft im Ehrenamt agiert wie bei der Führung eines Unternehmens. Es geht immer wieder um Geld, es geht immer wieder darum, Menschen zu führen.“[1] (Christoph K., Vizepräsident Karnevalsverein)

[1] Interview der Autorin mit Christoph K. vom 19.10.2011.

Die Orientierung an Werten und ökonomisches Handeln werden oft als Gegensatz gesehen, obgleich sie sich nicht notwendigerweise widersprechen. Erfolgreiches wirtschaftliches Handeln wird im Ehrenamt häufig skeptisch betrachtet. Oftmals besteht die Sorge, dass die persönliche Bedürfniserfüllung hinter dem wirtschaftlichen Erfolg zurückstehen könnte. Führungskräfte müssen sich daher mit den charakteristischen Werten einer Organisation auseinandersetzen und klar kommunizieren, inwieweit wirtschaftliches Handeln zur Förderung dieser Werte notwendig ist und keine Bedrohung für den ideellen Zweck darstellt.

Es ist ein Balanceakt für alle Beteiligte, die finanziellen Mittel nachhaltig, effizient und langfristig dem Ziel der Organisation zukommen zu lassen und sie unter dem Aspekt der Zweckerreichung immer wieder neu zu generieren.

Eine Sondersituation, bei der Werte und Ideale eher in den Hintergrund treten, ist in Zeiten einer Krise gegeben. Von einer Krise im ehrenamtlichen Engagement ist dann auszugehen, wenn die Organisation, das Projekt oder die Initiative kurz vor dem Aus steht.

Gründe für eine solche Notlage können sein:

- unzureichende Liquidität (drohende Pleite),
- Mitgliederschwund,
- Strafverfahren (zum Beispiel Veruntreuung von Spendengeldern),
- Zwangsverwaltung (kein Vorstand mehr vorhanden).

Um aus Notlagen herauszuführen, bedarf es einer sehr rigiden Führung. Klare Entscheidungen müssen dann schnell getroffen werden – da bleiben demokratische Prozesse schon mal auf der Strecke. In diesen Krisensituationen ist es wichtig, eingeschlagene Lösungswege konsequent weiterzuverfolgen. Um das zu schaffen, braucht es neben einer hohen Überzeugungsfähigkeit auch eine starke Durchsetzungskraft.

Praxisbeispiel

„Bevor ich damals die Aufgabe übernommen habe, den Verein aus der finanziellen Krise zu steuern, habe ich gesagt, dass ich das nur tue, wenn wir den Verein nach modernen betriebswirtschaftlichen Methoden steuern und uns alle auf das von mir vorgelegte Sanierungskonzept und einen knallharten Sparkurs verständigen.

Das hat dann auch funktioniert: Wir haben ein professionelles Finanzmanagement eingeführt, mit den Steuerungsmitteln, so wie man sie auch aus dem Wirtschaftsleben kennt. Das beinhaltet das Budgetcontrolling und die Überwachung des Cashflows sowie eine Fünf-Jahres-Planung als wesentliche Instrumente. Dazu gehört, dass wir ein monatliches Controlling durchführen. Das beinhaltet zum Beispiel neben dem klassischen Soll-Ist-Vergleich eine Abweichungsanalyse, die dann in der Vorstandssitzung explizit besprochen wird. Unser Hauptsteuerungsmittel ist aber der Forecast. Den erstellen wir quartalsweise und für diesen werden alle Verantwortlichen beauftragt, Auskunft darüber zu geben, ob sie aufgrund der laufenden Entwicklungen ihr Budget erreichen, es übertreffen oder unterschreiten. Jede Abweichung wird in der Vorstandssitzung besprochen.“[2] (Detlef F., Vorstandsmitglied Tennis- und Hockeyverein).

---

[2] Interview der Autorin mit Detlef F. vom 04.08.2011.

In Krisenzeiten herrschen daher andere Erwartungen an Fertigkeiten, Fähigkeiten und Know-how der Führungskräfte: Das Anforderungsprofil ändert sich.

In solchen Phasen tritt möglicherweise die Partizipation der Mitglieder in einer Organisation in den Hintergrund, da vordringlich die Rettung ansteht. Führungsentscheidungen, effiziente Strukturen und ein professioneller Umgang mit Finanzen treten dafür in den Vordergrund und werden umso wichtiger.

Spannungsfeld Einzelinteressen und Organisationsinteresse

Werte sollten reflektiert in Führungsarbeit einfließen. Sie sollten kein alleiniges Entscheidungskriterium sein.

Für jede Organisation ist festzulegen, wie viel Struktur und Regelung sie benötigt, um Orientierung und Entfaltungsmöglichkeit für ihre Engagierten zu gewährleisten. Das ist mitunter eine Gratwanderung.

Führungskräfte müssen etwaige Widersprüche zwischen Einzelinteressen und der Organisation überwinden. Dafür ist eine regelmäßige Kommunikation notwendig. Gezielte und klare Informationsweitergabe und die Festlegung auf verbindliche interne Strukturen, Spielregeln und Verfahren ist eine zentrale Gestaltungsaufgabe.

Das beinhaltet auch, für die finanziellen Ressourcen zu sorgen, obwohl das Engagement nicht auf Gewinnerzielung ausgerichtet ist.

8.2 Persönliche Beziehung

Freiwilliges Engagement wird durch Menschen umgesetzt. Untereinander bestehende persönliche Kontakte, Beziehungen und Freundschaften spielen eine große Rolle. Das betrifft sowohl das Verhältnis der Freiwilligen untereinander als auch das Verhältnis zu Führungskräften. Durch die Verbindung über das gemeinsame Engagement entsteht sehr viel persönliche Nähe.

Emotionale Nähe

Dies alles führt zu einer hohen emotionalen Beteiligung bei Führungskräften und Mitgliedern. Die Herausforderung für ehrenamtliche Führungskräfte besteht darin, mit den persönlichen oder sogar freundschaftlichen Beziehung im Rahmen ihrer Führungsaufgaben umzugehen (siehe Abb. 8.2).

Praxisbeispiel

„Unser Verein ist aus einer Gruppe von Freundinnen heraus entstanden. Anfangs mussten wir lernen, mit der Uneinheitlichkeit in Vereinsfragen umzugehen: Wir sind nicht immer einer Meinung, und trotzdem müssen wir letztendlich eine Entscheidung in der Sache treffen. Wir mussten erkennen und auch akzeptieren, dass wir befreundet sein können, und trotzdem in Vereinsfragen unterschiedliche Standpunkte vertreten. Als wir den Verein noch nicht gegründet hatten, sind wir in diesen

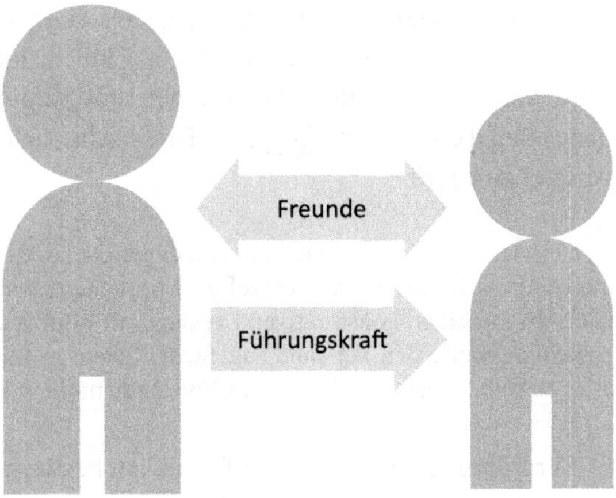

Abb. 8.2 Rollenüberschneidung

Rollenkonflikt überhaupt nicht gekommen, weil wir innerhalb unseres freundschaftlichen, lockeren Rahmens keine weitreichenden oder wirtschaftlichen Entscheidungen treffen mussten. Hier ist es durchaus zu Konflikten untereinander gekommen, die wir dann aber sehr transparent und ausführlich diskutiert haben. Für uns als Freundinnen und gleichzeitig Vereinsvorstände war das ein sehr fruchtbarer Lernprozess, mit dem wir bewusst umgegangen sind und auf den wir im Nachhinein sehr stolz sind. Mittlerweile ist es für uns die größere Herausforderung, wenn wir uns rein privat treffen, die Karnevalsthemen außen vor zu lassen, und nicht zwischendurch Dinge zu besprechen, weil wir gerade zusammen sind. Alles braucht seinen Rahmen."[3] (Cornelia B., Präsidentin Karnevalsverein)

Sind Entscheidungen zu treffen, die nicht auf einem Konsens der Beteiligten beruhen, birgt das für alle ein hohes Kränkungspotenzial. Dies kann sich in zweierlei Richtung niederschlagen:

Sowohl für die Führungskraft als auch für den mit ihr befreundeten Freiwilligen kann der Umstand, die eigene Führungsrolle wahrzunehmen und von der Freundschaftsebene auf die Führungsebene zu wechseln, schwierig sein. Aufgrund der persönlichen Nähe kann es den Geführten zudem schwerer fallen, die höhere Entscheidungskompetenz der Führungskräfte zu akzeptieren. Umgekehrt dürfen Freunde bei einer Entscheidung nicht zu bevorzugt werden. Hier bedarf es eines flexiblen und reflektierten Umgangs der Führungskraft mit den eigenen Rollen. Zudem ist soziales Geschick in der Kommunikation mit dem Umfeld erforderlich. Es ist wichtig, die Rolle als Führungskraft wirklich anzunehmen, und das, obwohl diese Rolle mit persönlichen Zumutungen und teilweise auch Unannehmlichkeiten verbunden ist. Führungskräfte können in ihrer Rolle nie „everybody's darling" sein.

Offene Konfrontation

Das Aufeinandertreffen von Menschen in Organisationen führt immer dazu, dass unterschiedliche Meinungen aufeinanderprallen und dadurch Reibung entsteht. In engen

[3] Interview der Autorin mit Cornelia B. vom 02.11.2011.

persönlichen Beziehungen kennt man sich lange und gut. Hierdurch können weniger Hemmungen bestehen, eventuellem Ärger Luft zu machen. Es gibt unter Umständen keine Zurückhaltung im Äußern von Launen und Befindlichkeiten. Die Kommunikation erfolgt in der Regel direkt und sehr offen. Diese sehr persönliche Ebene birgt die Gefahr, schneller verletzt zu werden.

„Ich bin letztendlich von dem Amt zurückgetreten, weil für mich die Form, in der ich als Vorstand in meinen Entscheidungen von einzelnen Mitgliedern angegangen wurde, nicht hinnehmbar war. Hier hätte ich mir einen konstruktiven Umgang mit Konflikten gewünscht und dass man direkt auf mich beziehungsweise den Vorstand zugeht, statt dann in der Mitgliederversammlung einfach nur gegen alles zu sein."[4] (Iris H., ehemaliges Vorstandsmitglied einer Elterninitiative für einen Kindergarten)

Für Führungskräfte ist es hilfreich, ein bestimmtes Maß an Konfrontation in Beziehungen aushalten zu können. Gerade durch den persönlichen Kontakt können die Ansprache und Klärung von Konflikten aus Sorge um die Auswirkung auf der Beziehungsebene schwierig sein.

In Konflikten können Führungskräfte dabei sowohl in die Rolle des Betroffenen geraten als auch in die des Schlichters. In beiden Fällen gilt, dass Konflikte kein Makel sind oder ein Zeichen von schlechter Führung darstellen. Die Qualität einer Führungsleistung zeigt sich nicht darin, dass es keine Schwierigkeiten gibt, sondern darin, dass Konflikte lösbar sind, dass man sie austragen kann und auch robust genug ist, dies zu verkraften.[5]

„Natürlich gibt es auch untereinander manchmal Streitigkeiten. Das können ganz alltägliche Dinge sein. Und dann dort zuzuhören, zu schlichten und dafür zu sorgen, dass die Stimmung gut bleibt, das ist auch eine wichtige Aufgabe. Dies machen wir, indem wir viel zuhören, nachfragen, was der Einzelne braucht, wie es ihm geht und natürlich auch indem wir immer wieder daran appellieren, dass wir eine Gemeinschaft sind, die freiwillig zusammengekommen ist."[6] (Sylke S., Projektleiterin einer sozialen Projektinitiative)

Fatal wäre es, Konflikte oder Anzeichen dafür einfach zu übergehen. Durch Nichtbeachtung von Problemen klären sich diese nicht, sondern breiten sich unter der Oberfläche immer weiter aus. Aus diesem Grund kommt es manchmal zu explosionsartigen Eskalationen bei völlig nichtigen Anlässen.

Für Führungskräfte gilt es, reflektiert und bewusst mit solchen Situationen umzugehen. Missstimmungen und ungute Zwischentöne sollten aufgegriffen werden. Sofern Führungskräfte sich hier in einem Dilemma zwischen persönlicher Beziehung und Konfrontation sehen, ist es hilfreich, dies anzusprechen.

Oftmals kündigen sich Konflikte bereits in einem frühen Stadium durch Unmutsäußerungen der Beteiligten an. Diese Auffälligkeiten sollten direkt und so frühzeitig wie möglich angesprochen werden (siehe Abb. 8.3).

[4] Interview der Autorin mit Iris H. am 03.11.2011.
[5] Malik (2006, S. 143).
[6] Interview der Autorin mit Sylke S. vom 14.06.2011.

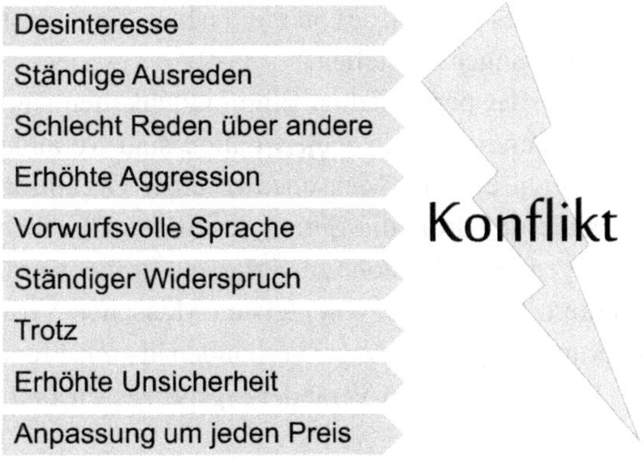

Abb. 8.3 Typische Reaktionen vor Konflikten

Veränderungsarbeit

Veränderungen gehören zu unserem Alltag: Die Dynamik von technischen Entwicklungen, Globalisierungen und politische Entscheidungen setzen uns genauso Veränderungen aus wie ein privater Wohnungswechsel, Kinder, die älter werden und von zu Hause ausziehen, ein neuer Chef oder auch einfach unsere eigenen unterschiedlichen Lebensabschnitte. Veränderungen wirken daher auch im ehrenamtlichen Engagement.

Praxisbeispiel

„Meine Amtszeit fiel in eine Zeit, die aufgrund politischer Vorgaben des sogenannten Kinderbildungsgesetzes für diese Einrichtung mit erheblichen Umstrukturierungen und Veränderungen verbunden war. (...) Für diese Einrichtung, die über 20 Jahre in unveränderter Größenordnung mit langjährigem Personal bestanden hatte, war es eine große Herausforderung, dann auf einmal zu wachsen und eine Betreuung für unter Dreijährige anzubieten. Ich habe vorher nie ehrenamtlich gearbeitet und war somit plötzlich in der Situation, eine für mich neue Funktion innezuhaben und auch mit einer für den Kindergarten neuen Aufgabe betraut zu sein, die darin bestand, alte Strukturen umzugestalten. Diese Reorganisation hat sich nicht nur auf uns als Vorstand sondern auf alle Eltern ausgewirkt, da es insgesamt erforderlich wurde, dass mehr Aufgaben übernommen werden. Im Vorfeld war für keinen von uns erkennbar gewesen, was das dann in der Umsetzung konkret bedeutet hat. (...) Diese Zeit war daher geprägt von sehr viel unvorhergesehener Arbeit und auch fehlender Struktur und Ordnung. Mit Durchführung der Veränderung haben wir als Vorstand selbst erst begonnen, uns in Arbeitsgruppen aufzuteilen, Aufgaben genau zu definieren und uns für die Bewältigung der Umorganisation zu organisieren. Das hat viel Kraft und Zeit gekostet. (...) Jetzt, über ein Jahr später, können wir die Früchte unserer Arbeit sehen: Die neue Betreuungsgruppe ist aufgebaut, wir haben neue Räume gefunden, mehr Personal eingestellt, und mittlerweile hat sich auch eine gute Zusammenarbeit der Arbeitsgruppen ergeben. Zu sehen, dass der Laden jetzt, so läuft ist ein ganz befriedigendes Gefühl für mich."[7] (Iris H., ehemaliges Vorstandsmitglied einer Elterninitiative für einen Kindergarten)

In Phasen von Veränderungen sind Betroffene immer emotional berührt. Das bezieht sich auf kleine wie große, äußere und innere Veränderungen. Auf die Größe der Veränderung kommt es dabei gar nicht an: Je nach subjektivem Empfinden von Menschen können Änderung von Vorgehensweisen, neue Aufnahmebedingungen für Mitglieder, die Neuge-

[7] Interview der Autorin mit Iris H. vom 03.11.2011.

staltung des Clubhauses oder ein neues Vorstandsteam individuell stark beeinträchtigende Veränderungen darstellen.

Trotz der persönlichen Empfindlichkeiten sind Veränderungen aber auch ein Zeichen von Lebendigkeit. In vielen Fällen sind Veränderungen daher notwendig, um eine Organisation und die Menschen in einer Organisation weiterzuentwickeln. Ohne jegliche Veränderung droht die Gefahr des Stillstands. Sich aufzumachen, bedeutet natürlich auch, die eigene Komfortzone zu verlassen. Immer werden dabei Gewohnheiten und Traditionen tangiert. Das löst bei den meisten Menschen Verunsicherung aus und ist im Allgemeinen eher mit Sorge und Angst verbunden als mit Freude.

Kennzeichen von Veränderungsprozessen sind meistens:

- Unruhe und Unsicherheit entsteht,
- Leistungen und Motivation sinken,
- Betroffene sind hoch emotionalisiert,
- Widerstand gegen die Veränderung keimt auf,
- Orientierungslosigkeit herrscht bezüglich des Wohin und Wie,
- Schönreden des Vergangenen („früher war alles besser").

Veränderungsarbeit bedeutet, sich auf den Weg zu machen, ohne genau zu wissen, wie dieser aussieht. Oftmals klären sich Dinge erst ganz konkret im Zuge des Prozesses. Mit diesen Ungewissheiten umzugehen und damit auch Risiken einzugehen, ist eine Herausforderung für Führungskräfte. Sie müssen bereit sein, sich auf Unsicherheiten einzulassen und sich deren Bewältigung stellen, anstatt auf Bekanntes zu setzen.

Gut durch einen Veränderungsprozess zu führen, bedeutet für Führungskräfte, einen offenen Prozess zu gestalten, der wiederum einen Rahmen für die Veränderung gibt. Wichtig ist, diesen so zu gestalten, dass Einflussfaktoren, Wechselwirkungen, Konflikte und Nöte darin Platz haben und verschiedene Handlungsoptionen überdacht und erprobt werden können. Vermieden werden sollten eine schlechte Informationspolitik und eine unklare Handlungsstrategie.

In Tab. 8.1 findet sich eine Gegenüberstellung von zu vermeidenden Fehlern und empfehlenswertem Vorgehen in Phasen der Veränderung.

Durch das Vorhandensein von unguten Gefühlen kann es verstärkt zu emotionalen Ausbrüchen wie Wut- und Angstreaktionen und offenem Widerstand kommen. Werden Veränderungen realisiert, stellen Ehrenamtliche schnell die Grundsatzfrage, ob sie zu diesen geänderten Bedingungen überhaupt noch mitwirken möchten. Im besten Fall werden die Überlegungen angesprochen, im schlimmsten Fall bleiben Mitglieder einfach weg. In Veränderungsprozessen besteht daher immer latent die Gefahr des Ausstiegs von Engagierten und Mitgliedern (siehe Abb. 8.4).

Diese Gefühle lassen sich nicht vermeiden. Die Herausforderung für die Führungskraft ist es, die Gefühle der Beteiligten zu verstehen und sorgsam damit umzugehen. Die Betroffenen sollten möglichst frühzeitig bei entsprechenden Änderungsvorhaben berücksichtigt

Tab. 8.1 Fehler und Ratschläge für den Umgang in Veränderungsprozessen

Vermeidbare Fehler	Ratschlag
Unzureichende Information und Kommunikation	Informationsbeschaffung der wesentlichen Fakten regelmäßige Information und Kommunikation
Keine klare Entscheidung, was nun angegangen wird (keine Handlungsstrategie)	Ziele formulieren und Handlungsoptionen erarbeiten Einnehmen unterschiedlicher Perspektiven
Delegation von Verantwortung/Hin- und Herschieben von Verantwortung	Vorgehen immer wieder soweit möglich konkretisieren Verantwortlichkeiten benennen
Folgen von Veränderungen werden nicht analysiert	Annahmen aufstellen und Wirkungszusammenhänge entwickeln
Scheu und Vermeidung von Auseinandersetzungen (Kopf in den Sand stecken)	Auseinandersetzen mit Vor- und Nachteilen
Geringe Risikofreude (ständiges Sichabsichern)	Durchführen und Umsetzen
Keine Kontrolle der Auswirkungen von Veränderungen	Ständige Überprüfung Reflexion des Prozesses und Schlussfolgerungen für die Zukunft ableiten

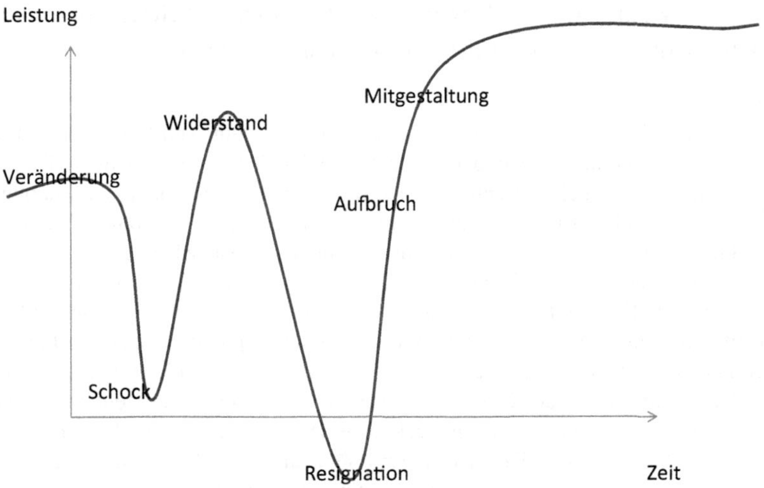

Abb. 8.4 Kurve der Veränderung

werden.[8] Möglichst alle Beteiligten sind weitestgehend in den Veränderungsprozess miteinzubeziehen. Je größer eine Organisation ist, desto unwahrscheinlicher ist es allerdings, dass ein von allen getragener Konsens realisiert werden kann. Letztendlich muss irgendwann ein Schnitt gemacht werden und die tatsächliche Umsetzung angegangen werden. Sonst kann es passieren, dass Vorhaben nur diskutiert, aber niemals realisiert werden. Entscheidend ist, dass eine stabile und belastbare Mehrheit vorliegt.

Das Eingehen auf die Emotionen der Betroffenen und das Durchleben der verschiedenen Phasen bedarf Zeit. Dieser notwendige Zeitfaktor ist bei jeglicher Veränderungsarbeit ausreichend zu berücksichtigen.[9]

Umgang mit öffentlichen Reaktionen

Für jedes freiwillige Engagement ist es wichtig, in der Öffentlichkeit wahrgenommen zu werden. Das bedeutet, dass hier immer auch mit Reaktionen in der Öffentlichkeit zu rechnen ist, die nicht nur positiv sind. Die wesentlichen kritischen Strömungen können dabei sein:

- Ambivalenz,
- Ärger,
- Kritik,
- Mitleid.

Freiwillige Aktivitäten spalten die Öffentlichkeit insbesondere dann, wenn es um Tabuthemen geht. Missstände anzusprechen oder gar aufzudecken, findet nicht nur Zustimmung. Oftmals wollen Menschen gar nicht im Detail mit Problemen konfrontiert werden. Als Beispiel seien hier Organisationen genannt, die sich mit der Aufklärung von sexuellem Missbrauch oder Kindesmisshandlung befassen. In der Öffentlichkeit können diesbezügliche Aktivitäten durchaus zu kontroversen Diskussionen führen.

Praxisbeispiel

„In den letzten Jahren ist es dem Verein verstärkt gelungen, sein Anliegen in der Öffentlichkeit zu platzieren. Das ist extrem wichtig, denn je mehr für das Thema sensibilisiert wird, desto mehr werden Kinder und Jugendliche geschützt. Ein Bewusstsein für das Thema zu schaffen, ist nicht leicht, da es eine besondere Brisanz in sich birgt: 80 bis 90 % der Missbrauchsfälle passieren im engen Umfeld, darunter auch in den Chatrooms des Internets. Da schauen viele dann gerne mal weg, wenn das zur Sprache kommt. Wir profitieren da sicher von einer Sondersituation, weil wir eine besonders prominente Präsidentin haben. Daher haben wir die Möglichkeit, unser Anliegen durch Fernsehauftritte und Interviews besonders öffentlichkeitswirksam zu platzieren. Manche Beiträge waren zwar auch umstritten, aber sie haben das Thema in die Öffentlichkeit gebracht, und das war entscheidend. Das hatte zur Folge, dass es hier auch mal richtig turbulente Zeiten gab, in denen wir mehr PR bekommen haben, als uns lieb und recht gewesen wäre. Aber unter dem Strich bewerte ich das positiv. Denn: Dadurch ist das Thema Kindesmissbrauch in der Öffentlichkeit präsent geworden, und das ist wichtig."[10] (Karl S., Vorstandsmitglied einer internationalen Kinderschutzorganisation)

[8] Siehe auch Kap. 6.

[9] Siehe auch Kap. 10.

[10] Interview der Autorin mit Karl S. vom 02.08.2011.

Ambivalente Meinungen können manchmal auch schon durch das Engagement als solches entstehen, ohne dass dabei ein Tabuthema betroffen ist. Allein das Bemerktwerden in der Öffentlichkeit kann unterschiedliche Reaktionen hervorrufen, die weder absehbar noch kalkulierbar sind. Damit gilt es dann umgehen zu können.

Praxisbeispiel
„Es ist wichtig, dass wir das Thema in die Öffentlichkeit tragen und hier zum Beispiel Netzwerke zwischen der Schule, kommunalen Einrichtungen oder auch Unternehmen bilden. Kommunikativ tätig zu werden, ist ein Aspekt von Führung. Wir haben es beispielsweise geschafft, dass durch dieses Projekt die örtliche Politik aufmerksam geworden ist, dass der Bürgermeister sich sehr interessiert, dass der Wirtschaftsförderer sich sehr interessiert, dass dieses Beratungsangebot der Schüler dann auch offiziell in Hilfsangeboten der Gemeinde erwähnt wird. Trotzdem ist es auch eine Herausforderung, so ein Angebot, wie wir das jetzt machen, in einem System ‚Schule' zu etablieren. Hier sind wir natürlich auf die Unterstützung der Schulleitung und der Lehrer angewiesen. Die Schulleitung ist zum Beispiel sehr begeistert von unserem Projekt und unterstützt das auch intensiv. Bei den Lehrern dagegen ist das noch unklar, inwieweit sie das gut finden und uns hier empfehlen oder ob sie uns eher gleichmütig gegenüberstehen. Da bin ich mir noch nicht ganz sicher, wie sich das entwickeln wird."[11] (Nils S., ehrenamtlicher Coach für Schüler)

Kritik erfolgt oft, weil an bürgerschaftliches Engagement sehr hohe moralische Ansprüche gestellt werden und daher von außen oftmals eine strenge Beurteilung erfolgt.

Als eine eher weiche Reaktion ist Mitleid zu sehen. Das wird dann gezeigt, wenn die Unternehmung als ein Kampf gegen Windmühlen gesehen wird oder das gesteckte Ziel so hoch ist, dass mit Erfolg gar nicht zu rechnen ist.

Diese öffentlichen Reaktionen haben Auswirkungen auf das Innenverhältnis und können nicht einfach übergangen werden. Engagierte haben sich damit auseinanderzusetzen und müssen auf die unterschiedlichen Reaktionen vorbereitet werden. Auch hier ist es wichtig, diese öffentlichen Reaktionen zu thematisieren und bewusst mit ihnen umzugehen. Insbesondere für Führungskräfte bedeutet dass, sich mit öffentlichen Reaktionen auseinanderzusetzen und Vorkehrungen für den Umgang damit und die Kommunikation hierüber treffen.

Praxisbeispiel
„Im Ehrenamt muss man insbesondere darauf achten, dass man lernt, sich Herausforderungen zu stellen. Zum Beispiel war es für mich am Anfang ganz ungewohnt, auf einmal so in der Öffentlichkeit zu stehen. Sowohl mit dem Amt an sich, aber dadurch verbunden natürlich auch als Privatperson. Über den Kölner Karneval wird in den Regionalzeitungen sehr intensiv berichtet, und wir hatten mit unserem Verein von Anfang an eine sehr schöne und völlig ungeplante tolle Medienpräsenz. Über uns und über mich in der Zeitung zu lesen, daran musste ich mich erst gewöhnen. Genauso war es für mich am Anfang fremd, dass ich auf einmal in meinem privaten und teilweise auch beruflichen Umfeld in meiner ehrenamtlichen Funktion wahrgenommen wurde. Die Menschen in meinem Umfeld bekommen natürlich durch die Medien mit, was ich mache, und plötzlich war ich nicht mehr nur die Privatperson, sondern war bei vielen als Karnevalspräsidentin bekannt."[12] (Cornelia B., Präsidentin Karnevalsverein)

[11] Interview der Autorin mit Nil S. vom 18.07.2011.
[12] Interview der Autorin mit Cornelia B. vom 02.11.2011.

Emotionen und Konflikte

Durch das Zusammenwirken vieler Menschen entsteht ein hohes Maß an Emotionalität bei den Beteiligten und auch in der Öffentlichkeit.

Neben dem positiven Effekt einer hohen Sinnstiftung und einer großen persönlichen Verbundenheit untereinander kann die Berücksichtigung von persönlichen Befindlichkeiten manchmal sehr zeitintensiv und anstrengend sein.

Es ist notwendig, mit persönlichen Konflikten offen umzugehen. Hierzu gehört, die eigene Befindlichkeit wahrzunehmen, sich in die Denk- und Gefühlswelt des anderen hineinzuversetzen und handlungsfähig zu bleiben.

Die Berücksichtigung von Gefühlen und persönlichen Beziehungen ist insbesondere in Phasen von Veränderungen wichtig. Umbrüche und Wechsel entstehen sowohl durch äußere Einflüsse als auch durch internen Wandel. Eine Organisation und bürgerschaftliches Engagement aktiv und fruchtbar weiterzuentwickeln, hängt sehr von einer konstruktiven Veränderungsarbeit ab.

8.3 Heterogene Gruppen

Heterogenität kennen wir teilweise aus dem beruflichen Umfeld, allerdings sind im Ehrenamt die Anforderungen an die Führung größer.

Alt trifft jung

Im ehrenamtlichen Engagement treffen unterschiedliche Konstellationen aufeinander. Zum einen gibt es unterschiedliche Altersstrukturen.[13] Die Engagementquote aller 16- bis 30-Jährigen ist in Summe vergleichbar mit der Quote aller 45- bis über 65-Jährigen. Weiterhin gibt es unterschiedliche Zugehörigkeitszeiten zu einer Organisation. Insbesondere bei Vereinen finden sich Mitglieder mit langen Zugehörigkeitszeiten und auch neu eingetretene Mitglieder mit kürzeren Mitgliedschaften.

Innerhalb von freiwilligem Engagement kann es daher zu verschiedenen Konstellationen kommen, in denen ältere Menschen mit jüngeren Menschen zusammentreffen. Je nach Konstellation ergibt sich hieraus eine andere Führungsherausforderung. So sind das Führungsverständnis und auch die Führungserwartung bei Jung und Alt oftmals unterschiedlich. Ältere Menschen, die sich schon länger in einer Einrichtung engagieren, haben sich an bestimmte Abläufe gewöhnt und mögen häufiger eine traditionelle Führung mit klaren Ansagen und Entscheidungen.

„Es sind hauptsächlich Frauen, die sich hier in dem Projekt engagieren, und meistens auch Ältere. Nach meiner Erfahrung sind hier unterschiedliche Anforderungen gegeben, wie jeder angesprochen

[13] Siehe Kap. 1.

werden will. So habe ich für mich gemerkt, dass gerade Ältere oft klare Anweisungen benötigen, was genau zu tun ist."[14] (Sylke S., Projektleiterin in einer sozialen Projektinitiative)

Jüngere Menschen bringen, insbesondere wenn sie neu in eine Organisation eintreten, viele neue Ideen und Vorschläge mit. Diskussionen und konsensualen Entscheidungen stehen sie offen gegenüber und fordern diese sogar ein. Jüngere Menschen benötigen für eine langfristige Bindung oftmals Abwechslung oder weitere Anreize über das normale Vereinsgeschehen hinaus. Hier ist es erforderlich, für die Mitglieder interessante, gemeinsame Aktivitäten zu finden und zu veranstalten. Das Gleiche gilt auch für deren Ansprache, wenn es um die Neugewinnung von insbesondere jungen Mitgliedern geht. Hier ist es wichtig, sich auf die Zielgruppe einzustellen und immer wieder kreativ neue Ideen zur Ansprache zu entwickeln.

„Auch im Ehrenamt und auch in einem traditionell ausgerichteten Verein müssen sie schauen, dass sie Formate entwickeln, die die Mitglieder immer wieder aufs Neue ansprechen und mit denen sie sich auch neue Zielgruppen erschließen. Da muss man mit der Zeit gehen, und man muss vor allem kreativ und erfindungsreich sein."[15] (Christoph K., Vizepräsident und Alfred K., Vorstandsmitglied Karnevalverein)

Unterschiedliche Vorlieben und Sichtweisen zwischen Generationen können zu Konfliktpotenzial führen.

Führungskräfte müssen alle Altersklassen bedienen: Ältere und langjährige Mitglieder sollen sich genauso wohlfühlen wie jüngere Menschen oder neu dazugekommene. Das wird nur gelingen, wenn beiden Interessen genügend Rechnung getragen werden kann und auf beiden Seiten Verständnis für die jeweils andere Sichtweise geschaffen wird. So müssen sich zum Beispiel langjährige Mitarbeiter neuen Ideen von neuen Mitgliedern öffnen, wenn das Engagement mittelfristig bestehen bleiben soll und man neue Mitglieder gewinnen will. Diese brauchen Raum, um sich entfalten zu können. Das bedarf einer guten Kommunikation und auch Überzeugungsarbeit.

„Natürlich ist je nach Projekt mal mehr und mal weniger Überzeugungsarbeit nötig, um dafür zu begeistern. Hier gibt es manchmal unterschiedliche Ansichten von älteren und jüngeren Mitgliedern. Die Jüngeren reagieren auf Neuerungen oder Dinge, die wir ausprobieren wollen, eher aufgeschlossen. (...) Das macht es erforderlich, dass ich oder je nachdem auch wir alle im Vorstand Einzelgespräche führen. Es ist uns schon wichtig, jeden von der neuen Sache zu überzeugen und vor allem auch immer wieder den Nutzen herauszustellen. Das ist uns auch bisher gut gelungen."[16] (Jürgen H., ehemaliges Vorstandsmitglied bei den Rotariern)

Führungskräfte stehen vor der Aufgabe, dieses gegenseitige Verständnis zu fördern. Unterschiedliche Sichtweisen sind anzusprechen und einer für möglichst alle einvernehmlichen Lösung zuzuführen. Hier gilt es, zwischen den Generationen und zwischen verschiedenen Besitzständen zu vermitteln.

[14] Interview der Autorin mit Sylke S. vom 14.06.2011.

[15] Interview der Autorin mit Christoph K. und Alfred K. vom 19.10.2011.

[16] Interview der Autorin mit Jürgen H. vom 20.06.2011.

Praxisbeispiel
„Ich habe es beispielsweise im Sportverein erlebt, dass wir als Alteingesessene etwas aufgebaut haben. Als dann jemand Neues dazu kam und ganz andere, neue Ideen eingebracht hatte, gab es schon Reibereien untereinander. Allerdings hat diese konstruktive Auseinandersetzung dann auch zu einem guten Ergebnis geführt. Und es ist auf jeden Fall Bewegung in der Sache gewesen. Eine andere Erfahrung habe ich bei uns in der Gemeinde gemacht, als zwei Kirchengemeinden zu einer zusammengelegt wurden. Das hatte zur Folge, dass sich dies intensiv auf den ehrenamtlichen Bereich ausgewirkt hat. Neue Strukturen und auch das Aufeinandertreffen unterschiedlicher Persönlichkeitstypen, die bisher nicht zusammen gearbeitet haben, haben dazu geführt, dass wir erstmal etliche Verluste an Freiwilligen hatten."[17] (Barbara N., ehrenamtliche Führungskraft in der Kirchengemeinde)

Auch Führungskräfte selbst sind vor diesem Konflikt nicht gefeit. So kann es sein, dass eine langjährige Führungskraft auf einmal vielen neu dazugekommenen Mitgliedern gegenübersteht. Oder eine junge Führungskraft sieht sich vielen älteren Engagierten gegenüber. Der neue Schwung kann dann ganz schnell an den alten Gewohnheiten und dem Widerwillen gegen Änderungen abprallen.

Für Führungskräfte bedeutet das, sich umso stärker zunächst mit ihrer Erwartung, ihrem Führungsverständnis und dem Team auseinanderzusetzen. Bestehen hier unterschiedliche Erwartungen, sind auch diese direkt und offen anzusprechen.

Belastbarkeit
Eine weitere Folge unterschiedlicher Altersgruppen ist die ungleiche Belastbarkeit. Die körperliche Leistungsfähigkeit des Menschen wie Ausdauer, Beweglichkeit, Kraft und Schnelligkeit hat ihren Höhepunkt bis zum frühen Erwachsenenalter. Ab dem 40. Lebensjahr nimmt sie leicht, danach stärker ab.

Da es im Ehrenamt keinen Renteneintritt gibt und in den meisten Organisationen auch keine Altersbeschränkung besteht, müssen unterschiedliche Belastbarkeiten von Führungskräften berücksichtigt werden, wenn sie langfristig Mitglieder binden wollen. Führungskräfte sollten sich die Frage stellen, wie alt sie in ihrer Organisation werden können.

Vor dem Hintergrund der Auswirkungen des demografischen Wandels, wonach wir zukünftig immer mehr Ältere haben werden, ist daher auch die körperliche Belastbarkeit ein großes Thema. Führungskräfte können gefordert sein, sich alternative Aufgaben zu überlegen, die vielleicht mit weniger Anstrengung oder mit anderen Anforderungen geleistet werden können. Gerade für ältere Freiwillige wirkt es entlastend zu wissen, dass sie weiter für andere Aktivitäten gebraucht werden, wenn bestimmte Aufgaben von ihnen nicht mehr machbar sind. Durch die Konzeption von Entwicklungsplänen und Unterstützungssystemen leisten Führungskräfte ihren Beitrag, um den unterschiedlichen Belastbarkeiten und Altersentwicklungen von Engagierten Rechnung zu tragen. Damit entsteht ein altersgerechter Aufgabenmix, der jedem Beteiligtem eine angemessene Entwicklungschance bietet.

[17] Interview der Autorin mit Barbara N. vom 31.10.2011.

Wichtig ist, dass bei einem so konzipierten Aufgabenmix alle Tätigkeiten gleichwertig angesehen werden. Das Thema nachlassende Belastbarkeit ist eine sehr sensible Materie. Wenn Menschen weiter motiviert werden sollen, ist es notwendig, auf Augenhöhe mit ihnen umzugehen. Erschwerend kann hinzukommen, dass sich nicht jeder gerne mit seinem Alter auseinandersetzt und gegebenenfalls nicht wahrhaben möchte, dass die eigenen Kräfte schwinden. Hier bedarf es seitens der Führungskraft einer verantwortungsvollen Wahrnehmung und einer sehr einfühlsamen Ansprache.

Praxisbeispiel für Unterstützungssysteme und Entwicklungsmöglichkeiten

Bürgerstiftung Rheinviertel

„Die Bürgerstiftung Rheinviertel ist eine Initiative von Bürgern für die gemeindlichen, sozialen und karitativen Aufgaben im Rheinviertel von Bonn-Bad Godesberg. Seit 2005 sorgt die Stiftung für einen spürbaren Aufbruch im Viertel. Menschen rücken zusammen und es wächst ein neues Miteinander. Viele Bürger bringen sich mit ihren Talenten ein. Alle verbindet die Gabe zu geben.

Um Angebot und Nachfrage aufeinander abzustimmen und die verschiedenen Formen ehrenamtlichen Engagements zu organisieren, gehören neben der direkten Interaktion mit Ehrenamtlern auch die Entwicklung und Pflege einer Ehrenamtsdatenbank zu den Aufgaben der Ehrenamtskoordinatorin. In der Datenbank werden einerseits Talente und Neigungen der ehrenamtlich Tätigen aber andererseits auch bereits ausgeführte Tätigkeiten erfasst werden, um über dieses Medium eine effiziente und individuelle Betreuung im Sinne einer persönlichen Entwicklung umzusetzen.“[18]

Gruppendynamische Gestaltung

Innerhalb von Freiwilligengruppen gibt es unterschiedliche Temperamente: extrovertierte und introvertierte, laute und leise Persönlichkeiten, ambitionierte Menschen und Menschen, die eher einen Anschub brauchen.

Diese Vielfalt stellt zum einen eine Stärke von freiwilligem Engagement dar, denn dadurch entsteht eine bunte Lebendigkeit und es kann für jede Aufgabe ein passender Persönlichkeitstyp gefunden werden. Auf der anderen Seite ist es in der Führung bei sehr unterschiedlichen Zusammensetzungen eine besondere Herausforderung, die Gruppe dynamisch zu gestalten sowie Ziele und Aktivitäten zusammenzuführen.

Dies bedeutet, Sorge zu tragen, dass auf einer Sitzung nicht nur Extrovertierte zu Wort kommen, sondern auch Introvertierte eine Möglichkeit bekommen, sich zu äußern. Im Zweifel müssen zurückhaltende Persönlichkeiten in respektvoller Weise aufgefordert werden, Stellung zu nehmen und Vorschläge zu machen, damit sie sich ungezwungen äußern können. Ambitionierte brauchen ihre Herausforderung und müssen sich schnell begeistern

[18] Quelle: Bürgerstiftung Rheinviertel

können, und Menschen, die ein langsameres Tempo bevorzugen, müssen direkt angesprochen und eingebunden werden. Hier gilt es, das richtige Maß für jedes Temperament zu finden.

Qualifikationsmanagement

Eine weitere Besonderheit im freiwilligen Engagement stellt das unterschiedliche Hintergrundwissen dar. Jeder Tätigkeitsbereich hat hier seine eigenen Spezifika.[19] Für viele Bereiche, insbesondere die, in denen Menschen betreut werden (Betreuung, Hospizarbeit, Altenpflege etc.) gibt es engagementspezifische Weiterbildungsangebote wie Schulungen, kleine Ausbildungen oder Trainings.

Auch wenn innerhalb der Organisation klare Aufgabenbeschreibungen und Anforderungsprofile gegeben sind, werden sich hierfür Menschen mit ganz unterschiedlichen Werdegang und Erfahrungsschatz interessieren. Führungskräfte müssen hier in der Zusammenarbeit mit ungleichen Kompetenzen und auch einem unterschiedlichem Grad an Lernfähigkeit umgehen. Es gibt Menschen, denen es leicht fällt, Informationen aufzunehmen und diese zu verarbeiten. Anderen fällt es schwer, neue Sachverhalte zu lernen, Informationen aufzunehmen oder auch Prüfungen zu absolvieren.

Führungskräfte im ehrenamtlichen Engagement stehen manchmal auch vor der Schwierigkeit, dass einige Freiwillige hochmotiviert und willens sind, sich zu engagieren, es aber leider nicht schaffen, die dafür erforderliche Qualifikation (zum Beispiel den Trainerschein) zu erwerben. Das Problem für Führungskräfte ist dann, dass jemand unbedingt will, aber offensichtlich nicht kann. Das kann sehr müßig sein, besonders wenn es um Dienstleistung geht, die mit einer Leistungserwartung verknüpft ist. Wird deutlich, dass ein Engagierter bestimmte Aufgaben nicht schafft, geht es nicht mehr darum, ihm Mut zu machen. Es ist auch nicht im Sinne des gemeinsamen Engagements, die unzureichende Leistung hinzunehmen. Führungsarbeit bedeutet hier vielmehr, denjenigen aufzufangen und ehrlich und wertschätzend mit ihm gemeinsam eine für ihn mögliche und machbare Aufgabe zu finden.

Einmal erworbene oder bereits mitgebrachte Fähigkeiten eines freiwilligen Mitarbeiters stehen nicht automatisch für die Zukunft zur Verfügung. Verbleibt dieses Wissen nur in der Person des jeweiligen Freiwilligen, so wird es bei seinem Austritt der Organisation verloren gehen. Führungskräften obliegt es daher auch, Erfahrungen sowie Erkenntnisse möglichst zielgerichtet innerhalb der Organisation weiterzugeben. Die Auswahl, welches Wissen bewahrungswürdig ist, stellt dabei die größte Herausforderung dar. Weiterhin müssen Fragen nach Dokumentationsformen wie Handlungsanleitungen, Beschreibungen, Protokollen und die Art der Weitergabe, die Gestaltung des Informationsprozesses etc. entschieden werden.

Zusammenarbeit Ehrenamt und Hauptamt

In vielen großen Organisationen arbeiten freiwillige oder ehrenamtliche Mitarbeiter mit hauptamtlich Angestellten zusammen. Teilweise ergeben sich dabei sogar Fallkonstella-

[19] Siehe auch Kap. 4–6.

tionen, in denen Freiwillige und Hauptamtliche die gleiche Tätigkeit verrichten. Beispielsweise arbeiten im Rettungsdienst bezahlte und unbezahlte Kräfte Hand in Hand. Eine ganz enge Verzahnung mit Haupt- und Ehrenamt findet sich unter anderem in den Wohlfahrtsorganisationen, Parteien und Gewerkschaften, in den kirchlichen Hilfswerken und in der Kirche. Diese Situation der Zusammenarbeit kommt nicht nur unter Mitarbeitern vor, sondern betrifft auch Führungskräfte: Es gibt sowohl angestellte Führungskräfte, die Freiwillige führen, als auch ehrenamtliche Führungskräfte, die bezahltem Personal vorstehen. Treffen Haupt- und Ehrenamt zusammen, hat das immer Auswirkungen auf das Führungsverhalten. Menschen, die in einem Arbeitsverhältnis stehen, wie das bei hauptamtlichen Mitarbeitern der Fall ist, bedürfen einer anderen Führung als freiwillig Tätige.[20] Für angestellte wie für ehrenamtliche Führungskräfte ist es eine heikle Aufgabe, weder die eine noch die andere Gruppe hervorzuheben oder zu frustrieren.[21]

Führen Freiwillige hauptamtliche Mitarbeiter, stellt sich die Schwierigkeit der rechtlichen Kompetenz, Weisungen erteilen zu dürfen. Laut Arbeitsvertrag sind Arbeitnehmer „nur" ihrem Arbeitgeber verpflichtet, und eine vertragliche Grundlage mit dem Ehrenamt besteht häufig nicht. In den Fällen, in denen ehrenamtliche Führungskräfte gegenüber hauptamtlichen Arbeitnehmern weisungsbefugt sein sollen, muss dies klar geregelt sein. Das betrifft sowohl die Weisungsberechtigung (zum Beispiel in Form einer Delegation auf den Ehrenamtlichen) als auch deren konkreten Umfang. Allein vor dem Hintergrund haftungsrechtlicher Fragen und den Sorgfaltspflichten des Arbeitgebers müssen hier im Vorfeld für alle Beteiligten saubere Regelungen bestehen.

Aufgrund der unterschiedlichen Gegebenheiten im Haupt- und Ehrenamt gibt es bestimmte typische Problemfelder in puncto Zeiten und Sachkenntnis untereinander. Ehrenamtliche und Hauptamtliche verfügen über unterschiedliche Zeitfenster. Ist der eine eher tagsüber zu normalen Arbeitszeiten erreichbar, wird der andere meistens außerhalb seines Berufes im Feierabend aktiv. Hier gilt es, gemeinsame Rahmenbedingungen zu schaffen, die für beide Seiten umsetzbar sind.

Für ehrenamtliche Führungskräfte ist eine weitere Herausforderung, dass hauptamtliche Mitarbeiter gezielt für bestimmte Aufgaben eingestellt wurden und somit über ein qualifiziertes Wissen oder eine spezielle Ausbildung verfügen. Als festangestellte Arbeitnehmer sind sie mit ihrem Gebiet sehr vertraut und in der Regel auch langjährig beschäftigt, wohingegen die Amtsperioden von Ehrenamtlern durchaus kürzer sein können. Dies führt dazu, dass hauptamtlich Beschäftigte oftmals über eine größere Sachkompetenz und einen breiteren Erfahrungsschatz verfügen als der Freiwillige, der sie führt.

„Wir haben das gesamte Know-how auf das Hauptamt übertragen, sodass, auch wenn wir einen ehrenamtlichen Wechsel haben, das Wissen hier im Verein kontinuierlich gesichert ist."[22] (Christoph K., Vizepräsident eines Karnevalsvereins)

---

[20] Siehe ausführlich Kap. 4.

[21] Simsa und Patak (2008, S. 63).

[22] Interview der Autorin mit Christoph K. vom 19.10.2011.

Folglich ist es meistens zielführender, wenn Entscheidungen von Hauptamtlichen vorbereitet und Empfehlungen ausgesprochen werden. Ehrenamtlichen Chefs verlangt dies die Souveränität ab, ihren hauptamtlichen Mitarbeitern umfassend zu vertrauen und damit umgehen zu können, unter Umständen fachlich weniger versiert zu sein. Das kann bedeuten, Entscheidungen öfter einfach nur durchwinken. Je höher der Druck für eine schnelle Entscheidung besteht, desto eher birgt das sowohl für ehrenamtliche Führungskräfte als auch für deren hauptamtliche Mitarbeiter die Gefahr, dass die ehrenamtlichen Strukturen übergangen werden und das Hauptamt wichtige Dinge schnell selbst regelt. Hier ist es Aufgabe der Führungskraft, ein solides Vertrauens- und Akzeptanzverhältnis zu schaffen, damit auch unter dem Druck des Tagesgeschäfts Kompetenzregelungen eingehalten werden und eine Einbindung stattfindet.

In diesem Sinne sollte die Zusammenarbeit von hautamtlichen und ehrenamtlichen Mitarbeitern grundsätzlich partnerschaftlich und gleichberechtigt ausgestaltet sein. In der Praxis kommt es auf der Beziehungsebene allerdings oft zu Konflikten, da teilweise das Verständnis für die Sichtweise und Motivation der anderen Seite fehlt. Gerade hier sind Führungskräfte in ihrer Vorbildfunktion auf beiden Seiten stark gefordert, den Mitarbeitern diese unterschiedlichen Perspektiven näherzubringen und Konflikte auszuräumen. Nutzen erzielen Führungskräfte beider Gruppen hierbei, wenn sie kollegial an der Beziehung und dem Kontakt untereinander professionell zusammenarbeiten. Professionell bedeutet vor allem, sich zielgerichtet, reflektiert und dauerhaft gemeinsam dieser Thematik anzunehmen, um an einem Strang zu ziehen.

Es gibt unterschiedliche Formen der Zusammenarbeit:

Ergänzung:

- Fachliche Anleitung durch Hauptamtliche
- Unterschiedliche Aufgaben von Hauptamtlichen und Ehrenamtlichen.

Zusammenarbeit:

- Hauptamtliche und Ehrenamtliche arbeiten an einem Projekt/Tätigkeitsbereich
- Fachliche Anleitung ist festzulegen
- Es können gleiche oder unterschiedliche Aufgaben vorliegen.

Eigenständigkeit:

- Hauptamtliche und Ehrenamtliche arbeiten jeweils in unterschiedlichen Aufgabenfeldern/Bereichen
- Keine fachliche Anleitung, gegebenenfalls fachlicher Austausch
- Beziehung auf Augenhöhe
- Aufgaben von Hauptamtlichen und Ehrenamtlichen sind unterschiedlich.

Führungskräfte müssen zwischen unterschiedlichen Interessenlagen ausgleichen können. Dazu gehört es, beiden Parteien die Perspektive der anderen Seite zu vermitteln.

Gerade bei generationsbedingten Konflikten ist es wichtig, die Erwartung und Wünsche der anderen Mitglieder zu kennen und zu erfüllen.

Bei Engagierten kann es im Verlauf von Jahren zu unterschiedlichen Belastbarkeitsgrenzen kommen. Auch älter werdende Engagierte sollten sich dennoch mit ihrem Einsatz entwickeln können. Führungskräfte sollten hierfür einen vielseitigen Aufgabenmix konzipieren, der das Älterwerden und die Altersstruktur im Engagement berücksichtigt.

Die unterschiedlichen Bedingungen bei Engagierten führen zu besonderen Führungsanforderungen: Ehrenamtliche Führungskräfte müssen selbst für eine gute Führungsqualifikation und Standards bei der eigenen Führungsarbeit sorgen.

In der Zusammenarbeit zwischen ehrenamtlichen und hauptamtlichen Mitarbeitern sollten Führungskompetenzen eindeutig festgelegt und beschrieben sein.

8.4 Zeitliche Ressourcen

Freiwillige verfügen im Gegensatz zu Angestellten über ein begrenztes Zeitbudget für ihre Tätigkeiten und können ihr Ehrenamt meist nur in bestimmten Zeitfenstern ausüben. Ihre Verfügbarkeit muss mit den Bedürfnissen der Organisation derart in Einklang gebracht werden, dass der Freiwillige zeitlich nicht überfordert wird und trotzdem ein nutzbringender Einsatz gewährt werden kann.

Kontinuität

„Ein Ehrenamt erfordert grundsätzlich ein hohes Maß an Disziplin. Die Umstellung vom Job als Vorstandssprecher einer Bank auf das Ehrenamt erfordert viel Engagement und Motivationskraft. So ist es durchaus eine Herausforderung, im Ehrenamt Prozesse zusammenzuführen und Menschen zu motivieren, schließlich wird keiner für seine Tätigkeit bezahlt. Immer wieder bilden sich Gruppen heraus, die neue Aktivitäten aufnehmen. Um das gemeinsame Anliegen voranzubringen und konkrete Ergebnisse zu erzielen, ist es erforderlich, dass alle Teammitglieder sich permanent gut miteinander abstimmen. Hinzu kommt, dass alle immer wieder neu ins Boot geholt und bei der Stange gehalten werden müssen. Denn der Weg von einer guten Idee bis zur Umsetzung ist oft Knochenarbeit.“[23] (Karl S., Vorstandsmitglied einer internationalen Kinderschutzorganisation)

Hierin besteht eine große Herausforderung für die Führungskräfte. Aufgaben müssen genau geplant und aufgeteilt werden. Es bedarf einer exakten Kenntnis, welche Tätigkeit wie lange dauert und welcher Zeitrahmen zur Verfügung gestellt werden kann. Insgesamt bedarf der Einsatz von freiwilligen Helfern eines hohen Organisationsaufwands und einer intensiven Abstimmung.

Für bestimmte Tätigkeiten, insbesondere diejenigen, die mit festen Betreuungen oder Einsätzen für Menschen zu tun haben, ist Verbindlichkeit zu schaffen, von großer Bedeutung. Das ist eine große Herausforderung im freiwilligen Engagement, denn rein rechtlich gibt es keine Verbindlichkeit. Einige Organisationen nutzen hier sogenannte Verbindlichkeitserklärungen, die im Sinne einer verstärkten Aufklärung zu verstehen sind. Dem

[23] Interview mit der Autorin mit Karl S. vom 02.08.2011.

Freiwilligen wird so mit Hilfe einer schriftlichen Erklärung, die er selbst unterschreibt, vor Augen geführt, wie wichtig eine zuverlässige Leistungserbringung seinerseits ist.[24]

„Eine weitere Herausforderung ist das Thema Kontinuität. Häufig sind Personen in bestimmten zeitlichen Phasen sehr aktiv und sehr engagiert, und in anderen Phasen sind sie durch Beruf oder Familie in ihrer Zeit eingeschränkt. Oft ‚verschwinden' Mitarbeiter ohne große Vorankündigung. Damit muss man umgehen und diese unvorhergesehenen Ereignisse managen."[25] (Karl S., Vorstandsmitglied einer internationalen Kinderschutzorganisation)

Im Zusammenhang mit kontinuierlichem Engagement steht auch das Thema der zeitlichen Belastbarkeit. Ein immer gleiches Zeitfenster ist für die meisten Freiwilligen gar nicht zu leisten. In den verschiedenen Lebensphasen verfügen wir über unterschiedliche zeitliche Ressourcen.

„Mein Ehrenamt war immer auch von meinen Lebensphasen abhängig. Als meine Kinder ganz klein waren, habe ich mich in Stillgruppen und Spielgruppe engagiert. Zunächst als Teilnehmerin und dann auch in einer Leitungsfunktion. Danach war ich im Kindergarten und in der Schule in der Elternarbeit aktiv. Und als meine Kinder immer größer und selbstständiger wurden, hat sich für mich mehr Freiraum ergeben, so dass ich mich verstärkt in der Gemeindearbeit der Kirche in unterschiedlichen Projekten engagiert habe."[26] (Barbara N., ehrenamtliche Führungskraft in der Kirchengemeinde)

Beispielsweise hat eine junge Mutter in ihrer Elternzeit Kapazitäten für projektbezogene Aufgaben frei. Nach ihrer Rückkehr ins Berufsleben hat sie neben Arbeitsalltag und Familienleben kaum Zeitfenster für ein Engagement. Mit zunehmendem Alter und wachsender Selbstständigkeit der Kinder wird ihr Zeitkorridor dann wieder größer. Einen Überblick über mögliche unterschiedliche Lebensphasen ist in Abb. 8.5 aufgeführt.

Der Faktor Zeit ist auch bedeutsam für die Gewinnung von Ehrenamtlichen. Angst vor zeitlichen Einschränkungen oder Zeitmangel kann eine Ursache dafür sein, dass Menschen Engagement scheuen. Vor dem Hintergrund der unterschiedlichen Lebensphasen ist dies auch erklärbar.

Andererseits ist zu berücksichtigen, dass sich Menschen für die Dinge, die ihnen wichtig sind, Zeit nehmen. Das Argument, keine Zeit zu haben, steht oftmals dafür, dass andere Prioritäten gesetzt werden. Die Möglichkeit eines flexiblen Umgangs mit der Ressource Zeit kann dazu beitragen, dass mehr Menschen bereit sind, sich zu engagieren.

Innovation gegen Tradition

Bei der Entwicklung von neuen Zeit- wie auch neuen Einsatzmodellen stellt sich die Frage nach neuen Entwicklungsformen von freiwilligem Engagement.

In bestimmten Tätigkeitsbereichen ist Engagement besonders traditionell gestaltet. Aufgaben sind hier langfristig angelegt, Freiwillige sollen sich möglichst regelmäßig verpflichten, und es gibt meist strikte Hierarchien in der Organisationsstruktur.

---

[24] Siehe Kap. 10.

[25] Interview der Autorin mit Karl S. vom 02.08.2011.

[26] Interview der Autorin mit Barbara N. vom 31.10.2011.

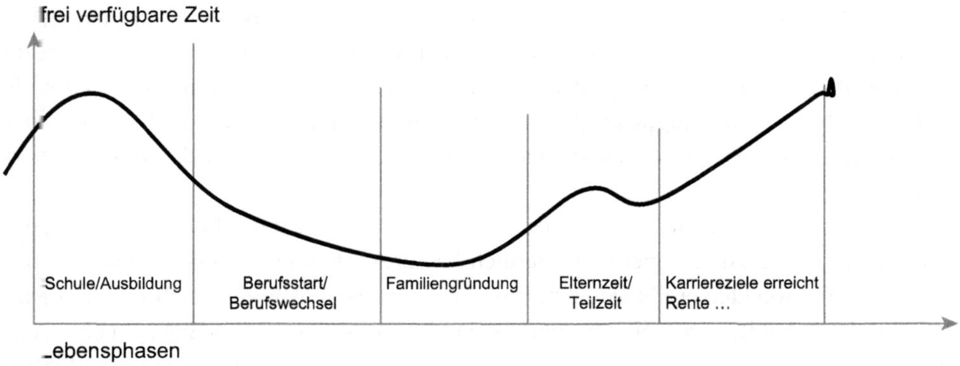

Abb. 8.5 Beispiele Lebensphasen

Beispiele für traditionelle Bereiche

- Sportvereine
- Karnevalsvereine
- Kirche
- Verbandsarbeit
- Politik
- Rettungsdienst
- Umweltschutz
- Elternarbeit in Schulen und Kindergärten

Demgegenüber entwickeln sich in letzter Zeit neuere Formen von Engagement. Freiwilliges Engagement passt sich hier gesellschaftlichen Entwicklungen an und modernisiert sich: Angepasst an die Lebensphasen und Lebensformen von Menschen nimmt projektbezogenes Engagement zu.

Beispiele für projektbezogene Aufgaben

- Patenschaften (Familienpaten, Lesepaten, Bildungspaten etc.)
- Grüne Damen
- Hilfsprojekte
- Begleitung von Jugendfreizeiten
- Umweltprojekte
- Benefizveranstaltungen
- Soziale Projekte (Kochen in der Frauennotschlafstelle, Freizeitgestaltung mit älteren Menschen etc.)
- Bürgerinitiativen gegen Bauvorhaben

Projektbezogenes Engagement ist auf eine begrenzte Dauer bezogen und beinhaltet einmalige Ziele. Nach der Zielerreichung ist das Projekt abgeschlossen. Organisatorisch orientiert man sich an einer Projektstruktur, und Beteiligte werden vom Projektleiter als gleichberechtigte Teammitglieder geführt. Die zeitliche Verpflichtung und Bindung der Freiwilligen – inklusive des Projektleiters – sind dabei immer nur auf das konkrete Vorhaben bezogen.

Für viele Freiwillige bietet diese eher neue Form von Engagement einige Vorteile: die Verpflichtung, sich zu engagieren, ist zeitlich begrenzt. Durch das Aufsetzen von immer wieder neuen Projekten ergibt sich eine abwechslungsreiche Auswahl, sich zu beteiligen. Mit der Möglichkeit, sich projektbezogenen zu binden, ist ein solches Engagement leichter in bestimmten Lebensphasen zu verwirklichen. So zum Beispiel, wenn mittelfristig berufliche Wechsel anstehen und der Verbleib an einem Ort nicht auf Dauer ist. Oder aber in der Elternzeit besteht bis zum Wiedereinstieg in den Job Freiraum für projektbezogenes Engagement.

Vorteile von projektbezogenem Engagement

- Bereitschaft zur Verpflichtung größer
- Überschaubarer zeitlicher Einsatz
- Vielseitigkeit der Projekte
- Projektstruktur anstatt klassischer Hierarchie
- Vereinbarkeit mit unterschiedlichen Lebensphasen/Lebensumständen
- Flexible Ausgestaltung

Zeitliche Verfügbarkeit
Aufgrund der unterschiedlichen zur Verfügung stehenden zeitlichen Ressourcen bedarf es in der Führung von Ehrenamtlichen eines erhöhten Planungsaufwands.

Um möglichst vielen Menschen die Möglichkeit zu geben, sich zu engagieren, sind seitens der Führungskräfte flexible und innovative Modelle für Einsatzzeiten zu entwickeln. Das erfordert neue und kreative Formen freiwilligen Engagements.

8.5 Führungskräftequalifizierung

Qualifizierung im Kontext von bürgerschaftlichem Engagement findet hauptsächlich in Bezug auf das Engagement selbst statt. Das beinhaltet in der Regel die Kompetenzvermittlung für den konkreten Einsatzbereich. Der Bereich der Ausbildung und Entwicklung von Führungskräften hinsichtlich der Menschenführung ist kaum vertreten, und es finden sich nur vereinzelte Seminarangebote. Für Führungskräfte im Ehrenamt gibt es keine standardisierte Ausbildung. Erschwerend kommt hinzu, dass oftmals intern in den Organisationen das Thema zwar befürwortet, jedoch nicht nachhaltig unterstützt wird.

Praxisbeispiel

„Führung ist für mich ein ganz wesentlicher Aspekt bei meiner Tätigkeit als Trainer. Ich glaube, insgesamt ist es in den ehrenamtlichen Tätigkeiten ganz wesentlich, dass man jeden individuell berücksichtigt. An der Stelle ist wichtig zu wissen, dass Führung bedeutet, jedem das zu geben, was er braucht. Dass ich also ganz viel individuelle Kommunikation betreibe, mit der ich die Emotion des anderen treffe, so dass der andere einen Sinn für sich darin sieht. Und dann ist auch völlig egal, ob ich eine Fußballmannschaft führe oder ein Team, das in der Produktion einer Firma tätig ist. Leider muss ich sagen, dass dieses Führungswissen in meinem Verein bisher noch eine zu kleine Rolle spielt. Ich habe einmal versucht, das zu ändern, und habe den Jugendtrainern das Reiss Profile[27] vorgestellt bzw. die Erkenntnisse dahinter. Das Reiss Profile zeigt auf, welche individuell unterschiedlichen Motivationen es gibt, welche Leistungsgrundlagen uns zur Verfügung stehen, und auf der anderen Seite auch, was Leistung blockieren kann. Dabei ist wichtig zu wissen, dass es keine schlechte Motivation gibt. Jeder hat seine eigene, und je besser man diese leben darf, desto eher kann das Leistungspotenzial abgerufen werden. Das fanden alle zwar super spannend, aber irgendwas anders gemacht hat dann keiner."[28] (Manfred P., Fußballtrainer)

Eigenverantwortung

Werden interessierte Freiwillige für Führungsaufgaben gesucht, so kommt es meist nur ausnahmsweise vor, dass jemand bereits genau auf diesem Gebiet und mit dieser Aufgabe Erfahrungen gemacht hat: Es ist unwahrscheinlich, dass ein Vorstandsmitglied eines Volleyballvereins sich für den Vorstandsposten eines anderen Volleyballvereins interessiert.

Sich fundiert mit dem Thema Führung auseinanderzusetzen, obliegt in der Regel jeder Führungskraft selbst.

„Im Augenblick spielt Führung für mich persönlich eine untergeordnete Rolle, da wir uns, wie gesagt, noch im Aufbau befinden und ein sehr kleines Team sind. (...) Im Moment entwickeln wir uns aber auch gerade, was unsere Zusammenarbeit und unsere Aufgaben betrifft. Wir haben festgestellt, dass wir uns selbst stärker einen geregelten Aufbau geben müssen. Insofern ist ein aktuelles Führungsthema für uns, eine klare Eigenorganisation zu schaffen. In dem Maße, in dem wir größer werden und über mehr aktive Helfer verfügen, wird Führung ein immer stärkeres Thema für uns werden."[29] (Ulla C., Vorstandsmitglied gesellschaftliche Initiative)

Hilfreich ist hier sicherlich, wenn für eine ehrenamtliche Führungsposition auf Erfahrungen aus dem beruflichen Alltag zurückgegriffen werden kann. Trotzdem ist es wichtig, das konkrete Umfeld und die Menschen innerhalb des freiwilligen Engagements immer wieder zu berücksichtigen und zu reflektieren, welches Führungsverhalten angemessen ist.

Wünschenswert ist, dass das Thema ehrenamtliche Führung einen ebenso wichtigen Stellenwert erhält wie im Berufsleben. Das heißt, das Thema Führung sollte zur Angelegenheit der gesamten Organisation, Initiative oder des Projektes werden, und nicht nur die Aufgabe der einzelnen Führungskraft sein.

[27] Das Reiss Profile wird unter anderem auch im Leistungssport eingesetzt.

[28] Interview der Autorin mit Manfred P. vom 13.07.2011.

[29] Interview der Autorin mit Ulla C. vom 21.09.2011.

„Insgesamt habe ich große Unterschiede zwischen beruflicher und ehrenamtlicher Führung festgestellt. So wird man im Beruf ganz anders bzw. überhaupt auf eine solche Funktion vorbereitet. Auch wenn man eine gewisse Grundkompetenz mitbringen muss, gibt es im Berufsleben dafür in der Regel Auswahlverfahren und Qualifizierungs- bzw. Entwicklungsmaßnahmen. Das Bewusstsein, dass Führungskompetenz auch erlernt werden muss, fehlt oft im ehrenamtlichen Engagement. Es ist dann eher die sogenannte Alltagspsychologie, die zur Anwendung kommt, die aber nicht immer unbedingt zielführend ist. Nicht jede Rolle, die im Fußballverein als Führungsfunktion wahrgenommen wird, ist demjenigen, dem sie anvertraut ist, einfach so in die Wiege gelegt. Gerade das Ehrenamt hängt im Wesentlichen vom persönlichen Engagement ab. Und dieses Engagement ist nicht automatisch mit vorhandener Führungskompetenz verbunden."[30] (Andreas S., Fußballtrainer)

Eine Herausforderung für ehrenamtliche Führungskräfte ist es daher, Lobbyarbeit für das Thema Führungsqualifikation zu betreiben und sich in ihren eigenen Organisationsstrukturen für verbindliche und auf die jeweilige Organisation passende Standards einzusetzen.

Auswahlkriterien

Neben der Integration von Führungsqualifikation als permanentem Thema ist es auch wichtig, sich mit geeigneten Kriterien zu beschäftigen, die eine sichere Wahl von Inhalten und Anbietern ermöglicht.

Um eine möglichst nutzbringende Fortbildung zu finden, muss zunächst das Qualifizierungsziel benannt werden. Für die notwendigen Inhalte bieten dabei die Stellenprofile ideale Hilfsmittel, insbesondere die Anforderungen, die an bestimmte Führungspositionen gestellt werden.[31]

Mitentscheidend sollte ein so praktischer Bezug wie möglich sein und sehr hilfreich ist es, Führungssituationen üben zu können. Da Führung sich erst in der Wechselwirkung mit Menschen zeigt, ist ein rein theoretischer Input nicht ausreichend.

Bei der Auswahl des Weiterbildungsanbieters kommt es entscheidend auf die persönlichen Lernkriterien des Einzelnen an. Ob ihm als Persönlichkeitstyp hier ein Gruppenseminar oder ein Einzelcoaching entspricht, sollte seiner Wahl überlassen werden. Letztendlich werden sicherlich auch Kosten und daher auch die räumliche Nähe zum Anbieter eine Rolle spielen. Neben den Kosten sollte allerdings auch die Qualität des Anbieters geprüft werden.

Zwingende Auswahlkriterien sollten daher immer sein:

- Wo ist das Anforderungsprofil nicht erfüllt?
- Können die Lücken inhaltlich durch die Fortbildung geschlossen werden?
- Gibt es einen praktischen Bezug der Fortbildungsinhalte? Praktische Übungen?
- Welcher Lerntyp ist die Führungskraft?
- Räumliche Nähe des Anbieters? Reisekosten? Dauer?
- Preisvergleich von qualitativ gleichwertigen Anbietern?

[30] Interview der Autorin mit Andreas S. vom 08.07.2011.

[31] Siehe hierzu Kap. 6 und 10.

Führung als Themen in der Organisation

Führungskräfte müssen sich (noch) mit ihrer eigenen Qualifikation zum Thema Führung auseinandersetzen und sich selbst um einen Standard kümmern. Dies sollte in einem Führungsteam gemeinschaftlich erfolgen.

Insgesamt sollte das Thema Führung als Standardthema im freiwilligen Engagement etabliert werden. Hierfür bedarf es eines Zusammenwirkens möglichst aller Führungskräfte einer Organisation.

In der ehrenamtlichen Führung muss mit Widersprüchen und Gegensätzen gelebt werden. Dieses Spannungsfeldes müssen sich Führungskräfte bewusst sein und eine Balance finden. Zentrale Herausforderung ist hierbei weniger das Lösen von Problemen als die Gestaltung oder Zusammenarbeit.

Führung ist dabei das Mittel zur Gestaltung.

9 Förderung ehrenamtlichen Engagements durch Unternehmen

Seit einigen Jahren ist bei Unternehmen die Übernahme gesellschaftlicher Verantwortung stärker in den Vordergrund getreten.[1] Unternehmen erkennen, dass es nicht mehr ausschließlich darum geht, finanzielle Gewinne zu erzielen, sondern dass auch – gesellschaftliche – Erwartungen erfüllt werden müssen, die über den finanziellen Erfolg hinausgehen.[2] Ähnlich wie ein guter Bürger wollen sich daher auch vermehrt Unternehmen aktiv in der Gesellschaft engagieren. Zu diesem Zweck werden teilweise unternehmensstrategische Konzepte entworfen, die einen Beitrag zur Förderung von bürgerschaftlichem Engagement leisten sollen.

Im Folgenden wird ein Überblick über die verschiedenen Möglichkeiten gegeben, wie sich Unternehmen im Rahmen von bürgerschaftlichem Engagement beteiligen können. Der Fokus liegt hier in der besonderen Unterstützung von ehrenamtlichem Engagement durch Mitarbeiter. In welcher Form, mit welchem Aufwand und vor allem mit welchem Ergebnis so etwas umgesetzt werden kann, findet sich im Anschluss in der Beschreibung von drei exemplarisch ausgewählten, unterschiedlichen Unternehmen.

Gesellschaftliche Verantwortung von Unternehmen

Für Unternehmen gibt es mehrere Möglichkeiten, sich gesellschaftlich zu engagieren. Der Oberbegriff für jegliche gesellschaftliche Verantwortung von Unternehmen lautet Corporate Social Responsibility (CSR). Corporate Social Responsibility steht für unternehmerische soziale Verantwortung in wirtschaftlichen, sozialen und ökologischen Belangen.

Der im angelsächsischen Raum geprägte Begriff wird im Grünbuch der Europäischen Kommission definiert als

[1] Enquete-Kommission (14/8900).

[2] Schäfer (2009, S. 13).

B. Redmann, *Erfolgreich führen im Ehrenamt*, DOI 10.1007/978-3-8349-4679-9_9

„ein Konzept, das den Unternehmen als Grundlage dient, auf freiwilliger Basis soziale Belange und Umweltbelange in ihre Unternehmenstätigkeit und in die Wechselbeziehung mit den Stakeholdern zu integrieren“[3]

Die derzeit aktuellste Definition bietet die ISO (International Organization for Standardization) mit der ISO 26000:

Zitat

„Gesellschaftliche Verantwortung wird verstanden als Verantwortung einer Organisation für die Auswirkungen ihrer Entscheidungen und Aktivitäten auf die Gesellschaft und die Umwelt durch transparentes und ethisches Verhalten, das:

- zur nachhaltigen Entwicklung, Gesundheit und Gemeinwohl eingeschlossen beiträgt
- die Erwartungen der Anspruchsgruppen berücksichtigt
- anwendbares Recht einhält und im Einklang mit internationalen Verhaltensstandards ist
- in der gesamten Organisation integriert ist und in ihren Beziehungen gelebt wird.“

Gesellschaftlich verantwortlich zu handeln, heißt nicht nur, die gesetzlichen Bestimmungen einzuhalten, sondern über die bloße Gesetzeskonformität hinaus „mehr“ und nachhaltig zu investieren. Es geht also um freiwillige Selbstverpflichtungen von Unternehmen, die dazu führen, dass sich innerhalb der Unternehmen neue Partnerschaften zu Themenfeldern wie sozialer Dialog, Erwerb von Qualifikationen, Chancengleichheit und Antizipation und Bewältigung des gesellschaftlichen Wandels bilden.

„Mit dem Bekenntnis zu ihrer sozialen Verantwortung und der freiwilligen Übernahme von Verpflichtungen, die über ohnehin einzuhaltende gesetzliche und vertragliche Verpflichtungen hinausgehen, streben die Unternehmen danach, die Sozial- und Umweltschutzstandards anzuheben und zu erreichen, dass die Grundrechte konsequenter respektiert werden. Dabei praktizieren sie eine offene Unternehmenspolitik, die widerstreitende Interessen in einer globalen Sicht von Qualität und Nachhaltigkeit in Einklang zu bringen sucht.“[4]

Die Selbstverpflichtungen von Unternehmen müssen dabei nicht nur die wirtschaftlichen, sozialen und ökologischen Grundsätze der Unternehmenstätigkeit betreffen, sondern können sich auch unternehmensintern auswirken, zum Beispiel in der Einhaltung von Arbeitnehmerrechten, der Einführung von Arbeits- und Umweltstandards sowie mit besonderen Personalentwicklungsmaßnehmen, die aufgesetzt werden (siehe Abb. 9.1).[5]

---

[3] Grünbuch der Kommission Europäische Rahmenbedingungen für die soziale Verantwortung der Unternehmen (2001); http://eur-lex.europa.eu/LexUriServ/site/de/com/2001/com2001_0366de01.pdf

[4] Grünbuch der Kommission Europäische Rahmenbedingungen für die soziale Verantwortung der Unternehmen (2001); http://eur-lex.europa.eu/LexUriServ/site/de/com/2001/com2001_0366de01.pdf

[5] Schäfer (2009, S. 21).

Abb. 9.1 CSR

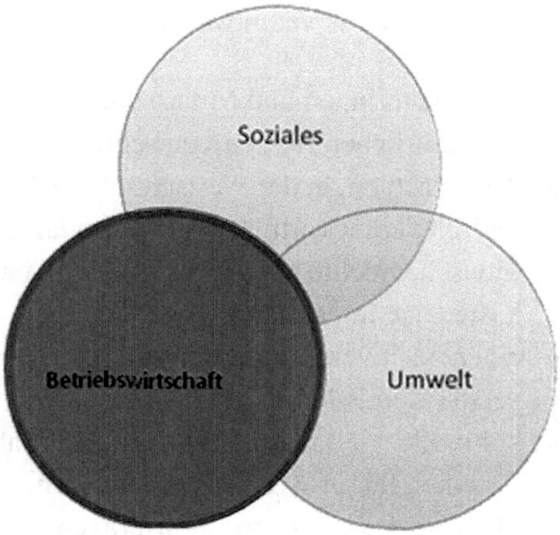

Konzepte für eine unternehmerische soziale Verantwortung, zu Corporate Social Responsibility, sind nicht neu. Die USA als Vorreiter haben bereits in den zwanziger Jahren Pläne hierzu entwickelt. In den sechziger und siebziger Jahren des 20. Jahrhunderts erlangte das Thema auch in Kreisen von Wissenschaft und Wirtschaft hoch entwickelter Länder Europas eine gewisse Aufmerksamkeit.

Nicht zuletzt ausgelöst durch die Finanzkrise und damit gleichzeitig einen hohen Bedeutungsverlust moralischer Grundsätze für wirtschaftliches Handeln hat die Frage nach der gesellschaftlichen Verantwortung von Unternehmen in Deutschland zugenommen. Entwickelten zunächst größere Unternehmen CSR-Strategien, so agieren mittlerweile auch kleine und mittelständische Firmen sowohl auf dem privaten als auch öffentlichen Sektor sozial verantwortlich.

In den letzten drei Jahren hat das Thema auch Bedeutung für die Politik gewonnen. Unter der Federführung des Bundesministeriums für Arbeit und Soziales formierte sich ein nationales CSR-Forum mit dem Ziel der Entwicklung einer nationalen CSR-Strategie. Am 6. Oktober 2010 wurde vom Bundeskabinett die nationale Strategie zur gesellschaftlichen Verantwortung von Unternehmen beschlossen, der sogenannte Aktionsplan CSR der Bundesregierung. Auf der Seite des Bundesministeriums heißt es:

Zitat

„Wichtiges Anliegen des Aktionsplans CSR ist es, einen Bewusstseinswandel dahingehend herbeizuführen, dass CSR sich für Unternehmen und Gesellschaft lohnt. Denn CSR bietet für Deutschland die Chance, sowohl die internationale Wettbewerbsfähigkeit der Unternehmen nachhaltig zu stärken als auch Antworten auf gesellschaftliche Herausforderungen zu finden.

Der ‚Aktionsplan CSR' stützt sich auf die Empfehlungen des Nationalen CSR-Forums, das die Bundesregierung bei ihrer Politik für gesellschaftliche Unternehmensverantwortung berät und begleitet. Damit ist der Aktionsplan der Startschuss für eine strategische Allianz zur Stärkung der gesellschaftlichen Verantwortung von Unternehmen in Deutschland."[6]

---

[6] www.csr-in-deutschland.de

Grundsätze für Verantwortung von Deutschen Unternehmern sind:[7]

- Mitarbeiterinnen und Mitarbeiter fair behandeln, fördern und beteiligen,
- mit natürlichen Ressourcen schonend und effizient umgehen,
- darauf achten, in der Wertschöpfungskette – in ihrem Einflussbereich – sozial und ökologisch verantwortungsvoll zu produzieren,
- Menschenrechte und die internationalen Kernarbeitsnormen wahren und einen Beitrag leisten, sie international durchzusetzen,
- einen positiven Beitrag für das Gemeinwesen leisten,
- verstärkt in Bildung investieren,
- kulturelle Vielfalt und Toleranz innerhalb des Betriebs fördern,
- für einen fairen Wettbewerb eintreten,
- Maßnahmen zur Korruptionsprävention fördern,
- Transparenz hinsichtlich ihrer Unternehmensführung herstellen,
- Verbraucherrechte und Verbraucherinteressen achten.

CSR hat viele Vorteile für Unternehmen. Der Wettbewerbsfähigkeit und dem Ansehen des Unternehmens kann es zuträglich sein, über die bloße Gesetzeskonformität hinauszugehen. In Ausbildung, Arbeitsbedingungen und in Beziehungen zwischen Geschäftsführung und Belegschaft zu investieren, kann sich zum Beispiel unmittelbar positiv auf die Produktivität auswirken, wenn man im sozialen Bereich mehr tut, als in gesetzlichen Auflagen gefordert wird.

„Eine Reihe anerkanntermaßen sozial verantwortlich und umweltbewusst handelnder Unternehmen gibt an, dass diese Ausrichtung zu einer Leistungssteigerung sowie zu höheren Gewinnen und stärkerem Wachstum führen können. Für viele Unternehmen handelt es sich hier um neue Praktiken, deren längerfristige Konsequenzen erst noch zu bewerten sind. Die wirtschaftlichen Auswirkungen von CSR lassen sich unterteilen in direkte und indirekte Auswirkungen. Positive direkte Auswirkungen zum Beispiel ergeben sich aus einem besseren Arbeitsumfeld, das die Motivation und Produktivität der Arbeitnehmer steigert, sowie aus einer effizienteren Nutzung der natürlichen Ressourcen. Indirekte Auswirkungen ergeben sich aus einem wachsenden Interesse der Verbraucher und der Investoren, gleichbedeutend mit besseren Marktchancen. Im Umkehrschluss kann Kritik an der Unternehmenstätigkeit dem Ruf eines Unternehmens schaden, das heißt wesentliche Vermögenswerte, wie zum Beispiel den Markennamen und das Image, beeinträchtigen.“[8]

Bürgerschaftliches Engagement von Unternehmen

Gesellschaftlich Verantwortung zu übernehmen, hat für ein Unternehmen eine inhaltliche und eine verhaltensbezogene Dimension. Inhaltlich geht es darum, die Themen und Handlungsfelder zu bestimmen, die einer Betrachtung und Wahrnehmung von Verantwortung bedürfen. Beim unternehmerischen Verhalten geht es darum, dass dieses entsprechend

[7] Empfehlung Nationales CSR-Forum (2009).

[8] Grünbuch der Kommission Europäische Rahmenbedingungen für die soziale Verantwortung der Unternehmen (2001); http://eur-lex.europa.eu/LexUriServ/site/de/com/2001/com2001_0366de01.pdf

der Selbstverpflichtung in Entscheidungen und Handlungen zum Ausdruck kommt und sich an den geltenden Vorgaben, Prinzipien und Werten im Unternehmen orientiert. Eine Ausdrucksform für Unternehmen ist konkret in diesem Zusammenhang sein bürgerschaftliches Engagement. Enger gefasst als das gesellschaftliche Engagement bezieht sich das sogenannte Corporate Citizenship (Unternehmensbürgerschaft), auf das lokale, regionale Engagement von Unternehmen: Das Unternehmen soll sich wie ein guter Bürger aktiv für die Gemeinschaft engagieren.

Die Unternehmen handeln also wie ein Bürger mit ihrem Engagement, wobei es hier nicht um einzelne Wohltätigkeiten, sondern vielmehr um eine systematische und langfristig angelegte Koordination von sozialen Aktivitäten geht. Das gesellschaftliche Engagement wird dabei fest in die Unternehmenskultur integriert. Mögliche Maßnahmen sind alle Spenden-, Sponsoring- und Stiftungsaktivitäten sowie die Förderung des freiwilligen gemeinnützigen Einsatzes von Mitarbeitern. Sie sind meist nicht mit dem Kerngeschäft verbunden. Auf der Seite des Bundesministeriums für Wirtschaft und Technologie wird sogar ein Corporate-Citizenship-Mix beschrieben, den Unternehmen ähnlich wie ein Marketing-Mix einsetzen können:[9]

Unternehmensspenden (Corporate Giving) ist der Oberbegriff für ethisch motiviertes, selbstloses Überlassen, Spenden oder Stiften von Geld oder Sachmitteln sowie für das kostenlose Überlassen oder Spenden von Unternehmensleistungen, -produkten und -logistik.

Sozialsponsoring (Social Sponsoring) ist die Übertragung der gängigen Marketingmaßnahme Sponsoring – als ein Geschäft auf Gegenseitigkeit – auf den sozialen Bereich, womit dem Unternehmen neue Kommunikationskanäle und der gemeinnützigen Organisation neue Finanzierungswege eröffnet werden.

Zweckgebundenes Marketing (Cause Related Marketing) ist ein Marketinginstrument, bei dem der Kauf eines Produkts/einer Dienstleistung damit beworben wird, dass das Unternehmen einen Teil der Erlöse einem sozialen Zweck oder einer Organisation als Spende zukommen lässt.

Unternehmensstiftungen (Corporate Foundations) bezeichnet das Gründen von Stiftungen durch Unternehmen – eine Art des Engagements, die auch von mittelständischen Unternehmen immer häufiger eingesetzt wird.

Auftragsvergabe an soziale Organisationen (Social Commissioning) bezeichnet die gezielte geschäftliche Partnerschaft mit gemeinnützigen Organisationen, die z. B. behinderte und sozial benachteiligte Menschen beschäftigen, als (gleichfalls kompetente und konkurrenzfähige) Dienstleister und Zuliefererbetriebe, mit der Absicht, die Organisationen durch die Auftragsvergabe zu unterstützen.

[9] www.bmwi.de; Dresewski (2004, S. 21f.).

Gemeinwesen Joint Venture (Community Joint Venture) bezeichnet eine gemeinsame Unternehmung von einer gemeinnützige Organisation und einem Unternehmen, in die beide Partner Ressourcen und Know-how einbringen und die keiner allein durchführen könnte.

Lobbying für soziale Anliegen (Social Lobbying) bezeichnet den Einsatz von Kontakten und Einfluss des Unternehmens für die Ziele gemeinnütziger Organisationen oder für Anliegen spezieller Gruppen im Gemeinwesen.

Soziales Risiko-Kapital (Venture Philanthropy) bezeichnet unternehmerisch agierende Risikokapitalgeber, die für eine begrenzte Zeit und ein bestimmtes Vorhaben sowohl Geld als auch Know-how in gemeinnützige Organisationen investieren.

Gemeinnütziges Arbeitnehmerengagement (Corporate Volunteering) bezeichnet das gesellschaftliche Engagement von Unternehmen durch die Investition der Zeit und Wissens ihrer Mitarbeiter und die Unterstützung des ehrenamtlichen Engagements von Mitarbeitern in und außerhalb der Arbeitszeit.

Gemeinnütziges Arbeitnehmerengagement

In den letzten Jahren ist eine verstärkte Förderung freiwilligen Engagements dadurch entstanden, dass Unternehmen das konkrete Engagement ihrer Mitarbeiter unterstützen. „Corporate Volunteering" ist hier der Fachbegriff, der den Einsatz von Mitarbeiterressourcen für gemeinnützige Zwecke bezeichnet.

Die Unternehmen fördern hier einerseits den Einsatz von Mitarbeitern in unterschiedlichen Projekten gemeinnütziger Art und andererseits auch bereits bestehendes ehrenamtliches Engagement von Mitarbeitern. In vielen Fällen wird zum Beispiel dadurch gefördert, dass die Mitarbeiter für ihr freiwilliges Engagement eine definierte Zeit bezahlt freigestellt werden. Der Einsatz selbst ist vielfältig. So kann der Mitarbeiter selbst entscheiden, ob er eher fachliches Know-how einbringen möchte oder sich rein handwerklich betätigen oder gegebenenfalls eher emotional einbringen möchte. Auch die Dauer der Einsätze ist flexibel gestaltet: Hier gibt es Projekte im Umfang von einem Tag bis hin zu einwöchigen Projektwochen oder auch die Möglichkeit, sich regelmäßig und längerfristig in einer Einrichtung zu engagieren.

Insgesamt gewinnt die Förderung des bürgerschaftlichen Engagements von Mitarbeitern in Deutschland zunehmend an Bedeutung. Nach den Ergebnissen einer im April 2011 erhobenen Studie der Roland Berger Strategy Consultants GmbH in Zusammenarbeit mit der deutsch-amerikanischen Handelskammer[10] stellen ca. 70 % der befragten kleinen, mittelständischen und großen Unternehmen ihre Mitarbeiter für einen guten Zweck für durchschnittlich 1,8 Tage im Jahr bezahlt frei.

[10] Studie der American Chamber of Commerce in Germany und Roland Berger Strategy Consultants (2011). Insgesamt haben sich 109 Unternehmen beteiligt.

Die Förderung von ehrenamtlichem Engagement wird insgesamt als sehr wichtig erachtet. Als Motivation für die Unterstützung sehen Unternehmen dabei sowohl ihre gesellschaftliche Verantwortung als auch eine Verbesserung der Unternehmenskultur, die persönliche und soziale Weiterentwicklung des Einzelnen und von Teams als auch die Steigerung der eigenen Attraktivität als Arbeitgeber im Fokus. Dabei sind die letztgenannten Punkte Großunternehmen deutlich wichtiger als kleinen oder mittelständischen Unternehmen.[11]

9.1 Generali Deutschland Holding AG

Bei vielen Unternehmen gehört es zur Unternehmenskultur, ehrenamtliches Engagement zu unterstützen und zu fördern. Im Folgenden stellen drei Beispiele gemeinsame und unterschiedliche Ansätze von Förderung des ehrenamtlichen Engagements dar. Dabei handelt es sich um ein kleines beziehungsweise mittelständisches Unternehmen mit begrenzten Ressourcen sowie zwei managementgeprägte Konzernunternehmen. Beispielhaft werden die europäische und die US-amerikanische Tradition unternehmerischen Engagements in der Gesellschaft aufgezeigt.

Das Unternehmen

Die Generali Deutschland Holding AG ist die Management-Holding der zweitgrößten Erstversicherungsgruppe in Deutschland. Unter dem Dach der Generali Deutschland Holding arbeiten namhafte Versicherer und Finanzdienstleistungsunternehmen die das ganze Spektrum der Finanzdienstleistung anbieten.

Im Jahr 2008 wurde bei Generali ein nachhaltiges Instrument zur Wahrnehmung der gesellschaftlichen Verantwortung des Versicherungskonzerns implementiert: Der Generali Zukunftsfonds. Dieser Bereich unterstützt seitdem unter dem Leitthema „Bürger unternehmen Zukunft" diverse externe Projekte und Initiativen, die Potenziale älterer Menschen nutzen und sie in bürgerschaftliches Engagement führen, um den Herausforderungen des demografischen Wandels zu begegnen. Zudem fördert er intern das Engagement der Mitarbeiterinnen und Mitarbeiter.

Insgesamt arbeiten ca. 15.000 Mitarbeiter im deutschen Teil der Generali-Gruppe. Das Corporate Volunteering (Mitarbeiterfreiwilligenprogramm), das im Jahr 2009 sehr klein startete, wird dabei sukzessiv ausgebaut und auf immer mehr Standorte ausgedehnt. Im Jahr 2011 engagierten sich bereits ca. 5 % aller Mitarbeiter ehrenamtlich und werden hierzu bis zu zwei Arbeitstage bezahlt freigestellt. Im gleichen Jahr gab es bereits über 50 Projekte, an denen Mitarbeiter aktiv mitwirkten. In diesem Jahr stellt Generali somit über 500 Arbeitstage oder 40.000 Arbeitsstunden zur Verfügung. Ein weiterer quantitativer und qualitativer Ausbau dieser Programme in den folgenden Jahren ist angedacht.

[11] Studie der American Chamber of Commerce in Germany und Roland Berger Strategy Consultants (2011, S. 8).

Die Projekte

Bei der Generali-Deutschland-Gruppe gibt es mehrere Möglichkeiten, sich als Mitarbeiter freiwillig zu engagieren.

Grundsätzlich können sich Mitarbeiter in der Holding bis zu zwei Tage für ehrenamtliche Tätigkeiten freistellen lassen, die sie regelmäßig ausüben.

Darüber hinaus gibt es verschiedene Möglichkeiten für alle Mitarbeiter, sich bei zeitlich begrenzten Projekten, bei Aktionstagen oder im Rahmen von Führungskräftetrainings oder Teambuildingveranstaltungen zu engagieren.

Die von Mitarbeitern am häufigsten genutzte Gelegenheit ist dabei der einmal im Jahr in einem festen Zeitraum stattfindende „FreiwilligenTag". Den Mitarbeitern aus den Konzernunternehmen werden vielfältige Möglichkeiten geboten, sich in unternehmensübergreifenden Teams für einen guten Zweck zu engagieren. Bei Beginn dieser Maßnahme im Jahr 2009 war eine Teilnahme zunächst nur auf Mitarbeiter der Holding und auf drei Projekte beschränkt. Nach einem sehr erfolgreichen Verlauf dieser Aktion wurde das Konzept dann auf Standorte ausgeweitet, an denen eine hinreichend große Anzahl von Beschäftigten vorhanden ist. Im Jahr 2010 waren die Projekte des FreiwilligenTages bereits auf 30 Projekte angestiegen und im Jahr 2011 haben sich unter dem Motto „Helfen hilft – Gemeinsam stark" mehr als 500 Mitarbeiter und Mitarbeiterinnen in über 50 sozialen Projekten engagiert.

Der Generali Zukunftsfonds beschäftigt sich schwerpunktmäßig mit der Herausforderung des demografischen Wandels. Vor diesem Hintergrund werden auch bei den Corporate-Volunteering-Aktivitäten Projekte ausgewählt, die in dieses Themenfeld passen.

Viele Projekte kommen über Kontakte zu lokalen Vermittlungsagenturen oder der Teilnahme an regionalen Marktplätzen zustande. Zusätzlich immer wichtiger ist es, auch Vorschläge von den eigenen Mitarbeitern zu erhalten. Erstmals wurden 2011 daher eigene Projektvorschläge von Mitarbeitern eingereicht.

> „Diese Vorgehensweise hat eine große Resonanz unter der Belegschaft gefunden", berichtet Roland Krüger, Leiter des Generali Zukunftsfonds. „Durch diesen Aufruf haben wir je nach Standort sogar bis zu 100 Prozent der Projektvorschläge aus den eigenen Mitarbeiterreihen generiert. Das hat auf jeden Fall zu einem stärkeren Bezug und einer stärkeren Identifikation der Mitarbeiter mit den einzelnen Projekten geführt. Bei den Projekten selbst haben wir neben der Frage, ob die Thematik passt und die Projektpartner einen solchen Tag durchführen können, nur noch geprüft, ob die von den Mitarbeitern eingereichten Vorschläge realisierbar sind."[12]

Für den FreiwilligenTag melden sich die Mitarbeiter in der Regel einzeln an. Eine Möglichkeit, sich gemeinsam im Team oder zusammen mit der eigenen Abteilung an Projekten zu beteiligen, kann zusätzlich realisiert werden. So können Abteilungen und Teams unserer Unternehmensgruppe auf Wunsch anstelle eines klassischen Teamevents, zum Beispiel gemeinsam essen zu gehen oder eine Kanu-Tour zu machen, auch gemeinsam ein Projekt im sozialen Kontext durchführen:

[12] Interview der Autorin mit Roland Krüger vom 26.07.2011.

„Bei uns im Haus ist es je nach Konzernunternehmen mehr oder weniger die Regel, dass sich die Mitarbeiter einen halben bis einen ganzen Tag mit sich selbst als Team beschäftigen dürfen. Dieser Abteilungsausflug kann bei uns alternativ als gemeinnützige Aktion gestaltet werden. Das schließt überhaupt nicht aus, dass es hinterher nicht noch ein gemeinsames Grillen oder gemeinsames Feiern geben kann", fügt Krüger hinzu.[13]

Eine weitere Möglichkeit, sich ehrenamtlich zu beteiligen, besteht im Rahmen von Programmen zur Führungskräfteentwicklung. Auch hier gilt wie bei allen anderen Maßnahmen, dass es sich um ein absolut freiwilliges Angebot handelt – auch wenn diese Maßnahme im Rahmen eines persönlichen Entwicklungsprogramms angeboten wird.

„Wir empfehlen bei Führungskräftetrainings immer öfter anstelle von klassischen Teambildungsmaßnahmen zusammen eine praktische gemeinnützige Aktivität zu vollbringen. Die Möglichkeit, dies zu tun, stellen wir anheim. Was dabei in der Gruppe entstehen kann, ist ggf. ein sozialer Druck, der aber eigentlich immer bei Teammaßnahmen vorhanden sein kann. Aus unserer Sicht bieten sich durch die Durchführung von sozialen Projekten einfach noch einmal ganz andere Chancen, sich außerhalb des beruflichen Kontextes besser kennenzulernen und auch vielleicht ganz andere Kompetenzen zu entwickeln. Und auch für die Teambildung ist es nützlich, sich gemeinsam einer Herausforderung zu stellen und vor allem auch gemeinsam etwas zu tun, das etwas Sinnvolles enthält und Nutzen stiftet", so Krüger.[14]

Bei Generali gibt es seit einiger Zeit auch ein Trainingsprogramm zur eigenen Persönlichkeitsentwicklung für Mitarbeiter, das ebenfalls ehrenamtliches Engagement bei Mitarbeitern fördert. Die Mitarbeiter erhalten im Rahmen dieser Trainingsmaßnahme die Chance, an einem so genannten „Seitenwechsel" teilzunehmen. Der Seitenwechsel sieht vor, dass Mitarbeiter eine Woche lang eine soziale Einrichtung begleiten. Dies kann beispielsweise ein Hospiz oder eine Obdachloseneinrichtung oder Einrichtung für alkoholkranke Menschen oder Ähnliches sein. Zwar ist der Seitenwechsel eine Personalmaßnahme, doch trotzdem werden Mitarbeiter für die Probleme in den Einrichtungen und die Themen dort sensibilisiert. Anhand der Erfahrungen hat Generali festgestellt, dass die Mitarbeiter nach ihrem Seitenwechsel oftmals weiterhin Kontakt zu der Einrichtung halten und sich daraus regelmäßiges Engagement entwickelt hat.

Die Durchführung

Zum FreiwilligenTag gibt es eine eigene Website, auf der alle Projekte vorgestellt werden. Alle wichtigen Informationen wie zum Beispiel Inhalt, Ort, erforderliche Mitarbeiteranzahl und deren Kompetenzen sind dort im Rahmen von Projektbeschreibungen zu finden. Der Mitarbeiter kann sich bei Interesse direkt auf der Website registrieren. Sollte das Projekt schon voll sein, wird versucht, für die Mitarbeiter ein anderes Projekt zu finden, dass dann zumindest der Zweitwahl des Mitarbeiters entspricht.

Darüber hinaus informiert Generali seine Mitarbeiter regelmäßig über regionale Marktplätze oder Messen, die zum Thema ehrenamtliches Engagement stattfinden. Die Mitar-

[13] Interview der Autorin mit Roland Krüger vom 26.07.2011.
[14] Interview der Autorin mit Roland Krüger vom 26.07.2011.

beiter erhalten dabei die Gelegenheit, diese Veranstaltungen zu besuchen und ein Engagement für sich oder ihre Abteilung zu finden.

Eine zusätzliche Engagementstellenbörse informiert die Interessenten über Engagementmöglichkeiten vor Ort.

Was ist der Antrieb?

„Wir haben als Unternehmen nicht nur die Möglichkeit, mit finanziellen Mitteln zu helfen. Die wichtigste Ressource, die wir eigentlich als Unternehmen anbieten können, sind unsere Mitarbeiter und ihre Kompetenzen", sagt Roland Krüger. „Ein weiterer Grund ist für uns, dass wir unseren Mitarbeitern auch ein Verständnis nahebringen möchten, was es heißt, sich als Unternehmen gemeinnützig zu engagieren. Wir möchten, dass sie verstehen, warum wir uns beispielsweise für das Thema demografischer Wandel einsetzen. Über die Möglichkeit, Projekte für eine Mitwirkung anzubieten, wollen wir einen persönlichen Bezug zu diesem Thema schaffen. Für uns gehört es zu unserer unternehmerischen Verantwortung, den Mitarbeitern eine persönliche Beziehung zum Zukunftsfonds zu ermöglichen: Mitarbeiter sollen sich selbst als aktive Teilnehmer sehen, die auch ein stückweit Verantwortung übernehmen, um dem Gemeinwesen etwas zurückzugeben. Corporate Social Responsibility heißt gesellschaftliche Verantwortung des Unternehmens. Das darf sich nicht in karitativen Geld- oder Sachspenden erschöpfen. Vielmehr bedarf das bürgerschaftliche Engagement des Unternehmens, das in vielfacher und strategischer Weise Projekte fördert, der Ergänzung durch den persönlichen Einsatz seiner Mitarbeiter für die unmittelbare gesellschaftliche Umgebung des Unternehmens. Daher ist es für uns wichtig, dass auch die eigenen Mitarbeiter mit einem guten Beispiel vorangehen", erläutert Roland Krüger.[15]

Ein Ziel von Generali ist es, dass möglichst viele kompetente Mitarbeiter der Generali-Gruppe in Einzelfällen sowie auf Dauer freiwillig in Projekten mitarbeiten, bei denen sie ihre Kompetenzen zum Nutzen der Gesellschaft einbringen können. Damit soll ein Beitrag geleistet werden, den Problemen und Herausforderungen, vor die der demografische Wandel Deutschland (zukünftig) stellt, zu begegnen.

„Die Mitarbeiter unserer Unternehmensgruppe bilden das größte persönliche Engagementpotenzial. Sie können durch Freiwilligenarbeit dem Thema gesellschaftliche Verantwortung ihr Gesicht geben und so konkrete Projekte mit Leben füllen. Damit gewinnt unser bürgerschaftliches Engagement als Unternehmen an Glaubwürdigkeit", so Roland Krüger.[16]

Die Auswirkungen

Generali fragt regelmäßig in Mitarbeiterbefragungen nach dem Thema ehrenamtliches Engagement und hat erstmalig im November 2010 eine eigene Befragung zum FreiwilligenTag durchgeführt. Die Beteiligungsquote bei dieser Sonderbefragung lag bei 66 %. Bei der allgemeinen Mitarbeiterbefragung werden alle Mitarbeiter zu dem Themenfeld befragt, bei der Befragung zum Freiwilligentag dagegen nur die Mitarbeiter, die sich bis dahin in irgendeiner Form bei den von Generali geförderten Projekten ehrenamtlich beteiligt haben. Beide Befragungsergebnisse lassen sich in den folgenden Aussagen zusammenfassen:

[15] Interview der Autorin mit Roland Krüger vom 26.07.2011.

[16] Interview der Autorin mit Roland Krüger vom 26.07.2011.

Das Angebot des FreiwilligenTages sowie grundsätzlich die Unterstützung des ehrenamtlichen Engagements bei Mitarbeitern wird als sehr positiv angesehen. Insgesamt wird es sehr begrüßt, insbesondere durch den FreiwilligenTag eine Chance zu erhalten, überhaupt mit ehrenamtlicher Tätigkeit in Kontakt zu kommen.

Bei der Ausübung ihres Engagements sehen die Mitarbeiter eine Möglichkeit für sich, neue Fähigkeiten zu erwerben und die eigene soziale Kompetenz weiterzuentwickeln.

Sowohl die Zusammenarbeit mit der gemeinnützigen Organisation als auch mit den Kollegen wurde als sehr positiv empfunden. Insbesondere unterschiedliche Kollegen kennenzulernen und sich zu vernetzen, wurde als Vorteil genannt. In einem ganz anderen als in dem üblichen beruflichen Kontext miteinander zu arbeiten, stärkt eine vertrauensvolle und effiziente Zusammenarbeit mit Kollegen und verbessert die Kommunikation.

94 % der Mitarbeiter würden sich noch einmal an einem Freiwilligentag beteiligen, und 95 % würden die Teilnahme an einem solchen Tag empfehlen.

Die Ergebnisse der Befragung lassen darauf schließen, dass die Unterstützung des ehrenamtlichen Engagements ihrer Mitarbeiter deren Zufriedenheit mit ihrem Arbeitgeber steigert. Damit identifizieren sich Mitarbeiter insgesamt viel stärker mit ihrem Unternehmen und bleiben ihm eher loyal verbunden.

Nicht nur die Mitarbeiterzufriedenheit und Loyalität sind Vorteile, die Generali als Unternehmen für sich erkennt: Durch den Eigeneinsatz der Mitarbeiter wird die Unternehmenskultur praktisch umgesetzt, was der Glaubwürdigkeit des Unternehmens intern wie extern zugutekommt.

Nicht nur Unternehmen und Mitarbeiter profitieren von den Corporate-Volunteering-Maßnahmen. Neben den konkreten Projektergebnissen wie beispielsweise einem neuen Spielplatz, einem Gewächshaus, dem Bewerbungstraining oder dem betreuten Ausflug in den Zoo, die von den Einrichtungen nicht oder nur in deutlich längeren Zeiträumen hätten umgesetzt werden können, hat Generali auch zahlreiche positive Rückmeldungen von den Einrichtungen erhalten. Diese haben insbesondere bei der Vor- oder Nachbereitung oder durch Projektteilnehmer zusätzliche Anregungen bekommen, wie sie ihre eigene Arbeit noch verbessern können, welche zusätzlichen Partner angesprochen werden können oder auch, wie Partnerschaften vertieft werden können. Zum Beispiel sahen die gemeinnützigen Einrichtungen auch in den Projekten eine zusätzliche Möglichkeit, ihre eigenen Ziele schneller zu erreichen. So wurden zum Beispiel in den Gesprächen auch Kontakte zu anderen gemeinnützigen Organisationen vermittelt.

Für Generali ist das Corporate Volunteering/Freiwillige Engagement der Mitarbeiter eine echte Win-win-win-Maßnahme, von der alle profitieren: die Mitarbeiter, das Unternehmen und die gemeinnützigen Akteure aus der Zivilgesellschaft.

„Ich möchte vor allem gemeinnützige Organisationen noch stärker dazu ermutigen, mit guten Ideen und spannenden Projektvorschlägen auf Unternehmen zuzugehen und aufzuzeigen, wo der Nutzen für alle Beteiligten liegen kann. Noch sind nicht alle überzeugt – und so werden Chancen für zielführende und sinnstiftende Kooperationen oft vertan. In Abwandlung von Stephane Hessel hier mein Ausruf: Traut Euch!“[17]

[17] Interview der Autorin mit Roland Krüger vom 26.07.2011.

9.2 Die Ford-Werke GmbH

In amerikanischen Unternehmen ist das ehrenamtliche und gesellschaftliche Engagement der Mitarbeiter meist weiter verbreitet als in deutschen Unternehmen. Erklärbar ist dies mit der Tradition des ehrenamtlichen Engagements insgesamt in den USA, wo freiwillige Aktivitäten zum Gemeinwohl für fast jeden Bürger zum Alltag gehören. Diese Verwurzelung findet sich in vielen US-amerikanischen Konzernen in deren Philosophie und Strategie wieder. Das gilt auch für Unternehmen, die schon lange in Deutschland etabliert sind.

Das Unternehmen

Seit 1925 ist die Ford-Werke GmbH in Deutschland vertreten. In Köln befindet sich der deutsche Stammsitz und seit 1998 auch der Sitz der europäischen Verwaltung, die von hier aus 51 Märkte betreut. 17.300 Beschäftigte hat der Kölner Automobilhersteller. Neben der Ford-Fiesta- und Ford-Fusion-Fertigung sind in Köln auch ein Motoren-, ein Getriebewerk, die Ford Bank sowie das europaweite Ersatzteilzentrum zu Hause.

Seit Mai 2000 gibt es bei der deutschen Tochter eine eigene Abteilung, die sich mit bürgerschaftlichem Engagement befasst. Bei Ford heißt sie die „Corporate Citizenship-Abteilung". Die Abteilung ist für alle deutschen Standorte (Köln, Saarlouis und Aachen) zuständig, denn an allen stellt das Unternehmen unentgeltlich das Know-how und die Arbeitskraft seiner Beschäftigten für gemeinwohlorientierte Projekte zur Verfügung.

Im Rahmen des Freiwilligenprogramms „Community Involvement" engagieren sich Ford-Beschäftige ehrenamtlich in vielfältigen sozialen, kulturellen und ökologischen Bereichen und werden dafür bis zu 16 Arbeitsstunden oder zwei Arbeitstage pro Jahr bezahlt von ihrer eigentlichen beruflichen Tätigkeit freigestellt. Pro Jahr gibt es etwa 100 Projekte, an denen rund 700 Mitarbeiterinnen und Mitarbeiter aktiv mitwirken. Jährlich stellt Ford somit der Allgemeinheit ca. 1400 Arbeitstage oder über 10.000 Arbeitsstunden zur Verfügung. Daneben unterstützt Ford gemeinnützige Projekte zusätzlich mit Fahrzeugen, um die notwendige Mobilität zu gewährleisten.

Die Projekte

„Unser Markenzeichen ist die Vielfalt unserer Community-Involvement-Projekte", berichtet Dr. Wolfgang Hennig, Verantwortlicher für das Programm-Management des bürgerschaftlichen Engagements bei der Ford-Werke GmbH. „Die Bandbreite der Freiwilligenprojekte reicht von der Unterstützung insbesondere behinderter oder sozial benachteiligter Kinder, Ausflügen mit Senioren, kulturellem Engagement, ökologischen Projekten, Renovierung und Instandhaltung von Gebäuden oder Außenanlagen bis hin zu Mentoring-Programmen an Schulen oder zum Beispiel dem überregionalen Projekt ‚business@school' in Kooperation mit der Unternehmensberatung Boston Consulting Group."[18]

Einziges Kriterium, das alle Projekte erfüllen müssen, um bei Ford offiziell als Community-Involvement-Projekt anerkannt zu werden, ist die Gemeinnützigkeit. Im

[18] Interview der Autorin mit Wolfgang Hennig vom 18.07.2011.

Rahmen dieses ehrenamtlichen Engagements werden gesellschaftliche Gruppen und Themen sehr breit gefächert unterstützt und beziehen sich auf sämtliche Bereiche.

Für ein Projekt gibt es mehrere Wege, zu Ford zu gelangen. Einmal kann dies dadurch geschehen, dass sich Einrichtungen direkt bei den Ford-Werken melden. Oft haben die Einrichtungen von dem Programm gehört und fragen gezielt an, ob und wie ihr Vorhaben unterstützt werden kann.

Ein anderer Weg erfolgt über Netzwerke oder Veranstaltungen. An diesem Thema interessierte Ford-Beschäftigte tauschen sich mit Akteuren und Vermittlungsstellen aus und sind auch auf Events zum Thema bürgerschaftliches Engagement aktiv. Bei diesen Gelegenheiten ergeben sich ebenfalls Kontakte oder konkrete Anfragen.

Ähnlich dem Netzwerkgedanken pflegt Ford auch strategische Partnerschaften, aus denen heraus Projekte initiiert oder vermittelt werden. Strategische Partnerschaften bestehen insbesondere mit der Stadt Köln und der Caritas, aber auch mit verschiedenen lokalen, regionalen und internationalen Non-profit-Organisationen.

Darüber hinaus schlagen Ford-Beschäftigte auch vielfach selbst Projekte vor. Sie bringen ihr eigenes Projekt mit und stellen dieses vor. Oder sie haben Möglichkeiten für ein Freiwilligen-Engagement in ihrem sozialen Umfeld beobachtet oder von Freunden und Bekannten davon erfahren.

„Voraussetzung für uns ist immer, dass die Mitarbeiter Bedarf und Nutzen für ein konkretes Engagement sehen. Das ist natürlich eng verbunden mit ihrer eigenen Motivation. Denn warum sich jemand für ein bestimmtes Projekt, zum Beispiel für benachteiligte Kinder oder für Naturschutz einsetzt, ist immer ein ganz persönliches Anliegen", berichtet Dr. Wolfgang Hennig.[19]

Die Durchführung

Alle Community-Involvement-Projekte werden bei Ford in einer zentralen Datenbank erfasst. Auf diese kann jeder Mitarbeiter über das Intranet zugreifen. In der Datenbank sind seit Bestehen des Programms (Mai 2000) über 1000 realisierte Projekte aufgenommen worden. Die Datenbank bietet Mitarbeitern damit auch die Möglichkeit, sich bei neuen Projekten zu informieren, ob etwas Ähnliches in der Vergangenheit schon einmal durchgeführt wurde, und wenn ja, mit welchem Kooperationspartner und wie es praktisch ablief. Aus dem bereits verfügbaren Erfahrungsschatz können neue Projekte hinsichtlich eines systematischen Wissensmanagements profitieren.

Damit trotz der Vielzahl der Projekte jeder einen guten Überblick darüber behält, welche Projekte neu sind oder wo gerade aktueller Bedarf besteht, werden regelmäßig Mini-Newsletter (Bulk-Mails) an die Mitarbeiter verschickt. Diese E-Mails informieren zu anstehenden, ausgewählten Projekten in ein paar prägnanten Sätzen, nach dem Motto: Kurz und griffig – so wird es auch gelesen. Zuvor wurden die formalen und inhaltlichen Voraussetzungen sowie Realisierbarkeit zentral geklärt. Die Ford-Beschäftigten erreicht so gezielt relevante Projekt-Information, ohne überschüttet zu werden. So finden fast alle Projekte innerhalb von 48 Stunden ihr Ford-Freiwilligen-Team.

[19] Interview der Autorin mit Wolfgang Hennig vom 18.07.2011.

Bei Ford kann sich jeder Mitarbeiter für ein Projekt melden, an dem er interessiert ist. Für zwei Arbeitstage im Jahr wird er dann für sein ehrenamtliches Engagement bezahlt freigestellt. Das gilt grundsätzlich für alle Mitarbeiter: Es wird kein Unterschied gemacht, aus welchem Bereich oder aus welcher Hierarchieebene jemand kommt.

„Von der praktischen Umsetzung ist es natürlich für jemanden, der im Schichtdienst arbeitet, zeitlich etwas schwieriger, sich hier ehrenamtlich zu engagieren. Da hat es jemand aus dem Verwaltungsbereich mit einer regelmäßigeren Arbeitszeit leichter. Aber selbstverständlich werden auch die Kollegen aus der Fertigung unterstützt. ‚Das geht nicht' gibt es hier nicht", betont Dr. Hennig.[20]

Freigestellt werden Ford-Mitarbeiter für maximal zwei Tage. Aber genauso kann ein Mitarbeiter ein regelmäßiges, „eigenes" Engagement anmelden und so Arbeitszeit in das Gemeinwohl investieren.

Mitarbeiter können sich einzeln oder als Gruppe wie auch als Abteilung für ein Projekt melden. Hier gibt es weder Vorgaben noch Zwänge. Eine Beschränkung gibt es nur insofern, als das Projekt selbst eine bestimmte Anzahl an Helfern vorgibt.

Was ist der Antrieb?

„Wir können und wollen gar nicht anders", so Dr. Hennig leicht scherzhaft. „Die Ford Motor Company ist trotz ihrer Größe ein Familienunternehmen. Es gehört zu unserer Unternehmenskultur, sozusagen zu unserem Erbgut, uns gesellschaftlich zu engagieren."[21]

Der starke Antrieb, sich für die Gesellschaft zu engagieren, ist sehr aus den USA geprägt. Gesellschaftliches oder bürgerschaftliches Engagement und konkrete Freiwilligenprojekte umzusetzen, gehört zu den Grundwerten von Ford. Daher sind auch in der deutschen Tochter-Ford-Werke GmbH die traditionellen Werte des amerikanischen Mutterkonzerns verankert. Ford möchte an seinen Standorten, und zwar weltweit, einen Beitrag für das Gemeinwohl leisten und sich aktiv in die Gemeinschaft einbringen. Das geschieht zum einen durch Spenden und Sponsoring, zum anderen aber vor allem durch Unterstützung in Form von freiwilligen Einsätzen der Mitarbeiter in gemeinnützigen Projekten.

Mitarbeiter für bürgerschaftliches Engagement zu sensibilisieren, sieht die Ford-Werke GmbH als Teil ihrer unternehmerischen Sozialverantwortung (CSR) an.

Die Auswirkungen

„Konkret haben wir bisher nur positive Erfahrung mit der Unterstützung von freiwilligem Engagement gemacht, erläutert Dr. Hennig[22]. Zum einen erhalten wir ein sehr positives bis überschwängliches Feedback von den unterstützten Projektpartnern. Wir merken auch, dass sich unser Tun in der Öffentlichkeit positiv auf unser Markenbild auswirkt. Das würden wir in Form einer klassischen

[20] Interview der Autorin mit Wolfgang Hennig vom 18.07.2011.
[21] Interview der Autorin mit Wolfgang Hennig vom 18.07.2011.
[22] Interview der Autorin mit Wolfgang Hennig vom 18.07.2011.

Werbung gar nicht erreichen können. Zum anderen stärkt dies die Wahrnehmung und die Loyalität unserer Kunden.

Die meisten positiven Auswirkungen haben wir bei unserer Belegschaft. Hier stellen wir fest, dass die Förderung von ehrenamtlichem Engagement und auch der Einsatz selbst zu einer höheren Zufriedenheit bei den Mitarbeitern führen. Wir haben hier eine ganze Reihe von Befragungen gemacht, aus denen wir diese Erkenntnisse gewonnen haben.

Einige Faktoren, die dies bewirken, sind zum Beispiel, dass wir als Unternehmen das tun, wofür wir stehen. Dadurch, dass wir soziales Engagement nicht nur als Wert schriftlich niederlegen, sondern diesen Wert auch sichtbar leben, stärken wir unsere Glaubwürdigkeit als Arbeitgeber. Bei uns gibt es über das ganze Jahr verteilt immer wieder Projekte, die beworben werden und die stattfinden. Das bürgerschaftliche Engagement ist damit bei allen Mitarbeitern präsent: Auch diejenigen, die sich nicht selbst engagieren, bekommen mit, dass hier Konkretes passiert.

Für Mitarbeiter schafft es eine hohe Zufriedenheit, etwas Sinnvolles getan und damit auch erlebt zu haben. Durch ihre freiwillige Tätigkeit erfahren die Mitarbeiter auch eine besondere Form der Anerkennung. Viele Mitarbeiter sind ganz anders motiviert, wenn sie nach einem Projekteinsatz tags darauf wieder zur Arbeit kommen. Für die meisten ist ein solcher Einsatz immer ein ganz intensives Erlebnis. So sammeln Mitarbeiter ganz andere Erfahrungen als in ihrem Berufsleben. Sie erhalten die Möglichkeit, sich und ihre Stärken in einem ganz anderen Umfeld wahrzunehmen und sich auszuprobieren. Es können sich dabei auch Rollen umkehren und jemand, der keine Führungsaufgaben hat, wird zum Projektleiter eines Ford-Freiwilligen-Teams. Diese Erfahrungen prägen die Mitarbeiter persönlich in ihrer eigenen Entwicklung. Mit der Abwechslung zum normalen beruflichen Alltagsleben verschafft es die Gelegenheit, über den Tellerrand zu schauen.

Genauso ist es für Mitarbeiter ein schönes Gemeinschaftsgefühl zu erleben, etwas mit einem Team von Kollegen gemeinsam zu bewirken. Das verbindet noch einmal ganz anders, als das durch die tägliche kollegiale Arbeit erreicht wird.

Für Mitarbeiter ist es wichtig, ein unmittelbares Feedback für das, was sie tun, zu erhalten: Zum einen sehen sie direkt, was sie getan haben, also zum Beispiel, dass der angekarrte Sand ausgeschüttet ist oder die Holzhütte gebaut wurde. Auf der anderen Seite erleben sie direkt die Freude bei dem Kooperationspartner über ihre Aktion. Dieses schnelle und direkte Feedback gibt es im Berufsleben eher selten.

Einige Mitarbeiter kommen über dieses Projektangebot überhaupt erstmalig in Kontakt mit ehrenamtlichem Engagement. Für sie ist das eine Möglichkeit, da hineinzuschnuppern und hier auch unterschiedlichste Aktionsfelder nutzen zu können. Aus diesem Grund ist uns Vielseitigkeit bei den Projekten auch so wichtig, damit wirklich für jeden etwas dabei sein kann. Wir stoßen Engagement an und fördern es auch, wenn jemand weitermachen will. Damit leisten wir eine positive Verstärkung. Und wir geben dem Mitarbeiter die Möglichkeit, andere für sein Projekt zu begeistern, indem wir ihm eine Werbeplattform geben, sein Projekt in die Breite zu tragen.“[23]

Summa summarum gewinnen alle bei den Freiwilligenprojekten von Ford Community Involvement: Die Ford-Beschäftigten, die Projektpartner und mithin die Gesellschaft sowie das Unternehmen. Diese spezielle Form der Anerkennungskultur innerhalb des Unternehmens fördert ganz gezielt individuelle Engagementkarrieren.

[23] Interview der Autorin mit Wolfgang Hennig vom 18.07.2011.

9.3 media machine GmbH

Das Aufsetzen spezieller Programme zur Corporate Social Responsibility erfolgt meistens in größeren Unternehmen, in denen eigens Abteilungen und Mitarbeiter dafür eingesetzt werden. Diese Programme zu bedienen und auszufüllen, ist bei kleineren und mittelständischen Unternehmen aufgrund der vorhandenen Ressourcen nicht zu leisten. Gleichwohl unterstützen auch kleinere und mittelständische Betriebe ehrenamtliches Engagement bei ihren Mitarbeitern. Das geschieht dann oftmals in ganz pragmatischer Art und Weise. Natürlich ist bei kleineren Unternehmen die Anzahl der Projekte geringer, doch die Intensität der Unterstützung und auch deren Auswirkungen für alle Beteiligte sind vergleichbar mit denen von Großunternehmen.

Das Unternehmen

Die media machine GmbH ist eine Agentur im Bereich Design, Medien und Werbung. Das Team besteht aus fünf Kollegen zwischen 40 und 50 Jahren, die fast alle seit der Firmengründung im Jahr 1999 mit dabei sind.

Sich ehrenamtlich als Firma zu engagieren, war bereits in den vergangenen Jahren immer wieder ein Thema. Richtig konkret wurde es für media machine dann im letzten Jahr, als sie im Rahmen von MUMM (Mainzer Unternehmen machen mit) ein Projekt durchführten. Bei dieser Aktion, die es in Mainz seit 2007 gibt, können sich Unternehmen in Projekten engagieren, die von sozialen Trägern, Einrichtungen und Initiativen in Mainz angeboten werden.

Die Projekte

„Wir haben uns damals ein Projekt ausgesucht, dann aber auch noch eigene Ideen eingebracht", erklärt Matthias Kurz, einer der drei Geschäftsführer von media machine. Viele Projekte bei MUMM sind Tagesprojekte. Das Projekt von media machine umfasste zwei wesentliche Teile, die dann jeweils an unterschiedlichen Tagen durchgeführt wurden: Der erste Teil bestand darin, dass alle Kollegen gemeinsam mit Grundschülern einen Fotoerlebnistag durchführten. An einem zweiten Termin wurde dann basierend auf den mit den Kindern zusammen erstellten Fotos eine Broschüre für die Schule gestaltet.

Zur Entscheidung für das Projekt kam es unter anderem deswegen, weil sich die Schule im gleichen Stadtviertel wie unsere Firma befindet und auch viele von uns hier in diesem Viertel wohnen. Wir kommen oft an der Schule vorbei. Vielleicht besuchen auch unsere Kinder diese Schule eines Tages. Es gab also auch persönliche Gründe, die für diese Projektpartnerin sprachen.

Bei unserem zweiten Projekt in diesem Jahr war es dann so, dass wir von MUMM angesprochen wurden, das MUMM-Projekt selbst durch die Gestaltung von Medien zu unterstützen. Da haben wir dann zugesagt, eine Auswahl in dem Sinne haben wir also nicht treffen müssen.

In beiden Fällen haben wir bei der Projektunterstützung unser berufliches Know-how zur Verfügung gestellt. Das war für uns kein Auswahlkriterium und hat auch intern für viele Diskussionen im Vorfeld gesorgt. Für uns als kleinere Firma ist es eine Gratwanderung, eine solche Leistung ehrenamtlich anzubieten, mit der wir normalerweise unseren Lebensunterhalt bestreiten. Wir können es uns nur in Ausnahmefällen leisten, unsere professionellen Dienste zu verschenken. Gleichzeitig verstehen wir, dass nicht für alles, was gesellschaftlich wichtig ist, immer auch Geld da ist. Daher ist es uns auch ganz wichtig, für wen wir das machen. Durch den MUMM-Aktionstag, der vom Umfang her auf einen Tag beschränkt ist, war das für uns eine gute Sache."[24]

Die Durchführung

Der MUMM-Aktionstag beginnt für die Unternehmen auf einer Projektbörse. Dort stellen Initiativen, Organisationen und Einrichtungen wie unsere Schule ihre Projektwünsche vor. Wenn sich ein Unternehmen für ein Projekt interessiert, können direkt auf der Börse die Details besprochen werden. So werden im persönlichen Gespräch direkt Wünsche und Vorstellungen abgeglichen und erste konkrete Pläne für die Umsetzung entwickelt.

Was ist der Antrieb?

„Für uns war der Aktionstag einfach eine Abwechslung und auch ein großer Spaß. Andere Unternehmen machen teure Incentives zum Teambuilding. Wir fotografieren mit Kindern. Das ist lustiger, billiger und hat noch einen positiven Nebeneffekt."[25]

Die Auswirkungen

„Besonders unser erstes Projekt war für uns alle beeindruckend. Es war sehr schön, einen Tag gemeinsam verbringen zu können, gemeinsam etwas erleben zu können und das im Nachhinein auch gemeinsam teilen zu können. Es ist für mich heute noch so, dass ich, wenn ich an der Schule vorbeigehe, ganz oft an diesen Tag denke. Manchmal treffen wir auch Lehrer auf der Straße oder beim Einkaufen, und dann erinnert man sich natürlich auch immer wieder daran.

Wir sind dabei auch vielen interessanten Menschen begegnet: Es hat viel Spaß gemacht, mit den Kindern zu arbeiten. Und es war für uns auch eine Horizonterweiterung zu sehen, was Lehrer eigentlich täglich alles in ihrem Job leisten und wie engagiert sie dort an ihre Aufgabe rangehen.

Auch für uns untereinander war es bereichernd, uns gegenseitig in veränderten Rollen zu erleben: In der Regel hat jeder sein festes Aufgabengebiet und macht eigenständig seine Dinge. Mir hat dieser Tag noch einmal ein ganz anderes Verständnis für meine Kollegen vermittelt. Uns als Firma hat der Projekttag die Möglichkeit gegeben, kreativ über unsere bisherigen Arbeitsbereiche hinauszuschauen. Nicht nur das soziale Miteinander wird positiv erweitert, sondern auch die Firma kann sich darüber weiterentwickeln. Das sehe ich ganz klar als Vorteil.

Wir glauben, dass der Fotoerlebnistag auch den Kindern viel Freude gemacht hat. Wie es scheint, war es für beide Seiten eine sehr gelungene Sache.

Ehrenamtliches Engagement ist aus unserer Sicht auch für kleine Unternehmen eine tolle Sache, wenn die Rahmenbedingungen stimmen: Man darf sich nicht übernehmen, muss wissen, für wen man es tut, und sollte vor allen Dingen Freude daran haben. Wenn das alles stimmt, kommen viele positive Impulse in das Unternehmen zurück."[26]

[24] Interview der Autorin mit Matthias Kurz vom 19.10.2011.
[25] Interview der Autorin mit Matthias Kurz vom 19.10.2011.
[26] Interview der Autorin mit Matthias Kurz vom 19.10.2011.

10 Unterstützung für die Praxis

Die folgenden Checklisten, Muster, Leitfäden und Beispiele sollen Sie bei Ihrem Engagement unterstützen. Die Vorlagen sollen Ihnen dabei in erster Linie eine Orientierung verschaffen und können nach Ihren individuellen Bedürfnissen abgeändert werden.

B. Redmann, *Erfolgreich führen im Ehrenamt*, DOI 10.1007/978-3-8349-4679-9_10

10.1 Checkliste Führungsaufgaben, Kompetenzen, Führungsanforderungen und Kriterien

Checkliste

Führungsaufgaben, Kompetenzen, Führungsanforderungen und Kriterien

Stelle/ Funktion	Datum

Ziel
Welches Ziel soll der künftige Stelleninhaber/ Funktionsträger erfüllen?

Kernaufgaben
Welche sind die wesentlichen Kernaufgaben und weitere wichtige Teilaufgaben?

Kompetenzen/ Entscheidungsbefugnisse
Welchen Kompetenzrahmen/welche Entscheidungsbefugnisse hat die Stelle?
Was darf der Inhaber, was nicht?

Führungsanforderungen
Welche Anforderungen sind an die Führungsaufgabe zu stellen? Konkrete Beschreibung?

Kriterien
Anhand welcher Kriterien kann ein Vergleich durchgeführt werden?
Beschreibung einer Erfüllung der Anforderungen

10.2 Muster Führungsprofil

Vorlage
Führungsprofil

Stellen-/Funktionsbezeichnung

1. Kernaufgabe

Ziel/ Funktion der 1. Kernaufgabe

Kompetenzrahmen dieser Aufgabe

Anforderungen

Kriterien

2. Kernaufgabe

Ziel/ Funktion der 2. Kernaufgabe

Kompetenzrahmen dieser Aufgabe

Anforderungen

Kriterien

3. Kernaufgabe

Ziel/ Funktion der 3. Kernaufgabe

Kompetenzrahmen dieser Aufgabe

Anforderungen

Kriterien

Beispiel eines Führungsprofils, hier: Vorstandsvorsitzender eines Sportvereins

Beispiel
Führungsprofil

Stellen-/Funktionsbezeichnung: Vorstandsvorsitzender

1. Kernaufgabe
Vorstandssitzungen organisieren und moderieren

Ziel/ Funktion der 1. Kernaufgabe
Legt Themen und Tagesordnung fest und moderiert die Sitzung

Kompetenzrahmen dieser Aufgabe
Alleinige Kompetenz

Anforderungen
Strategisches Denken, Kommunikationsfähigkeit

Kriterien Geht bei der Erstellung der Themen systematisch vor, bezieht Teilnehmer und Mitglieder mit ein, Lässt die Teilnehmer ausgewogen zu Wort kommen, leitet Sitzungen unter ausgewogener Beteiligung aller, steuert den Ablauf der Sitzung

2. Kernaufgabe
Interne und externe Kommunikation

Ziel/ Funktion der 2. Kernaufgabe Gestaltet und pflegt die Homepage, verfasst die monatlichen Mitgliederrundschreiben/ Mail-Informationen, schreibt regelmäßig Artikel und Pressemitteilung für Vereinszeitung und örtliche Tageszeitungen, pflegt Kontakte zur örtlichen Presse, Marketing

Kompetenzrahmen dieser Aufgabe
Zusammen mit anderen Mitgliedern, z.B. Pressewart

Anforderungen
Kommunikationsfähigkeit, Begeisterungsfähigkeit

Kriterien Sprachgewandt in Wort und Schrift, richtige Ansprache, kann sich in seiner Ausdrucksweise auf den Gegenüber gut einstellen. Begeistert Freiwillige und Mitglieder über geplante Vorhaben, motiviert zur Beteiligung, strahlt Leidenschaft und Kraft aus und überträgt diese, überzeugt andere

3. Kernaufgabe
Projektplanung

Ziel/ Funktion der 3. Kernaufgabe Plant, führt und verfolgt Projekte und Aktionen unter Berücksichtigung von Mitwirkenden, Zeit und Kosten

Kompetenzrahmen dieser Aufgabe
allein

Anforderungen
Organisationsfähigkeit, strategisches Denken, Zielorientierung

Kriterien Kann funktionierende Strukturen schaffen, plant und koordiniert Zusammenarbeit und Abläufe unter optimaler Nutzung der Leistungsfähigkeit, setzt Prioritäten, reagiert rechtzeitig auf Engpässe und steuert dagegen.
Plant und entwickelt langfristig, kann Situationen schnell analysieren und Handlungsbedarfe erkennen, berücksichtigt vorhandene Ressourcen, untersucht Einflussfaktoren und Umstände, fokussiert sich auf Lösungs- und Erfolgsaspekte
Setzt Ziele und gibt Orientierung, richtet seine Planung und Handlung auf Ziele aus

10.3 Leitfaden strategischer Planungsprozess zur Personalsuche

10.4 Musterbeispiel zeitlicher Maßnahmenplan

Das Muster ist sowohl für Marketingmaßnahmen, Einarbeitung, Projekte, persönliche Entwicklungen und vieles mehr als Grundmuster anwendbar.

Beispiel Maßnahmenplan

Maßnahmenplan

Maßnahme	Beteiligte	Zeitrahmen	Voraussetzung	Status
Besetzung Trainer Jugendmannschaft	Vereinsvorstand mit Jugendwart	August (Ende Sommerferien)	Koordinator für Suche und Auswahl festlegen	✓
Tätigkeitsprofil erstellen	Jugendwart	Anfang Mai	Abstimmung mit Vorstand	✓
Gesuch veröffentlichen	Jugendwart mit Pressewart	Mitte Mai	Eltern/Mitglieder informiert, Medien für Veröffentlichung ausgewählt, Anzeige erstellt	
....				

10.5 Muster Tätigkeitsprofil

Muster Tätigkeitsprofil

<u>Name und Adresse der Organisation/Initiative</u>

<u>Ansprechpartner/Kontaktdaten:</u> Name, Vorname, Telefon, E-Mail, Erreichbarkeitszeiten

<u>Aufgabe(n):</u>

Zieldefinition: Kurze Beschreibung des Zwecks bzw. des Engagements

Einsatzstelle: Beschreibung des Einsatzortes oder des Bereichs in dem die Tätigkeit geleistet werden soll, z.B. Kinder, Menschen mit Behinderung, Verwaltung und Organisation, etc.

Inhalt/Art der Aufgabe: Genaue Beschreibung der Aufgabe, zeitlicher Umfang, Zuständigkeiten/Verantwortlichkeiten

Führungsaufgaben, Kompetenzen, F

<u>Anforderung(en):</u>

Fachliche Fähigkeiten: Ausbildung, Qualifikationen, Kenntnisse, Erfahrungen, Voraussetzungen (z.B. Mindestalter, Führerschein, etc.)

persönliche Kompetenz: zum Beispiel: Kommunikationsstärke, Spaß am Umgang mit Menschen, Verbindliches Auftreten, Organisationsstärke, Pragmatismus, Zuverlässigkeit, etc.

Beispiel bei Führungskräften: Führungs-erfahrung, Spaß an Verantwortung, Erfahrung in Projekten, etc.

Zeitlicher Rahmen: Umfang, Häufigkeit, Wochentag, Uhrzeit

10.6 Musterbeispiel einer Verbindlichkeitserklärung im Rahmen von Familienbetreuung

Muster einer Verbindlichkeitserklärung im Rahmen von Familienbetreuung

Vereinbarung

Zwischen *Name Organisation, Adresse/Ansprechpartner, Telefon/E-Mail*

und dem/der

ehrenamtlichen Mitarbeiter/in *Name, Adresse, Telefon/E-Mail.*

Diese Vereinbarung bezieht sich ausschließlich auf die ehrenamtliche Mitarbeit im Rahmen des Projektes ..... Sie begründet keinen Rechtsanspruch, dient aber der gegenseitigen Klarheit und unterstreicht die Verbindlichkeit der Zusammenarbeit.

Die Organisation.... sorgt für die Koordination der Einsätze und die Kostenerstattung von Aufwandsentschädigungen. Die zeitliche Einteilung und den Inhalt der Hilfe vereinbaren der/die ehrenamtlichen Mitarbeiter/in und die Familie je nach Betreuungssituation und Möglichkeiten des/der Mitarbeiter/in Über die geleistete Hilfe wird ein Stundennachweis erstellt.

Ein zugesagter Einsatz ist verbindlich. In besonderen Fällen kann sowohl von Seiten des/der Mitarbeiters/Mitarbeiterin als auch von Seiten der Familie in Rücksprache mit der Organisation vorzeitig beendet werden.

Ggf. Schweigeverpflichtung und Information über gesetzliche Vorschriften (zum Beispiel Garantenpflicht) hier einfügen...

Während der Betreuung besteht Versicherungsschutz für Haftpflicht und Unfall durch die Organisation.... . Die notwendigen Aufwendungen (zum Beispiel Fahrgeld) werden gegen Nachweis erstattet.

Ort/Datum............ Ort/Datum................

Organisation....... Ehrenamtliche/r Mitarbeiter/in

10.7 Leitfaden eines strukturierten Interviews/Auswahlgesprächs

Begrüßung:
Beispiele:

- Schön, dass Sie da sind/Sie zu treffen.
- Haben Sie uns gut gefunden?
- Danke, dass Sie den Termin möglich gemacht haben.
- Danke für Ihr Interesse.

Vorstellung:

- Vorstellung der Gesprächsteilnehmer
  - Persönlich (Name, Alter, seit wann engagiert, Motivation, Aufgabe ...)
  - Vorstellung des Gesprächsablaufs
  - Rückversicherung
    Beispiel: Wären Sie mit diesem Ablauf einverstanden?
  - Vorstellung der Organisation/Initiative/Zweck
  - Leitbilder
- Bitte um Vorstellung des Interessenten
  - Persönlich (Name, Alter, Wohnort)
  - Lebenssituation (beruflich, privat):
    Beispiel: Was machen Sie beruflich? Leben Sie hier in der Nähe? Haben Sie Familie?
  - Durch was aufmerksam geworden?
    Beispiel: Wie haben Sie uns gefunden?

Informationsaustausch:

- Durch den Ansprechpartner der Organisation: Information über die Tätigkeiten, Anforderungen, Voraussetzungen
  - Klare Beschreibung des konkreten Engagements
  - Darstellung der wichtigen Kriterien
    Beispiel: Worauf es uns ankommt, ist .... Notwendig für die Aufgabe ist ...
  - Auskunft über das Team (falls vorhanden)
  - Schilderung von Abläufen, Zusammenarbeit, bisherigen Erfahrungen
- Durch den Interessenten: Informationen über
  - Ausbildung, Qualifikation, Kenntnisse, Erfahrungen, Stärken
    Beispiel: Welche Qualifikation bringen Sie mit? Worin sind Sie gut, was machen Sie gerne? Woran machen Sie das fest? Können Sie uns ihre bisherigen Erfahrungen schildern?

- Motivation
  Beispiel: Was bewegt Sie zu einer freiwilligen Tätigkeit? Was ist hierbei wichtig für Sie? Was interessiert Sie? Woran haben Sie Spaß?
- Erwartungen
  Beispiel: Welche Erwartungen haben Sie an eine freiwillige Tätigkeit bei uns? Wobei sollten wir Sie unterstützen? Was wären die Rahmenbedingungen für Sie? Woran erkennen Sie, dass es für Sie das Richtige ist?
- Zeitfenster
  Beispiel: In welchem Umfang wollen Sie sich engagieren?
- Einschränkungen
  Beispiel: Gibt es körperliche oder sonstige Einschränkungen, die wir beachten sollten?
- Zusammenarbeit
  Beispiel: Was ist für Sie bei einer Zusammenarbeit wichtig? Was möchten Sie einbringen?
- Möglichkeiten von Beendigung/Ausstieg ansprechen
- Einarbeitung schildern/abstimmen
- Fortbildungsmöglichkeiten/Erwerb von Bescheinigungen
- Versicherungsschutz
- Kostenerstattung

• Hinterfragen der Anforderungen und Fähigkeiten
  Beispiele:
  - Wie würden Sie die Umsetzung organisieren?
  - Was ist aus Ihrer Sicht für einen guten Beziehungsaufbau wichtig? Können Sie uns eine Situation beschreiben?
  - Was sind Ihre Trainingsmethoden?
  - Was sind ihre persönlichen Erfolgsfaktoren im Umgang mit ...?
• Fragen des Interessenten
  Beispiele:
  - Welche Informationen benötigen Sie noch von uns?
  - Welche Fragen haben Sie?
  - Ist Ihnen noch etwas unklar?
  - Was wünschen Sie sich noch in unserem Gespräch?
• Entscheidung
  - Übereinstimmung
    Beispiel: Können Sie sich eine Mitarbeit bei uns vorstellen?
  - Keine Übereinstimmung
    Beispiel: Wir danken Ihnen sehr für das Interesse und das offene Gespräch. Es ist uns sehr wichtig, sowohl für Sie als Interessenten als auch für uns als Organisation den passenden Einsatz zu finden. Nach unserer Erfahrung ist das für ein erfolgreiches Gelingen auf beiden Seiten ganz entscheidend. Die ausgetauschten Inhalte zeigen, dass wir für diese Aufgabe unterschiedliche Vorstellungen/Wünsche haben.

Wir würden uns freuen, in Kontakt zu bleiben und vielleicht bei einer anderen Gelegenheit auf Sie zukommen zu dürfen ...

- Vereinbaren der nächsten Schritte
  - Zum Beispiel eine Hospitation
  - Kennenlernen des Teams
  - Einarbeitung
  - Datenschutzerklärung/Schweigepflicht einholen/Führungszeugnis einholen
  - Verbindlichkeitserklärung unterzeichnen
- Verabschiedung

  Beispiele:
  - Vielen Dank für das nette Gespräch
  - Sie können sich gerne bei Rückfragen an ... wenden
  - Wann sollen wir uns wieder zusammensetzen?

10.8 Checkliste zur Erstellung eines Leitbilds

Checkliste

Erstellung eines Leitbildes für das Vorhaben/ die Organisation/ den Verein

Titel/ Kurzbeschreibung des Leitbildes (ggf.)	Datum

Wesentliche Aussagen zu

- ☐ Werte ....
- ☐ Ziele ....
- ☐ Engagement/ Zweck ....
- ☐ Qualität ....
- ☐ Kultur ....
- ☐ Zusammenarbeit ....

Gültigkeitsdauer/ Zeitrahmen für das Leitbild

- ☐ 2 Jahre
- ☐ 5 Jahre
- ☐ Mehr als 5 Jahre

Dauer abhängig von ....

Anforderungen an das Leitbild (Wer und was ist inhaltlich zu berücksichtigen?)

- ☐ Einbindung der Engagierten, Mitglieder und Verantwortlichen
- ☐ Gemeinsame Entwicklung
- ☐ Fokus auf vorhandene Kultur, Stärken, Ziele
- ☐ Der Wahrheit entsprechen
- ☐ Realisierbar
- ☐ Widerspruchsfrei
- ☐ Sollte sich im operativen Verhalten wiederfinden

10.9 Musterablauf eines Strategieprozesses

Musterablauf eines Strategieprozesses (Seite 1)

Orientierungsphase: Definition des Ziels bzw. Themas

- Um was geht es?
- Was ist das Ziel?
- Bis wann?
- Was soll behoben werden?
- Wer ist beteiligt? Wer ist einzubeziehen?
- Gibt es ein Budget?
- Müssen Genehmigungen/ Zustimmungen eingeholt werden?
- Wer ist zu informieren?

Analysephase

- Welche Ausgangsbedingungen und Voraussetzungen liegen vor?
- Was genau ist das Problem? Was sind die Ursachen?
- Wie ist das Umfeld?
- Was wurde bisher unternommen? Mit welchem Erfolg?
- Welche Erwartungen bestehen in Bezug auf die Thematik?
- In welche Richtung soll gegangen werden?

Konzipierungsphase

- Welche Wege und Handlungsmöglichkeiten gibt es?
- Was sind mögliche Alternativen?
- Wer steuert/führt den Prozess/das Projekt?
- Welche Methoden/Instrumente können eingesetzt werden?
- Was sind geeignete Messkriterien zur Erfolgsbestimmung?
- Welche Zwischenergebnisse sollen erreicht werden?
- Welche Maßnahmen sind durchzuführen? Wann und wo?
- Welche Inhalte und Termine sind festzulegen?
- Wer macht alles mit?
- Welche Kosten entstehen?
- Welche organisatorischen Vorarbeiten sind zu leisten?
- Wer muss wann durch wen informiert werden?
- Wer kommuniziert was an wen?

Musterablauf eines Strategieprozesses (Seite 2)

Durchführungsphase

- Welche Mittel stehen zur Verfügung? Personal? Zeitlicher Rahmen?
- Sind die Vorbereitungen erfolgreich abgeschlossen?
- Werden Zwischenergebnisse erreicht?
- Wie läuft die Umsetzung?
- Muss nachgesteuert werden? Wenn ja, wo und wie?
- Erfolgt die Information und Kommunikation plangemäß?
- Wie erfolgt die Transfersicherung?

Reflexionsphase

- Ist die Umsetzung erfolgreich abgeschlossen?
- Ist das Ergebnis erreicht?
- Wie hoch ist der Grad der Zielerreichung?
- Wie beurteilen die Beteiligten die Inhalte und das Ergebnis?
- Wann und wie erfolgt ein Austausch/Feedback mit allen Beteiligten?
- Wer ist über das Ergebnis wann zu informieren?
- Welche Konsequenzen ergeben sich aus dem Ergebnis?
- Welche Schlussfolgerungen ergeben sich für zukünftige strategische Vorhaben/Projekte?

10.10 Tipps zum Herausfinden von Motiven

Praktische Beispiele zur Befriedigung persönlicher Motive

Einige Maßnahmen zielen nicht nur auf ein einzelnes Motiv ab sondern können gleich mehrere Motive ansprechen. Aus diesem Grund können sich bei den unterschiedlichen Motiven teilweise gleiche Maßnahmen finden. Die aufgeführten Beispiele bieten einen exemplarischen Auszug.

Praktische Maßnahmen für das Motiv „Anerkennung"

- Persönliche Begrüßung mit Namensnennung
- Begrüßung mit Handschlag
- Ehrliche Freude zeigen, dass man denjenigen trifft („Schön, dass ich Dich sehe/Du gekommen bist....")
- Ihm immer wieder ein positives, stärkendes Feedback geben (aber ehrlich dabei sein!)
- Loben seiner Leistung („Mensch, das hast Du toll gemacht!")
- Mit körperlichen Gesten wie Schulterklopfen, bestärkendes Kopfnicken, Anlächeln unterstützen
- Bei öffentlichen Anlässen die Person oder den Beitrag des anderen besonders hervorheben, so dass er öffentlichen Beifall erhält
- Bei wichtigen internen Sitzungen/Versammlungen denjenigen besonders erwähnen und sich bedanken
- In Presseartikeln/Mitgliederinformationen denjenigen dankend oder lobend erwähnen
- Sich für ihn als Person und seine Leben aufrichtig interessieren
- Ansprechen persönlicher Umstände (zum Beispiel danach fragen, wie es beruflich/privat läuft: Ist die neue Stelle gefunden? Klappt es mit den Kollegen besser? Ist eine neue Wohnung gefunden? Wie hat die Einschulung des Sohnes geklappt?....)
- Persönliche Gespräche über Sorgen und Freuden der Freiwilligen führen
- Erfragen von Meinungen, Vorschlägen, Wünschen („Was hälst Du davon? Deine Meinung ist mir wichtig? Du hast immer so gute Ideen hierzu....")
- Besondere Belohnungen, die demjenigen auch gefallen (Theaterkarten, Freifahrten, Geschenkgutscheine, Auszeichnungen, Ehrenurkunden....)

Praktische Maßnahmen für das Motiv „persönliche Beziehungen"

- Persönliche Kontakte und Gespräche pflegen
- Häufige (zumindest regelmäßige) gemeinsame Treffen veranstalten
- Einbeziehen bei Planungen, Entscheidungen, Vorhaben („Was meinst Du dazu?)
- Herausstellen, dass es um eine gemeinsame Sache/Entscheidung geht („Es ist mir wichtig, dass wir das zusammen machen; es ist mir wichtig, dass wir einen Konsens erzielen....")
- Möglichkeit zum verbalen Austausch geben (zum Beispiel in Sitzungen Diskussionszeit einplanen, vor wichtigen Entscheidungen Zeit lassen für eine verbale Auseinandersetzung in der Gruppe...)
- Gruppen und Teams bilden
- Mitarbeit im Kontakt mit anderen Menschen ermöglichen
- Gemeinsame Aktivitäten durchführen (Feste feiern, Ausflüge unternehmen, Veranstaltungen zusammen besuchen, gemeinsam Kochen, Tanzen, ...)
- Tage der offenen Tür für Familienangehörige oder Freunde veranstalten
- Persönliches aufrichtiges Interesse an seinen Lebensumständen bekunden und danach fragen (s.o.)
- Persönliche Gespräche über Sorgen und Freuden der Freiwilligen führen
- Ein harmonisches, offenes Miteinander gestalten (zum Beispiel Konflikte direkt ansprechen und klären, gemeinsame Lösungen finden, humorvoll sein und auch mal den Spaßfaktor in den Vordergrund stellen)
- Rituale einführen

Praktische Maßnahmen für das Motiv „soziale Gerechtigkeit"

- Aufgaben übertragen, bei denen derjenige etwas für andere tun kann und bei denen er zu einer Verbesserung beitragen kann
- Die Verbesserung/der Erfolg sollte an konkreten Ergebnissen sichtbar werden (kein „Kampf gegen Windmühlen"....)
- Orientierung geben durch gemeinsame Regeln, Leitsätze, Ziele, Definition von Aufgaben...
- Umfassend informieren
- Im persönlichen Umgang gerecht und fair sein (keine Ungleichbehandlung)
- Glaubwürdig sein (das halten, was man verspricht, ehrlich sein, keine falschen Erwartungen wecken)

Praktische Maßnahmen für das Motiv „Organisieren“

- Möglichkeiten geben, dass derjenige planen und Dinge umsetzen kann (Pläne aufstellen, Listen führen, Maßnahmen zeitlich takten und überwachen...)
- Vorschläge vom Betreffenden selbst verwirklichen lassen
- Rahmenbedingungen vorher festlegen, konkrete Ziele benennen
- Orientierung geben durch gemeinsame Regeln, Leitsätze, Ziele, Definition von Aufgaben...
- Regelmäßige und umfassende Information und Kommunikation darüber, wo man steht, wohin man will (Vorhaben, Zwischenergebnisse, Meilensteine, Statusmeldungen)
- Über Veränderungen, Neurungen, Vorhaben ganz frühzeitig informieren
- Ablaufpläne und Aufgabenbeschreibungen erstellen
- Klare Strukturen schaffen mit Zuständigkeiten und Kompetenzen
- Termine setzen und einhalten (pünktlich sein, Zeitvorgaben einhalten)
- Verlässlich in der Führung sein (klar in der eigenen Ausrichtung, vorhersehbar und eine grade Linie verfolgen, keine Willkür im Sinne von „mal so, mal anders“)
- Als Führungskraft verbindlich sein

Praktische Maßnahmen für das Motiv „Sich kümmern“

- Aufgaben übertragen, bei denen sich derjenige um einen anderen kümmern kann und wo er wirklich benötigt wird
- Es ist wichtig demjenigen das Gefühl zu vermitteln, dass er von anderen Menschen gebraucht wird
- Wichtige Aufgaben übertragen, die Menschen nützen
- Verantwortung übertragen
- Emotionale Nähe schaffen (offen sein, eigene Gefühle zeigen, Gefühle des andere ansprechen...)
- Eng in Kontakt sein (über eigene persönliche Befindlichkeiten sprechen, von sich erzählen, den andern am eigenen Leben teilhaben lassen, Sorgen und Freuden mitteilen...)
- In der Kommunikation eine Wörter verwenden, die Gefühle ansprechen
- Aktiv dem anderen zuhören
- Persönliches aufrichtiges Interesse an seinen Lebensumständen bekunden und danach fragen (s.o.)
- Persönliche Gespräche über Sorgen und Freuden der Freiwilligen führen
- Ihre Sorgen und Nöte ernstnehmen (Rückfragen stellen, Unterstützung für Lösungsfindung anbieten, Nachfragen...)
- Mut machen
- Lächeln
- Körperliche Gesten wie Umarmungen und Hände schütteln

Praktische Maßnahmen für das Motiv „Image"

- Dem anderen das Gefühl von etwas „Besonderem" zu vermitteln
- Besondere Aufnahmebedingungen schaffen
- Wichtigkeit der Aufgabe herausstellen (zum Beispiel eine Schlüsselposition)
- Besondere Qualifikationen abverlangen (Fertigkeiten, die nicht jeder hat)
- Kontakt zu wichtigen/bekannten Personen
- Orientierung geben durch gemeinsame (besondere) Regeln, Leitsätze, Ziele, Definition von Aufgaben, besondere „Haltungen"...
- Für Außenwirkung sorgen (Marketing, Presseaktivitäten, Kontakten in die Öffentlichkeit, Veranstaltungen....)
- Herausgehobene, ungewöhnliche Belohnungen
- In der Kommunikation immer wieder das „Besondere" am andern betonen
- Ehrerweisungen, Auszeichnungen, öffentliche Würdigungen

Praktische Maßnahmen für das Motiv „Einfluss nehmen"

- Verantwortungsvolle und herausfordernde Aufgabenstellung übergeben
- Gestaltungs- und Führungsaufgaben übertragen
- Aufgaben, bei denen Leistung wichtig ist
- Eigenverantwortung des andern stärken („Das ist Dein Bereich; das entscheidest Du; ich vertraue auf Dein Können...")
- Entscheidungsbefugnis einräumen (den andern entscheiden lassen)
- Dem andern die Möglichkeit geben, dass er Einfluss nehmen und ausüben kann
- Es ist wichtig für den andern, dass seine Meinung zählt
- Erfragen von Meinungen, Vorschlägen, Wünschen („Was hälst Du davon? Deine Meinung ist mir wichtig? Du hast immer so gute Ideen hierzu....")
- Ziele vorgeben, den Weg dazu selber bestimmen lassen
- Freiräume für Kreativität lassen
- Wenig/keine Kontrolle ausüben
- Unterstützen von eigeninitiativem Handeln
- Der Individualität des andern Raum geben
- Ihn „führen" lassen
- Möglichst offene Rahmenbedingungen
- Erfolgserlebnisse schaffen, Vorhaben umsetzen, Dinge wirklich bewegen (und nicht nur darüber reden)
- Fortschritt/Vorankommen muss erkennbar sein

Praktische Maßnahmen für das Motiv „Kenntnisse erlangen"

- Weiterbildungsmöglichkeiten geben
- Kenntnisse vermitteln
- Erfahrungen sammeln lassen
- Weiterentwicklung (fachlich und persönlich) ansprechen, planen und umsetzen
- Ziele zur Weiterentwicklung (fachlich und persönlich) vereinbaren
- Umfassende Information und Kommunikation
- Unterstützen bei beruflicher Karriere
- Immer wieder Abwechslung bieten, so dass sich der andere immer wieder neu einstellen kann

Praktische Maßnahmen für das Motiv „Wettkampf"

- Möglichkeiten verschaffen, in denen sich der andere messen kann
- Konkurrenz bieten
- Gewinnsituationen ermöglichen
- Möglichkeiten schaffen, in denen er sich durchsetzen kann
- Erfolge verschaffen
- Sich mit Menschen, Themen auseinanderzusetzen
- Sich mit dem anderen auseinandersetzen, Konflikte austragen
- Ziele vorgeben
- Den andern immer beachten und wahrnehmen
- Nach seiner Meinung fragen

10.11 Regeln für aktives Zuhören

Regeln für aktives Zuhören

- Stellen Sie Ihrem Gegenüber Fragen! So zeigen Sie Interesse an seiner Person und dem, was er zu sagen hat. Fragen Sie auf jeden Fall, wenn Sie etwas nicht verstanden haben!
- Ermuntern Sie ihn zum Weitersprechen! Das kann auch durch Gesten (zum Beispiel leichtes Kopfnicken, Lächeln) geschehen.
- Wiederholen Sie mit eigenen Worten wichtige Inhalte, die der andere geäußert hat!
  Fragen Sie ihn, ob Sie es richtig wiedergegeben haben!
- Setzen Sie sich mit Aussagen und Argumenten Ihres Gegenübers auseinander und gehen Sie darauf ein!
- Fassen Sie die längere Gesprächsinhalte zusammen! Damit sichern sie ein gleiches Verständnis wichtiger Aussagen.
- Hören Sie geduldig zu! Lassen Sie den anderen ausreden und geben Sie ihm Zeit, seine Gedanken zu strukturieren!
- Nehmen Sie sich ausreichend Zeit für wichtige Gespräche.

10.12 Regeln für gleichberechtigte Kommunikation

Kommunikationsstörungen, also Missverständnisse oder Fehlinterpretationen, lassen sich nicht immer ausschließen. Sie lassen sich jedoch verringern, wenn z. B. folgende einfache und eigentlich ganz selbstverständlichen Regeln für einen gleichberechtigten Austausch beachtet werden:

Regeln für gleichberechtigte Kommunikation

Kommunikationsstörungen, also Missverständnisse oder Fehlinterpretationen lassen sich nicht immer ausschließen. Sie lassen sich jedoch verringern, wenn folgende einfache und eigentlich ganz selbstverständlichen Regeln für einen gleichberechtigten Austausch beachtet werden:

- Den anderen ausreden lassen
- Präzise Formulierungen
- Komplizierte Sachverhalte einfach und gegliedert darzustellen
- Ich – Botschaften verwenden
- Sich auf den Gesprächspartner konzentrieren
- Interesse an ihm zeigen
- Aktiv und empathisch Zuhören
- Blickkontakt
- Ähnliche Körperhaltung wie der Gesprächspartner
- Zeit für das Gespräch nehmen
- Überprüfung des Verstandenen
- „ungute" Gefühle ansprechen

10.13 Leitfaden für Feedback

Feedback geben:

- Feedback nicht erzwingen
  Feedback ist am effektivsten, wenn der Feedback-Nehmer dieses auch annehmen möchte
- Rücksicht und gegenseitiger Respekt
  Der Feedbackgeber berücksichtigt die Belange des Gegenübers. Nur so viel Information äußern, wie der Feedback-Nehmer aufnehmen kann. Keine Überforderung!
- Jeder ist für sich selbst verantwortlich
  Rückmeldungen sind als Angebote zu verstehen. Der Feedback-Nehmer entscheidet selbst, was er annehmen und gegebenenfalls verändern will.
- Nur das äußerliche Bild beschreiben
  Der Feedbackgeber beschreibt nur äußerliche Beobachtungen. Interpretationen über innere Vorgänge, Werturteile oder Zuschreibungen finden nicht statt. Dabei sollt er eine wertneutrale Sprache benutzen. Fühlt sich der Feedback-Nehmer durch Formulierungen verletzt, sollte er dies direkt äußern.
- Beschreiben, ohne zu bewerten
  Der Feedback-Geber schildert ganz bewusst nur seine persönlichen Wahrnehmungen und Beobachtungen sowie die davon bei ihm ausgelösten Gefühle oder Empfindungen. Über seine eigene subjektive Beobachtung sollte er sich stets im Klaren sein. Er bewertet das Verhalten des Feedback-Nehmers nicht. Auch Vorwürfe oder moralische Anklagen finden nicht statt. Der Umgang mit den gegebenen Informationen bleibt immer dem Feedback-Nehmer überlassen.
- Konkrete Rückmeldungen geben
  Alle Rückmeldungen sind klar und verständlich formuliert. Hier gilt der Grundsatz: so konkret wie möglich. Hilfreich ist es, Rückmeldungen mit erlebten Beispielen zu veranschaulichen.
- Positives zuerst
  Es sollten immer zuerst die positiven Wahrnehmungen geäußert werden.
- Ausgewogenheit
  Feedbacks sollten nicht einseitig sein und nur positive oder kritische Rückmeldung enthalten. Ein Feedback ist eine Unterstützung für den anderen. Hierzu gehört es, beide Dimensionen zu betrachten. Dinge absichtlich schönzureden hilft nicht weiter.
- Klare Ich-Botschaften
  Feedback wird immer in der Ich-Form formuliert. Dies gilt für beide Gesprächspartner.
- Unmittelbarkeit
  Feedback ist umso wirksamer, je näher es zeitlich an dem beobachteten Verhalten erfolgt.
- Verantwortungsbewusstsein

Der Feedback-Geber sollte sich seiner Verantwortung bewusst sein. Feedback sollte daher in einer klaren, respektvollen Sprache erfolgen. Es ist ein achtsamer Umgang mit dem anderen erforderlich.

Feedback nehmen

- Aufnehmen
  Der Feedback-Nehmer hört dem Feedback-Geber aufmerksam zu. Er unterbricht nicht und gibt dem anderen Zeit für das Feedback. Bei Unklarheiten fragt er nach, bis beide ein gleiches Verständnis von der Botschaft haben.
- Nicht verteidigen
  Feedback ist die Äußerung einer Wahrnehmung. Es geht hier nicht um die Verteidigung von Sichtweisen oder Positionen. Der Feedback-Nehmer rechtfertigt sich daher nicht, sondern lässt die Botschaft zunächst nur auf sich wirken. Es geht nicht um richtig oder falsch.
- Wirkung und Reflexion
  Der Feedback-Nehmer reflektiert über das Gesagte und kann selbst entscheiden, ob und was er an seinem Verhalten ändern möchte.
- Rückmeldung und gemeinsamer Austausch
  Für einen ebenbürtigen Umgang miteinander ist es wichtig, dass auch der Feedback-Nehmer dem Feedback-Geber eine Rückmeldung gibt, wie er das Feedback, das Gespräch und die Atmosphäre empfunden hat und welche Wünsche er an zukünftige Feedback-Gespräche hat. Insofern gibt es hier ein Feedback an den Feedback-Geber, und damit entsteht ein Prozess auf Augenhöhe.
  Zum Abschluss sollte ein gemeinsamer Austausch darüber erfolgen, was der Feedback-Nehmer aus dem Gespräch für sich mitnimmt und was er gegebenenfalls anders machen wird.
- Dank
  Ein wertschätzendes Feedback ist ein Geschenk. Es ist schön, wenn sich alle Beteiligten gegenseitig für die Offenheit und Gabe bedanken.

10.14 Muster Nachfolgeplanung

Zu klärende Frage vorab:

- Welches zukünftige Führungsprofil hat das Amt?
- Welches Profil liegt beim Nachfolger vor?
- Welche Maßnahmen können ergriffen werden, um die Qualifikationen zu ergänzen?
  - Ausbildung? Lehrgänge? Schulungen?
  - Übernahme von Aufgaben?
  - Begleitung des jetzigen Amtsinhabers?

- Erfahrungsaustausch?

- Wie soll zeitlich vorgegangen werden?

Beispiel einer musterhaften Darstellung für eine zeitliche Nachfolgeplanung

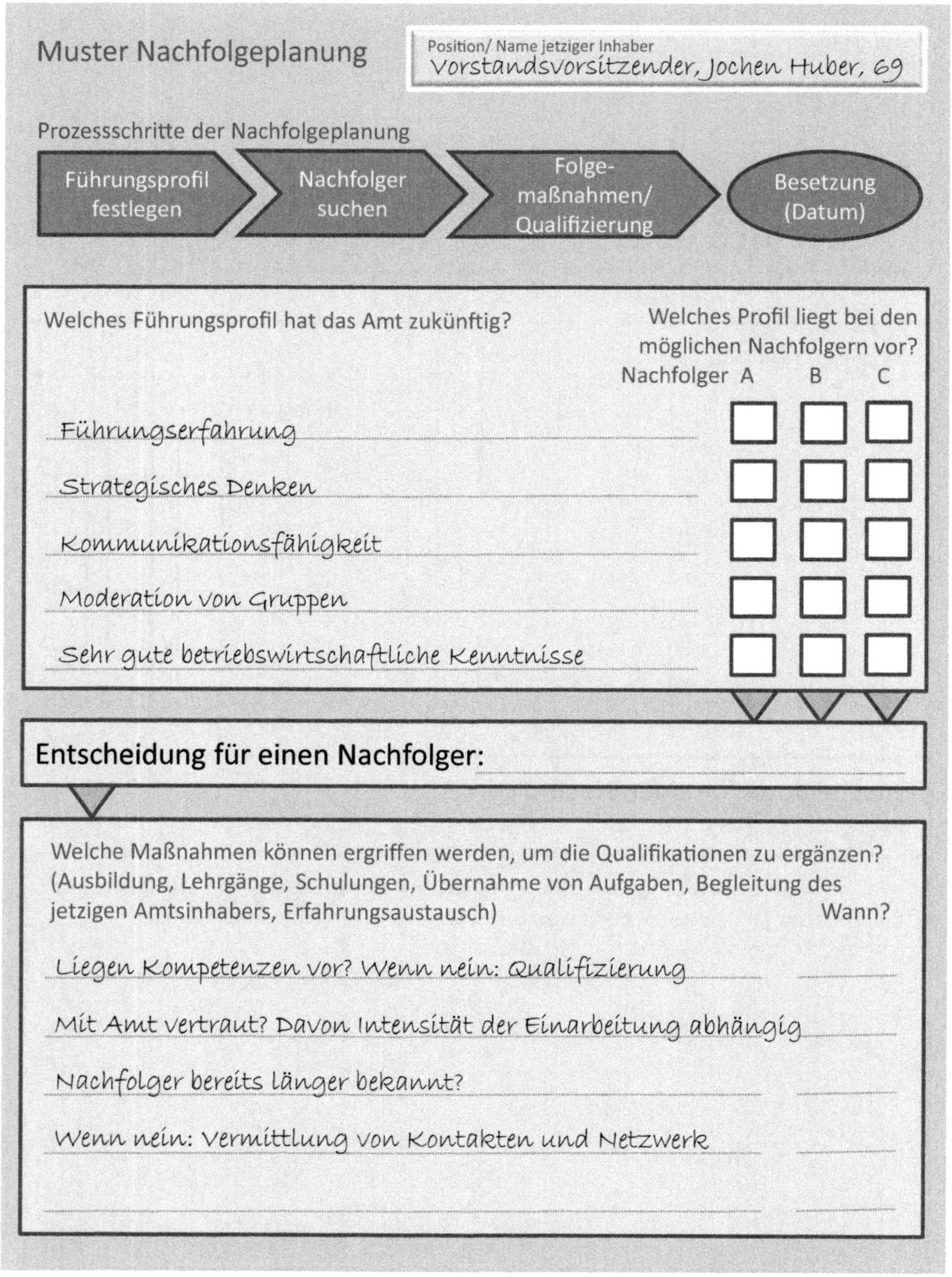

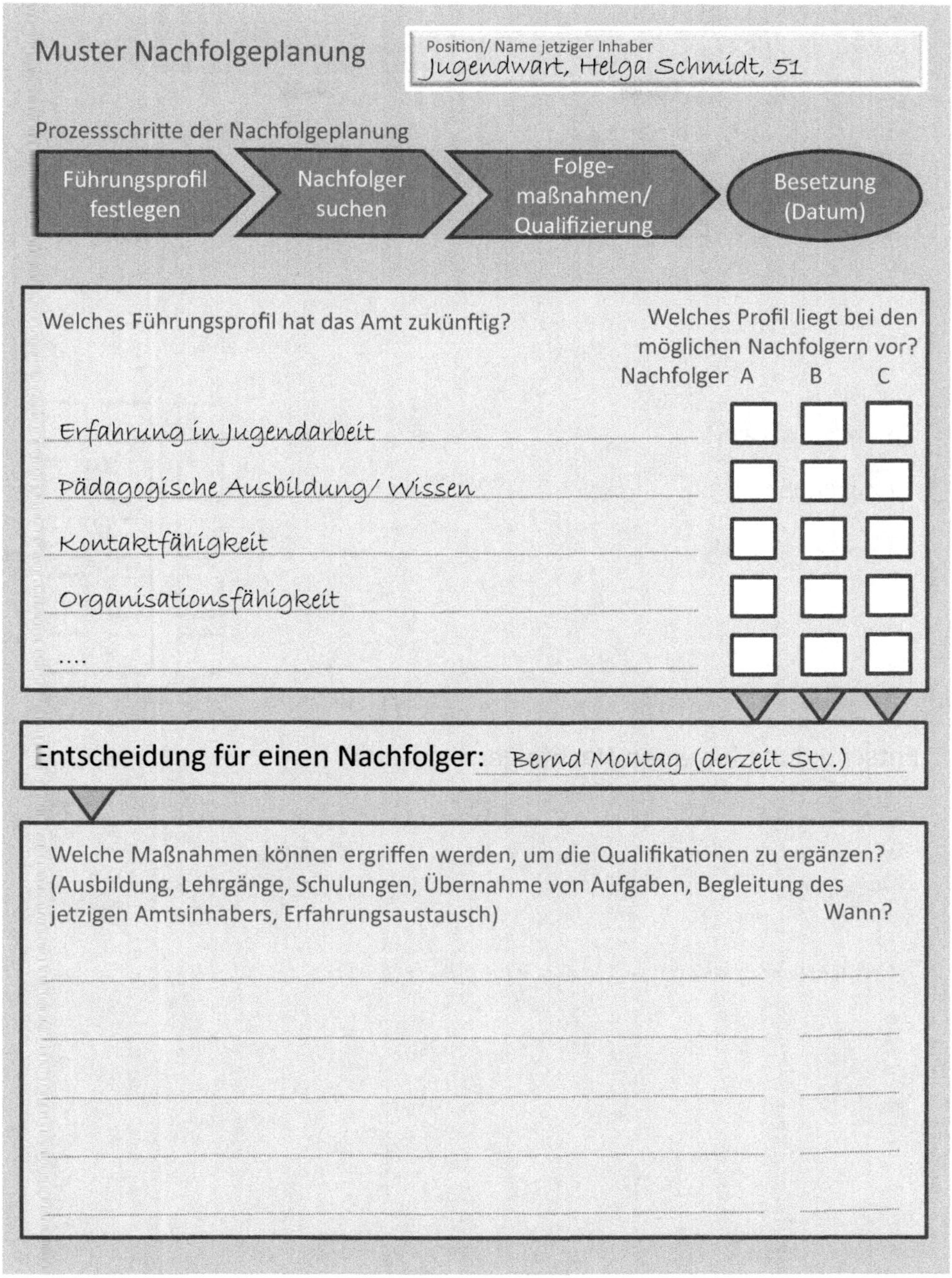

Muster Nachfolgeplanung

Position/ Name jetziger Inhaber
Jugendwart, Helga Schmidt, 51

Prozessschritte der Nachfolgeplanung

Führungsprofil festlegen → Nachfolger suchen → Folgemaßnahmen/ Qualifizierung → Besetzung (Datum)

Welches Führungsprofil hat das Amt zukünftig?	Welches Profil liegt bei den möglichen Nachfolgern vor? Nachfolger A	B	C
Erfahrung in Jugendarbeit	☐	☐	☐
Pädagogische Ausbildung/ Wissen	☐	☐	☐
Kontaktfähigkeit	☐	☐	☐
Organisationsfähigkeit	☐	☐	☐
....	☐	☐	☐

Entscheidung für einen Nachfolger: Bernd Montag (derzeit Stv.)

Welche Maßnahmen können ergriffen werden, um die Qualifikationen zu ergänzen? (Ausbildung, Lehrgänge, Schulungen, Übernahme von Aufgaben, Begleitung des jetzigen Amtsinhabers, Erfahrungsaustausch) Wann?

Muster Nachfolgeplanung

Position/ Name jetziger Inhaber
Grüne Dame, Erika Krause, 63

Prozessschritte der Nachfolgeplanung

Führungsprofil festlegen → Nachfolger suchen → Folge-maßnahmen/ Qualifizierung → Besetzung (Datum)

Welches Führungsprofil hat das Amt zukünftig?

Welches Profil liegt bei den möglichen Nachfolgern vor?

	Nachfolger A	B	C
Kommunikativ	☐	☐	☐
Kontaktfreudig	☐	☐	☐
Flexibel	☐	☐	☐
...	☐	☐	☐
	☐	☐	☐

Entscheidung für einen Nachfolger: ....

Welche Maßnahmen können ergriffen werden, um die Qualifikationen zu ergänzen? (Ausbildung, Lehrgänge, Schulungen, Übernahme von Aufgaben, Begleitung des jetzigen Amtsinhabers, Erfahrungsaustausch)

Maßnahme	Wann?
Einarbeitung in organisatorische Abläufe	

10.15 Checkliste Amtsübergabe

Checkliste Amtsübergabe

- ☐ Feststellen, ob der Nachfolger über alle notwendigen Qualifikationen verfügt
- ☐ Wenn nein, Qualifizierungsmaßahmen planen und umsetzen
- ☐ konkrete Amtsübergabe terminieren
- ☐ Kommunikationsfahrplan (für Freiwillige, Mitglieder, gegebenenfalls Außenkontakte) erstellen
- ☐ Gremien informieren, ggf. Entscheidung einholen
- ☐ Herausfinden, ob eine Einarbeitung notwendig ist
- ☐ Wenn ja, Einarbeitungsplan erstellen
- ☐ Entscheiden, ob gemeinsame Übergangsphase oder direkter Amtswechsel
- ☐ Nachfolger persönlich vorstellen, mit Mitgliedern, wichtigen Amtsträgern, Öffentlichkeit, sonstigen Entscheidungsträgern bekanntmachen
- ☐ Feierlichkeiten vorbereiten
- ☐ Marketing organisieren/Pressemitteilung verfassen

10.16 Beispiele für Dank und Anerkennung

Beispiele für Dank und Anerkennung

Möglichkeiten	Weitere Ideen?
Persönliche Gesten ▪ Umarmung ▪ Händeschütteln ▪ Schulterklopfen ▪ Applaudieren....	
Persönliche Danksagung ▪ Individuelle Rede halten ▪ Individuelles Anschreiben ▪ Gespräch ▪ Kontaktaufnahme	
Ehrungen ▪ Auf der Bühne ▪ Feier veranstalten ▪ In Mitgliederzeitschrift ▪ Blumenstrauß ▪ Auszeichnung	
Öffentlichkeit ▪ In der Presse erwähnen ▪ Öffentlicher Dank	
Geschenke ▪ Individuell auf denjenigen abgestimmt ▪ Besondere Aufmerksamkeiten	
Bescheinigungen ▪ Qualifizierte Nachweise ▪ „Zeugnisse"	

10.17 Instrumente der Veränderungsarbeit

Instrumente der Veränderungsarbeit[1]

Methoden	Ziel/Nutzen
Zur Analyse und Diagnose	
• Problemlandkarte/Mindmap	Struktur verschaffen
• Ist-Analyse	Kenntnis über Einflussfaktoren
• Stärken/Schwächen Analyse	Fähigkeiten/Potenziale
• SWOT-Analyse	Chancen/Risiken
• Simulationen	Handlungsoptionen
Zur Planung	
• Masterplan	Leitplanken / Vorgehensplan
• Projektmanagementmethoden	Strukturierung, Meilensteine
• Kreativitätstechniken	Lösungsfindung
• Prozessoptimierung	Verbesserung von Abläufen
• Qualitätsmanagement-Methoden	Verbesserung der Qualität
• Restrukturierung	Neugestaltung
• Teambildung	Gutes Miteinander
• Multiplikatoren	Gute Kommunikation
• Kommunikationskonzept	Einbindung der Beteiligten
• Informationskonzept	Einbindung der Beteiligten
Zur Bearbeitung	
• Leitbildentwicklung	Zieltransparenz
• Meilensteinplanung	Vorgehenstransparenz
• Kick-Off-Veranstaltung	Aufbruchsstimmung schaffen
• Zukunftskonferenzen	Einbindung, Mitgestaltung
• Workshops	Mitgestaltung
• Moderationstechnik	Struktur
• Konfliktmanagement	konstruktives Miteinander
• Teamentwicklung/	Förderung der Kompetenzen/
Entwicklung des Einzelnen	Weiterentwicklung
• Lernarchitekturen	Wandel bewirken
Zur Reflexion	
• Projekt-Rückblick	Evaluation
• Wirkungsanalyse	Nutzen-/Erfolgsmessung
• Erfahrungsaustausch	Schlussfolgerungen/Konsequenzen
• Wissensmanagement	Verankerung und Erweiterung von Know How

1 Haufe Personal Office Online, Version 3.3.74.0

10.18 Umgang mit Emotionen in Veränderungsprozessen

In Veränderungsprozessen wird vertrautes Terrain verlassen, und der Weg in das Neue ist meist noch nicht ganz klar. Menschen müssen hier ihre Komfortzone verlassen und sich auf etwas noch Unsicheres einlassen. Das setzt viele Gefühle frei. Es kommt zu unterschiedlichen Reaktionen wie Ablehnung, Rückzug, Klammern und meistens auch Angst.

Wenn man Menschen in Veränderungsprozessen mitnehmen will und sie sogar zur Mitgestaltung animieren möchte, ist es entscheidend, ihre Gefühle ernst zu nehmen und sie nicht nur rational, sondern auch auf einer emotionalen Ebene anzusprechen. Gefühle können nicht erzwungen oder gesteuert, sondern nur respektiert werden. Für eine authentische Kommunikation und Begleitung in schwierigen Phasen ist das eine wichtige Voraussetzung.

In der nachstehenden Übersicht werden typischen Gefühlen und daraus resultierenden Reaktionen nützliche Handlungsoptionen gegenübergestellt.

Umgang mit Emotionen in Veränderungsprozessen

In Veränderungsprozessen wird vertrautes Terrain verlassen und der Weg in das Neue ist meist noch nicht ganz klar. Menschen müssen hier ihre „Komfortzone" verlassen und sich auf etwas noch Unsicheres einlassen. Das setzt viele Gefühle frei. Es kommt zu unterschiedlichen Reaktionen wie Ablehnung, Rückzug, Klammern und meistens auch ganz viel Angst.
Wenn man Menschen in Veränderungsprozessen „mitnehmen" will und sie sogar zur Mitgestaltung animieren möchte, ist es entscheidend, ihre Gefühle ernst zu nehmen und sie nicht nur rational sondern auch auf einer emotionalen Ebene anzusprechen. Gefühle können nicht erzwungen oder gesteuert werden, sondern nur respektiert werden. Für eine authentische Kommunikation und Begleitung in schwierigen Phasen ist das eine wichtige Voraussetzung.
In der nachstehenden Übersicht werden typische Gefühle und daraus resultierende Reaktionen sinnvollen Handlungsoptionen gegenübergestellt.

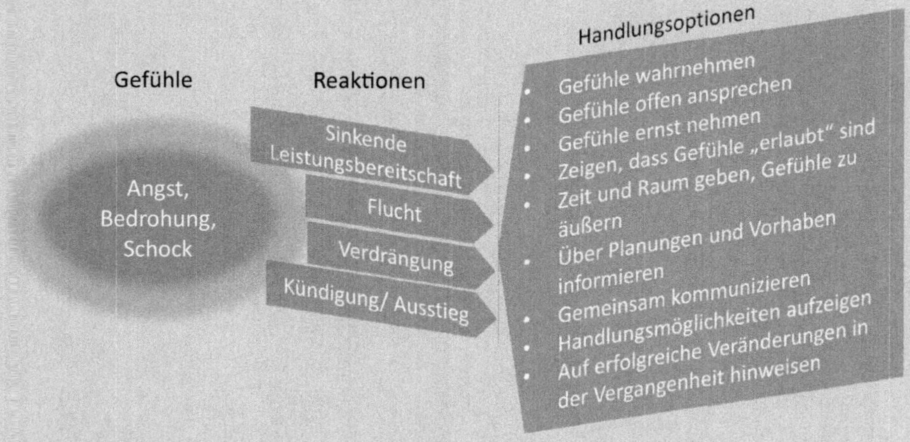

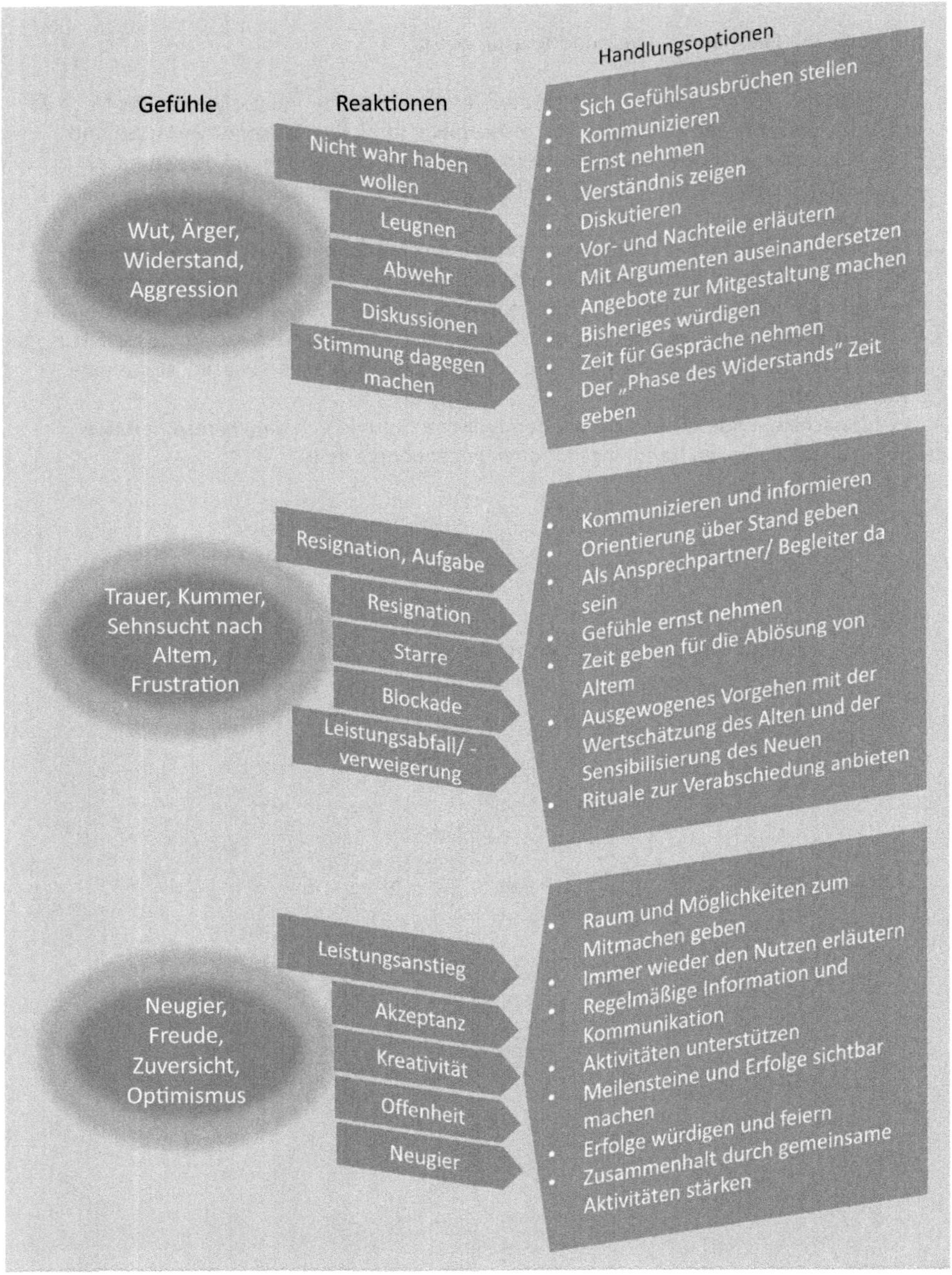
Gefühle
Reaktionen
Handlungsoptionen
Wut, Ärger, Widerstand, Aggression
Nicht wahr haben wollen
Leugnen
Abwehr
Diskussionen
Stimmung dagegen machen
Sich Gefühlsausbrüchen stellen
Kommunizieren
Ernst nehmen
Verständnis zeigen
Diskutieren
Vor- und Nachteile erläutern
Mit Argumenten auseinandersetzen
Angebote zur Mitgestaltung machen
Bisheriges würdigen
Zeit für Gespräche nehmen
Der „Phase des Widerstands" Zeit geben
Trauer, Kummer, Sehnsucht nach Altem, Frustration
Resignation, Aufgabe
Resignation
Starre
Blockade
Leistungsabfall/ -verweigerung
Kommunizieren und informieren
Orientierung über Stand geben
Als Ansprechpartner/ Begleiter da sein
Gefühle ernst nehmen
Zeit geben für die Ablösung von Altem
Ausgewogenes Vorgehen mit der Wertschätzung des Alten und der Sensibilisierung des Neuen
Rituale zur Verabschiedung anbieten
Neugier, Freude, Zuversicht, Optimismus
Leistungsanstieg
Akzeptanz
Kreativität
Offenheit
Neugier
Raum und Möglichkeiten zum Mitmachen geben
Immer wieder den Nutzen erläutern
Regelmäßige Information und Kommunikation
Aktivitäten unterstützen
Meilensteine und Erfolge sichtbar machen
Erfolge würdigen und feiern
Zusammenhalt durch gemeinsame Aktivitäten stärken

10.19 Gesprächsleitfaden bei Konfliktklärung[1]

Vorbereitung des Konfliktgesprächs *(im Vorfeld ohne Beteiligte)*

- Wie ist der Konflikt entstanden?
- Was war die Ursache für den Konflikt? Gibt es einen Anlass?
- Wie lange dauert der Konflikt schon an?
- Begleitumstände, die den Konflikt gefördert haben?
- Wem nützt der Konflikt?
- Gibt es positive Aspekte am Konflikt?
- Wer hat Interesse, den Konflikt am Leben zu erhalten?
- Wer hat Interesse, ihn zu beenden?
- Wer hat Einfluss auf den Konflikt?
- Wie sind die (Macht-)Verhältnisse/Kompetenzen verteilt?
- Wie ist die Qualität der Beziehung zwischen den Beteiligten?
- Um welche Art von Konflikt handelt es sich?

Vorbereitung des Termins

- Neutralen Raum wählen
- Offene Atmosphäre schaffen (zum Beispiel möglichst runde Sitzordnung, Getränke, notwendige Technik, angenehme Temperatur, angenehme und angemessene Ausgestaltung ...)
- Terminabstimmung und Terminfestlegung

Durchführung des Gesprächs

- Begrüßung und Dank für das Kommen
  Beispiel: Guten Tag, schön/Danke dass Ihr gekommen seid
- Benennung des Anlasses und Zustimmung der Beteiligten einholen
  Beispiel: Wir haben uns heute zusammengefunden, um gemeinsam eine Lösung zu finden, wie wir zukünftig gut zusammenarbeiten und ihr beide miteinander zufriedenstellend umgeht.
  Habe ich das so richtig wiedergegeben?/Würdet Ihr mir hier zustimmen, dass das unser Thema ist?
- Knappe Zusammenfassung des bisher Geschehenen
  Beispiel: In letzter Zeit, genauer gesagt nach dem letzten Frühjahrsfest, kam es immer wieder zu unklaren Arbeitsaufträgen, Missverständnissen untereinander und damit auch zu Fehlern. Wir haben dann einen konkreten Aufgabenplan aufgestellt und diesen auch auf unserer Homepage gepflegt. Dabei wart ihr beide als Organisatoren für die

[1] Redmann, B. (2003).

Getränke benannt. Letztendlich war es dann so, dass wir auf dem Herbstfest überhaupt keine Getränke vorrätig hatten und keiner von Euch die Aufgabe erfüllt hat. Wie ich dann mitbekommen habe, redet ihr seit ein paar Wochen nicht mehr miteinander ....

- Aufforderung zu Ergänzungen/Korrekturen
  Beispiel: Habt ihr hier noch Ergänzungen?/Was habe ich vergessen?
- Regeln vereinbaren für das Gespräch und Zustimmung einholen
  Beispiel: Ich weiß, wir kennen uns alle schon gut, trotzdem halte ich es für wichtig, in einem solchen Klärungsgespräch bestimmte Regeln zu vereinbaren/noch einmal zu erwähnen, damit wir alle mit dem gleichen Verständnis miteinander umgehen.
  Seid Ihr damit einverstanden?
  Mir ist wichtig, dass wir uns gegenseitig ausreden lassen, in Ich-Botschaften sprechen, respektvoll miteinander umgehen ...
  Was ist Euch wichtig?
  Tipp: Regeln gegebenenfalls kurz auf Flipchart schreiben
- Erwartungen abklären?
  Beispiel: Wie sieht ein gutes Ergebnis eines solchen Gesprächs für Euch aus? Was wünscht Ihr Euch? Wie würdet Ihr Euch nach einem erfolgreichen Gespräch fühlen? Woran erkennt Ihr, dass wir eine gute Lösung gefunden haben? ...
- Zeitrahmen festlegen und Zustimmung einholen
  Beispiel: Ich habe für heute zwei Stunde vorgesehen. Seid Ihr damit einverstanden?
- Abklären der gegenseitigen Standpunkte und Interessen
  Beispiel: Ich bitte Euch nun, jeweils nacheinander kurz darzulegen, was für Euch wichtige Punkte in der Zusammenarbeit sind. XY, fängst Du an?
- Zusammenfassung geben und Zustimmung einholen
  Beispiel: XY, habe ich Dich richtig verstanden, dass Dir die Beachtung folgender Punkte in der Zusammenarbeit wichtig ist ....
- Gemeinsamkeiten darstellen (wenn vorhanden) oder Gemeinsamkeiten entwickeln
  Beispiel: Bei Euren Schilderungen fällt mir auf, dass es Euch beiden sehr wichtig ist ....
  Jetzt, nachdem Ihr beide den jeweils anderen gehört habt, wo ist für Euch eine Annäherung möglich?/Was wäre die kleinste gemeinsame Basis für Euch?
- Zusammenfassung der Gemeinsamkeiten und Zustimmung einholen
  Beispiel: Wir haben jetzt gemeinsam folgende Punkte erarbeitet ...
  Seid Ihr damit einverstanden?
- Konkrete Schritte/Lösungen vereinbaren
  Beispiel: Welche konkreten Schritte bedarf es als nächstes/zukünftig, damit ihr Euch gegenseitig das für den anderen Wichtige entgegenbringt?
- Zusammenfassung und Zustimmung einholen
  Beispiel: Ich fasse die von Euch genannten Schritte mal wie folgt zusammen ...
  Ist das so richtig wiedergegeben? Habt Ihr noch Ergänzungen?/Sollen wir noch etwas aufnehmen?/Überlegt noch mal, ob noch was dazukommen soll ...
  Seid ihr damit einverstanden?

- Vorsorge treffen
  Beispiel: Was vereinbart Ihr miteinander, wenn die abgestimmte Verhaltensweise nicht eingehalten wird/gestört ist?
- Zusammenfassung und Zustimmung einholen (s. o.)
- Abschluss mit kurzer Reflexion
  Beispiel: Sind noch Fragen bei Euch offen?
  Wie geht es Euch jetzt?
  Wenn Ihr noch mal an Eure Erwartungen denkt vom Anfang unseres Treffen, wie weit sind die erfüllt?
  Wie fandet Ihr das Gespräch?
  Habt Ihr Anregungen für zukünftige Gespräche?
- Dank
  Beispiel: Vielen Dank an Euch beide für das konstruktive Mitmachen und Eure Offenheit.

Nachbereitung des Gesprächs/Selbstreflexion ***(allein, ohne Beteiligte)***

- Wie ist das Ergebnis? (zum Beispiel mit Vereinbarung beendet, Abbruch, unklarer Status, erfolgreich ja/nein (Bewertung auf ein Skala von 1–10 . . .)
- Was fiel mir schwer?
- War ich neutral?
- Was würde ich beim nächsten Mal anders machen?
- Was würde ich beim nächsten Mal genauso machen?
- Was hat mir gut gefallen?
- Was hat mich gestört?

Literaturverzeichnis

Correll, W.: Menschen durchschauen und richtig behandeln. mvg Verlag, Landsberg a. Lech (2009)

Dresewski, F.: Corporate Citizenship, Ein Leitfaden für das soziale Engagement mittelständischer Unternehmen. UJP, Berlin, p 21 (2004)

Drucker, P.F.: Managing in a Time of Great Change. Truman Talley Books/Dutton, New York (1995)

Drucker, P.F.: Managing the Nonprofit Organization. HarperCollins Publishers, New York (2005)

Duden: Das Herkunftswörterbuch. Dudenverlag, Mannheim, Leipzig, Wien, Zürich (2007)

Engagement Atlas 09, Prognos AG, Generali Deutschland, Aachen (2009)

Enquete-Kommission: Zukunft des bürgerschaftlichen Engagements. (2002), Drucksache 14/8900

Faix, W.G., Laier, A.: Soziale Kompetenz. Gabler, Wiesbaden (1996)

Freiwilligensurvey 2009, Durchgeführt im Auftrag des Bundesministeriums für Familie, Senioren, Frauen und Jugend, vorgelegt von TNS Infratest Sozialforschung, München 2010.

Gabler Wirtschaftslexikon, Gabler Verlag (Herausgeber), Stichwort: Führungslehre, http://wirtschaftslexikon.gabler.de

Grünbuch der Kommission Europäische Rahmenbedingungen für die soziale Verantwortung der Unternehmen 18.07.2001, http://eur-lex.europa.eu/LexUriServ/site/de/com/2001/com2001_0366de01.pdf

Herzberg, F., Mausner, B., Snyderman, B.B.: The Motivation to Work. Wiley, New York (1959)

Fredmund, M.: Führen, Leisten, Leben, Wirksames Management für eine neue Zeit. Campus, Frankfurt a. Main (2006)

Marschner, G.: Menschenführung. In: Arnold, W., Eysenck, H.J., Meili, R. (eds.) Lexikon der Psychologie. vol. 2. Herder, Freiburg (1987)

Maslow, A.: Motivation und Persönlichkeit. Walter-Verlag, Olten, Freiburg i. Breisgau (1977)

McGregor, D.: The Human Side of Enterprise. McGraw-Hill, New York (1960)

Pfeifer, W.: das Herkunftswörterbuch. dtv, München (2006)

Redmann, B.: Mediation. Bund Verlag, Frankfurt a. Main (2003)

Reiss, S.: Wer bin ich und was will ich wirklich. redline, München (2009)

Sattler, J., Förster, L., Saller, T., Studer, T.: Führen. Haufe Mediengruppe, Freiburg, p 160 (2011)

Schäfer, C.K.: Corporate Volunteering und professionelles Freiwilligenmangement. VS Verlag für Sozialwissenschaften, Wiesbaden (2009)

Schuler, H.: In: Handbuch der Arbeits- und Organisationspsychologie. vol. 6. Hogrefe, Göttingen (2007)

B. Redmann, *Erfolgreich führen im Ehrenamt*, DOI 10.1007/978-3-8349-4679-9

Simsa, R., Patak, M.: Leadership in Nonprofit-Organisationen. Linde international, Wien (2008)

Staehle, W.: Management. Vahlen, München (1999)

Studie der American Chamber of Commerce in Germany und Roland Berger Strategy Consultants, Frankfurt, April 2011.

Sachverzeichnis

A
Abläufe, 101
Akzeptanz, 78, 83, 125
Anforderungen, 14, 93
Ausstieg, 108
Ausstrahlung, 89
Auswahl, 108

B
Bedürfnispyramide, 45
Bedürfnisse, 45
Begriff „Ehrenamt", 13
Begriff „Führung", 67
Besetzung, 109
Bevölkerungsgruppen, 5
Bevölkerungszahl, 1
Beweggründe, 17

D
Dank und Anerkennung, 216

E
Effizienz, 144
Engagementquote, 5
Erfahrungen, 91
Erfolge, 122
Erwartungen, 14, 84

F
Fachwissen, 93
Fähigkeiten, 93
Fallstricke, 118
Feedback, 73, 209
Freiwilligensurvey, 5
Führungsarbeit, 99
Führungseigenschaften, 95
Führungskriterien, 77
Führungsrolle, 68
fünf Grundmotivationen, 45

G
Gefühle, 90
Gesellschaft, 1
gesellschaftliche Verantwortung, 169

H
Hauptamtliche, 159

I
Innovation, 162
integriertes Motivationsmodell, 45

K
Kommunikation, 138, 208
Kompetenz, 78, 125, 188
Konflikte, 148
Konfrontation, 147
Kontakt, 136
Kontakte, 107
Kontinuität, 161
Körpersprache, 90
Krisen, 131

L
Lebensphasen, 163
Legitimation, 69, 70
Leitungsmacht, 69

M
Marketing, 106
Motivation, 45, 110
Motive, 17, 201, 202
Motiverfüllung, 46

O
Offenheit, 84
Öffentlichkeit, 152
Organisationsformen, 7
Orientierung, 121, 131

P
Persönlichkeitsentwicklung, 96
Produktivität, 12
Professionalität, 144
Prozesse, 101

Q
Qualifikation, 11, 158
Qualifikationsmanagement, 158
Qualifizierung, 164
Qualitätsanspruch, 15, 72

R
Reflexion, 123
Regionale Unterschiede, 10
Reiss-Profil, 45
Rollenverständnis, 68

S
Sanktionsmittel, 72
Selbsterkenntnis, 95
soziale Anforderungen, 94
Spannungsfeld, 141
Steuerung, 101, 122

T
Tätigkeitsfelder, 7
Tradition, 162

U
Übergabe, 119
Überzeugung, 122
Überzeugungsarbeit, 127
Überzeugungskraft, 74
Umfeld, 10

V
Veränderungen, 149
Veränderungsarbeit, 150, 217
Veränderungsprozess, 150
Vertrauen, 77, 83, 85, 88, 97

W
Wertschöpfungsbeitrag, 12

X
X- und Y-Theorie, 45

Z
Ziele, 121
Zusammenarbeit, 158
Zwei-Faktoren-Theorie, 45

MIX
Papier aus verantwortungsvollen Quellen
Paper from responsible sources
FSC® C105338

Printed by Books on Demand, Germany